职业技能提升行动政策汇编

人力资源社会保障部职业技能提升行动领导小组办公室　组织编写

中国劳动社会保障出版社

图书在版编目(CIP)数据

职业技能提升行动政策汇编/人力资源社会保障部职业技能提升行动领导小组办公室组织编写. -- 北京：中国劳动社会保障出版社，2020

ISBN 978-7-5167-4482-6

Ⅰ.①职… Ⅱ.①人… Ⅲ.①职业技术教育-教育政策-汇编-中国 Ⅳ.①G719.20

中国版本图书馆 CIP 数据核字(2020)第 058809 号

中国劳动社会保障出版社出版发行

(北京市惠新东街 1 号 邮政编码：100029)

*

北京市艺辉印刷有限公司印刷装订 新华书店经销
787 毫米×1092 毫米 16 开本 20.25 印张 337 千字
2020 年 4 月第 1 版 2020 年 7 月第 2 次印刷
定价：48.00 元

读者服务部电话：(010) 64929211/84209101/64921644
营销中心电话：(010) 64962347
出版社网址：http://www.class.com.cn

版权专有 侵权必究

如有印装差错，请与本社联系调换：(010) 81211666
我社将与版权执法机关配合，大力打击盗印、销售和使用盗版图书活动，敬请广大读者协助举报，经查实将给予举报者奖励。
举报电话：(010) 64954652

前　言

技能人才发展是中国制造、中国创造的重要支撑；是提高企业竞争能力，推动产业转型升级的重要基础；是实现高质量和更充分就业的重要保障。

党中央、国务院高度重视职业技能培训工作。党的十九大报告明确提出，要大规模开展职业技能培训，注重解决结构性就业矛盾，建设知识型、技能型、创新型劳动者大军。2019年9月22日，习近平总书记作出重要指示指出，劳动者素质对一个国家、一个民族发展至关重要，并强调要大规模开展职业技能培训，加快培养大批高素质劳动者和技术技能人才。

2019年5月，国务院办公厅印发《职业技能提升行动方案（2019—2021年）》（国办发〔2019〕24号），提出实施职业技能提升行动，开展大规模职业技能培训，用3年时间，使用1000亿元失业保险基金结余，补贴培训5000万人次以上，我们称之为职业技能培训的"315工程"。

职业技能提升行动实施以来，人力资源社会保障部成立领导小组和工作专班，统筹推进职业技能提升行动，会同有关部门出台多项政策和专项培训计划，多点矩阵精准宣传，列表挂图督导"作战"。各地人力资源社会保障部门认真制定实施方案，创新细化政策，积极扩大范围，提高标准，简化程序，优化管理，推动职业技能提升行动，超额完成2019年度培训目标任务。

2020年2月以来,为坚决贯彻党中央、国务院决策部署,统筹推进新冠肺炎疫情防控和经济社会发展,人力资源社会保障部会同有关部门出台一系列线上培训支持政策,实施职业技能提升行动"互联网+职业技能培训计划"。职业技能提升行动开启了新模式,进入了实施新阶段。

为进一步加强政策宣传,切实提高政策公众知晓度,我们整理出版了《职业技能提升行动政策汇编》,集合了近年来国家、地方出台的有关职业技能培训的文件及行动指导计划等共65篇,供各地参考和学习,帮助企业、技工(职业)院校、培训机构和劳动者了解熟悉、用足用好政策。

目 录

习近平对技能人才工作作出重要指示　弘扬精益求精的工匠精神　激励广大青年
　　走技能成才技能报国之路　李克强作出批示 ………………………………… 1
2019 年政府工作报告（节选） ………………………………………………………… 3
李克强对部署推进职业技能提升行动电视电话会议作出重要批示强调　提供更有
　　针对性的技能培训服务　努力推进建设知识型、技能型、创新型劳动者大军
　　胡春华出席会议并讲话 ………………………………………………………… 4

政策篇

国务院关于推行终身职业技能培训制度的意见 ……………………………………… 9
国务院关于印发"十三五"脱贫攻坚规划的通知 …………………………………… 16
国务院办公厅关于印发职业技能提升行动方案（2019—2021 年）的通知 ……… 19
人力资源社会保障部　财政部关于实施职业技能提升行动"互联网+职业技能
　　培训计划"的通知 …………………………………………………………… 25
人力资源社会保障部关于改革完善技能人才评价制度的意见 ……………………… 28
人力资源社会保障部关于印发《新生代农民工职业技能提升计划
　　（2019—2022 年）》的通知 …………………………………………………… 32
人力资源社会保障部　财政部关于全面推行企业新型学徒制的意见 ……………… 36
人力资源社会保障部　国务院扶贫办关于开展深度贫困地区技能扶贫行动的
　　通知 …………………………………………………………………………… 40
国务院扶贫办　人力资源社会保障部关于加强贫困村创业致富带头人培训工作的
　　通知 …………………………………………………………………………… 44
国家发展改革委办公厅　人力资源社会保障部办公厅　工业和信息化部办公厅

全国总工会办公厅关于应对新型冠状病毒感染肺炎疫情 支持鼓励劳动者
参与线上职业技能培训的通知 …………………………………………………… 47
人力资源社会保障部办公厅 财政部办公厅关于做好职业技能提升行动专账资金
使用管理工作的通知 ………………………………………………………………… 50
教育部办公厅等十四部门关于印发《职业院校全面开展职业培训 促进就业创业
行动计划》的通知 …………………………………………………………………… 53

实施篇

人力资源社会保障部关于印发百日免费线上技能培训行动方案的通知 ………… 61
人力资源社会保障部 国务院扶贫办关于深入推进技能脱贫千校行动的实施
意见 …………………………………………………………………………………… 65
人力资源社会保障部关于印发《农民工职业技能提升计划——"春潮行动"实施
方案》的通知 ………………………………………………………………………… 70
国家卫生健康委员会 财政部 人力资源社会保障部 国家市场监督管理总局
国家中医药管理局关于加强医疗护理员培训和规范管理工作的通知 ………… 75
应急管理部 人力资源社会保障部 教育部 财政部 国家煤矿安全监察局关于
高危行业领域安全技能提升行动计划的实施意见 ………………………………… 78
国家发展改革委办公厅 商务部办公厅 教育部办公厅 人力资源社会保障部
办公厅 全国总工会办公厅 共青团中央办公厅 全国妇联办公厅关于开展
2019—2020年家政培训提升行动的通知 ………………………………………… 83
人力资源社会保障部办公厅关于在新冠肺炎疫情防控期间免费开放中国职业培训
在线等培训平台提供线上培训与教育服务的通知 ………………………………… 86
人力资源社会保障部办公厅关于推进职业培训包工作的通知 ………………………… 88
人力资源社会保障部职业技能提升行动领导小组办公室关于加强职业技能提升
行动精准化宣传工作的通知 ………………………………………………………… 91
退役军人事务部办公厅 人力资源社会保障部办公厅关于做好退役军人职业技能
培训工作的通知 ……………………………………………………………………… 94
国家邮政局办公室 人力资源社会保障部办公厅关于加强快递从业人员职业技能

培训的通知 ··· 97
中国残联办公厅关于贯彻落实《职业技能提升行动方案（2019—2021年）》的
　通知 ··· 100

地方篇

北京市职业技能提升行动实施方案（2019—2021年） ················· 107
天津市职业技能提升行动实施方案（2019—2021年） ················· 112
河北省职业技能提升行动实施方案（2019—2021年） ················· 116
山西省推进职业技能提升培训实施方案 ······························ 122
内蒙古自治区职业技能提升行动实施方案（2019—2021年） ············ 128
辽宁省职业技能提升行动实施方案（2019—2021年） ················· 132
吉林省职业技能提升行动实施方案（2019—2021年） ················· 139
黑龙江省职业技能提升行动实施方案（2019—2021年） ··············· 143
上海市职业技能提升行动实施方案（2019—2021年） ················· 148
江苏省职业技能提升行动实施方案（2019—2021年） ················· 153
浙江省职业技能提升行动实施方案（2019—2021年） ················· 159
安徽省职业技能提升行动实施方案（2019—2021年） ················· 163
福建省职业技能提升行动实施方案（2019—2021年） ················· 168
江西省职业技能提升行动实施方案（2019—2021年） ················· 174
山东省职业技能提升行动实施方案（2019—2021年） ················· 180
河南省职业技能提升行动方案（2019—2021年） ····················· 184
湖北省职业技能提升行动实施方案（2019—2021年） ················· 189
湖南省职业技能提升行动实施方案（2019—2021年） ················· 195
广东省职业技能提升行动实施方案（2019—2021年） ················· 200
广西职业技能提升行动实施方案（2019—2021年） ··················· 206
海南省职业技能提升行动实施方案（2019—2021年） ················· 212
重庆市职业技能提升行动实施方案（2019—2021年） ················· 217
四川省职业技能提升行动实施方案（2019—2021年） ················· 223

贵州省职业技能提升行动实施方案（2019—2021年） …………………… 228

云南省职业技能提升行动实施方案（2019—2021年） …………………… 234

西藏自治区职业技能提升行动实施方案（2019—2021年） ……………… 240

陕西省职业技能提升行动实施方案（2019—2021年） …………………… 246

甘肃省职业技能提升行动实施方案（2019—2021年） …………………… 252

青海省职业技能提升行动实施方案（2019—2021年） …………………… 257

宁夏回族自治区职业技能提升行动实施方案（2019—2021年） ………… 263

新疆维吾尔自治区职业技能提升行动实施方案（2019—2021年） ……… 269

新疆生产建设兵团职业技能提升行动实施方案（2019—2021年） ……… 278

指导篇

张纪南：技能人才发展是利国、利企、利民的大事 …………………………… 287

用实际行动践行初心使命　大力推进职业技能提升行动
　　——人力资源社会保障部副部长汤涛在职业技能提升行动专题培训班上的
　　讲话 …………………………………………………………………………… 289

人力资源社会保障部有关负责人就《国务院办公厅关于印发职业技能提升行动
　　方案（2019—2021年）的通知》答记者问 ……………………………… 294

人力资源社会保障部职业能力建设司有关负责同志就《关于改革完善技能人才
　　评价制度的意见》答记者问 ……………………………………………… 299

企业新型学徒制培训指导计划 …………………………………………………… 302

创业培训标准（试行） …………………………………………………………… 305

习近平对技能人才工作作出重要指示
弘扬精益求精的工匠精神
激励广大青年走技能成才技能报国之路
李克强作出批示

新华社北京 2019 年 9 月 23 日电 中共中央总书记、国家主席、中央军委主席习近平近日对我国技能选手在第 45 届世界技能大赛上取得佳绩作出重要指示,向我国参赛选手和从事技能人才培养工作的同志们致以热烈祝贺。

习近平强调,劳动者素质对一个国家、一个民族发展至关重要。技术工人队伍是支撑中国制造、中国创造的重要基础,对推动经济高质量发展具有重要作用。要健全技能人才培养、使用、评价、激励制度,大力发展技工教育,大规模开展职业技能培训,加快培养大批高素质劳动者和技术技能人才。要在全社会弘扬精益求精的工匠精神,激励广大青年走技能成才、技能报国之路。

习近平指出,我国将举办 2021 年上海第 46 届世界技能大赛。要做好各项筹备和组织工作,加强同各国在技能领域的交流互鉴,展示我国职业技能培训成就和水平,努力办成一届富有新意、影响广泛的世界技能大赛。

中共中央政治局常委、国务院总理李克强作出批示指出,技能人才是国家的宝贵资源,是促进产业升级、推动高质量发展的重要支撑。要坚持以习近平新时代中国特色社会主义思想为指导,贯彻党中央、国务院决策部署,更加重视技能人才培养,实施好职业技能提升行动,紧扣需求发展现代职业教育、办好技工院校,完善技术工人职业发展机制和政策,使更多社会需要的技能人才、大国工匠不断涌现,依托大众创业、万众创新,促进新动能成长壮大和就业增加。同时,要加强技能领域国际合作,做好第 46 届世界技能大赛筹办工作,推动形成广大青年学习技能、报效国家的浓厚氛围。

第 45 届世界技能大赛参赛总结大会于 2019 年 9 月 23 日在北京举行。中共中央政治局委员、国务院副总理胡春华在会上宣读了习近平重要指示和李克强批示并致辞。他在致辞中指出,技能人才是我国人才队伍的重要组成部分,要采取更加有力的措施为广大技能劳动者成长成才创造条件。要开展大规模职业技能培训，健全培养、使用、评价、激励机制，全力办好在上海举办的第 46 届世界技能大赛。希望参赛选手坚守初心，在技能成才、技能报国的道路上取得更大成绩，作出更大贡献。

世界技能大赛每两年举办一届，被誉为"世界技能奥林匹克"。2019 年 8 月，在俄罗斯喀山举行的第 45 届世界技能大赛上，我国选手共获得 16 金 14 银 5 铜和 17 个优胜奖，位列金牌榜、奖牌榜、团体总分第一名。第 46 届世界技能大赛将于 2021 年 9 月在上海举行。

2019 年政府工作报告（节选）

多管齐下稳定和扩大就业。扎实做好高校毕业生、退役军人、农民工等重点群体就业工作，加强对城镇各类就业困难人员的就业帮扶。对招用农村贫困人口、城镇登记失业半年以上人员的各类企业，三年内给予定额税费减免。加强对灵活就业、新就业形态的支持。坚决防止和纠正就业中的性别和身份歧视。实施职业技能提升行动，从失业保险基金结余中拿出 1000 亿元，用于 1500 万人次以上的职工技能提升和转岗转业培训。健全技术工人职业发展机制和政策。加快发展现代职业教育，既有利于缓解当前就业压力，也是解决高技能人才短缺的战略之举。改革完善高职院校考试招生办法，鼓励更多应届高中毕业生和退役军人、下岗职工、农民工等报考，今年大规模扩招 100 万人。扩大高职院校奖助学金覆盖面、提高补助标准，加快学历证书和职业技能等级证书互通衔接。改革高职院校办学体制，加强师资队伍建设，提高办学质量。引导一批普通本科高校转为应用型大学。中央财政大幅增加对高职院校的投入，地方财政也要加强支持。设立中等职业教育国家奖学金。支持企业和社会力量兴办职业教育，加快产教融合实训基地建设。我们要以现代职业教育的大改革大发展，加快培养国家发展急需的各类技术技能人才，让更多青年凭借一技之长实现人生价值，让三百六十行人才荟萃、繁星璀璨。

李克强对部署推进职业技能提升行动电视电话会议作出重要批示强调
提供更有针对性的技能培训服务
努力推进建设知识型、技能型、创新型劳动者大军
胡春华出席会议并讲话

新华社北京 2019 年 5 月 23 日电 部署推进职业技能提升行动电视电话会议于 2019 年 5 月 23 日在北京召开。会议深入学习贯彻习近平总书记重要指示精神，认真落实李克强总理重要批示要求，对职业技能提升行动进行安排部署，进一步推动做好职业技能培训工作。

中共中央政治局常委、国务院总理李克强作出重要批示。批示指出：开展大规模职业技能培训，是提升劳动者就业创业能力、缓解结构性就业矛盾、促进扩大就业的重要举措，是经济迈向高质量发展的重要支撑。要坚持以习近平新时代中国特色社会主义思想为指导，认真贯彻党中央、国务院决策部署，围绕落实好就业优先政策、促进比较充分的就业，用好 1000 亿元失业保险基金和其他培训资金，扎实高效实施职业技能提升行动。适应经济转型升级需要和市场需求，完善培训内容，提高培训质量，为企业在岗职工、困难企业转岗职工、就业重点群体和贫困劳动力等提供更有针对性的技能培训服务，加大高危行业从业人员安全技能培训力度。进一步深化职业技能培训领域"放管服"改革，尊重规律，充分调动企业、职业院校和社会培训机构等参与培训的积极性，强化培训资金监管，提高使用效率，努力推进建设知识型、技能型、创新型劳动者大军，为促进经济持续健康发展和就业稳定作出新贡献！

中共中央政治局委员、国务院就业工作领导小组组长胡春华出席会议并讲话。他强调，开展大规模职业技能培训，根本目的是要提高劳动者的职业技能、职业素质和就业创业能力。分析 2019 年的就业形势，首先要着眼于把职工稳定在岗位上，加强在岗培训，防止把待岗转岗职工推向社会。要把无技能和技能不足群体作为培

训重点，切实加大帮扶力度。要努力调动各类培训机构的积极性和主动性，形成踊跃参与的良好局面。要坚持以市场为导向，以满足劳动者就业需求、企业用人需求为目标，针对不同就业群体精心设计培训内容。要切实做好培训组织工作，完善培训资源市场配置、劳动者按需选择、政府激励引导和监管服务的工作机制，加快建立社会化、市场化的职业技能培训评价体系。

政策篇

国务院关于推行终身职业技能培训制度的意见

国发〔2018〕11 号

各省、自治区、直辖市人民政府，国务院各部委、各直属机构：

职业技能培训是全面提升劳动者就业创业能力、缓解技能人才短缺的结构性矛盾、提高就业质量的根本举措，是适应经济高质量发展、培育经济发展新动能、推进供给侧结构性改革的内在要求，对推动大众创业万众创新、推进制造强国建设、提高全要素生产率、推动经济迈上中高端具有重要意义。为全面提高劳动者素质，促进就业创业和经济社会发展，根据党的十九大精神和"十三五"规划纲要相关要求，现就推行终身职业技能培训制度提出以下意见。

扫一扫

一、总体要求

（一）指导思想。

以习近平新时代中国特色社会主义思想为指导，全面深入贯彻党的十九大和十九届二中、三中全会精神，认真落实党中央、国务院决策部署，统筹推进"五位一体"总体布局和协调推进"四个全面"战略布局，坚持以人民为中心的发展思想，牢固树立新发展理念，深入实施就业优先战略和人才强国战略，适应经济转型升级、制造强国建设和劳动者就业创业需要，深化人力资源供给侧结构性改革，推行终身职业技能培训制度，大规模开展职业技能培训，着力提升培训的针对性和有效性，建设知识型、技能型、创新型劳动者大军，为全面建成社会主义现代化强国、实现中华民族伟大复兴的中国梦提供强大支撑。

（二）基本原则。

促进普惠均等。针对城乡全体劳动者，推进基本职业技能培训服务普惠性、均等化，注重服务终身，保障人人享有基本职业技能培训服务，全面提升培训质量、培训效益和群众满意度。

坚持需求导向。坚持以促进就业创业为目标，瞄准就业创业和经济社会发展需求确定培训内容,加强对就业创业重点群体的培训,提高培训后的就业创业成功率,着力缓解劳动者素质结构与经济社会发展需求不相适应、结构性就业矛盾突出的问题。

创新体制机制。推进职业技能培训市场化、社会化改革,充分发挥企业主体作用,鼓励支持社会力量参与,建立培训资源优化配置、培训载体多元发展、劳动者按需选择、政府加强监管服务的体制机制。

坚持统筹推进。加强职业技能开发和职业素质培养,全面做好技能人才培养、评价、选拔、使用、激励等工作,着力加强高技能人才队伍建设,形成有利于技能人才发展的制度体系和社会环境,促进技能振兴与发展。

(三)目标任务。

建立并推行覆盖城乡全体劳动者、贯穿劳动者学习工作终身、适应就业创业和人才成长需要以及经济社会发展需求的终身职业技能培训制度,实现培训对象普惠化、培训资源市场化、培训载体多元化、培训方式多样化、培训管理规范化,大规模开展高质量的职业技能培训,力争2020年后基本满足劳动者培训需要,努力培养造就规模宏大的高技能人才队伍和数以亿计的高素质劳动者。

二、构建终身职业技能培训体系

(四)完善终身职业技能培训政策和组织实施体系。面向城乡全体劳动者,完善从劳动预备开始,到劳动者实现就业创业并贯穿学习和职业生涯全过程的终身职业技能培训政策。以政府补贴培训、企业自主培训、市场化培训为主要供给,以公共实训机构、职业院校(含技工院校,下同)、职业培训机构和行业企业为主要载体,以就业技能培训、岗位技能提升培训和创业创新培训为主要形式,构建资源充足、布局合理、结构优化、载体多元、方式科学的培训组织实施体系。(人力资源社会保障部、教育部等按职责分工负责。列第一位者为牵头单位,下同)

(五)围绕就业创业重点群体,广泛开展就业技能培训。持续开展高校毕业生技能就业行动,增强高校毕业生适应产业发展、岗位需求和基层就业工作能力。深入实施农民工职业技能提升计划——"春潮行动",将农村转移就业人员和新生代农民工培养成为高素质技能劳动者。配合化解过剩产能职工安置工作,实施失业人员和转岗职工特别职业培训计划。实施新型职业农民培育工程和农村实用人才培训计划,全面建立职业农民制度。对城乡未继续升学的初、高中毕业生开展劳动预备制培训。对即将退役的军人开展退役前技能储备培训和职业指导,对退役军人开展就业技能培训。面向符合条件的建档立卡贫困家庭、农村"低保"家庭、困难职工家庭和残疾人,开展技能脱贫攻坚行动,实施"雨露计划"、技能脱贫千校行动、残疾人职业技能提升计划。对服刑人员、强制隔离戒毒人员,开展以顺利回归社会为目的的就业技能培训。(人力资源社会保障部、教育部、工业和信息化部、民政部、司法部、住房城乡建设部、农业农村部、退役军人事务部、国务院国资委、国务院扶贫办、全国总工会、共青团中央、全国妇联、中国残联等按职责分工负责)

(六)充分发挥企业主体作用,全面加强企业职工岗位技能提升培训。将企业职工培训作为职业技能培训工作的重点,明确企业培训主体地位,完善激励政策,支持企业大规模开展职业技能培训,鼓励规模以上企业建立职业培训机构开展职工培训,并积极面向中小企业和社会承担培训任务,降低企业兴办职业培训机构成本,提高企业积极性。对接国民经济和社会发展中长期规划,适应高质量发展要求,推动企业健全职工培训制度,制定职工培训规划,采取岗前培训、学徒培训、在岗培训、脱产培训、业务研修、岗位练兵、技术比武、技能竞赛等方式,大幅提升职工技能水平。全面推行企业新型学徒制度,对企业新招用和转岗的技能岗位人员,通过校企合作方式,进行系统职业技能培训。发挥失业保险促进就业作用,支持符合条件的参保职工提升职业技能。健全校企合作制度,探索推进产教融合试点。(人力资源社会保障部、教育部、工业和信息化部、住房城乡建设部、国务院国资委、全国总工会等按职责分工负责)

(七)适应产业转型升级需要,着力加强高技能人才培训。面向经济社会发展急需紧缺职业(工种),大力开展高技能人才培训,增加高技能人才供给。深入实施国家高技能人才振兴计划,紧密结合战略性新兴产业、先进制造业、现代服务业等发展需求,开展技师、高级技师培训。对重点关键岗位的高技能人才,通过开展新知识、新技术、新工艺等方面培训以及技术研修攻关等方式,进一步提高他们的专业知识水平、解决实际问题能力和创新创造能力。支持高技能领军人才更多参与国家科研项目。发挥高技能领军人才在带徒传技、技能推广等方面的重要作用。(人力资源社会保障部、教育部、工业和信息化部、住房城乡建设部、国务院国资委、全国总工会等按职责分工负责)

(八)大力推进创业创新培训。组织有创业意愿和培训需求的人员参加创业创新培训。以高等学校和职业院校毕业生、科技人员、留学回国人员、退役军人、农村转移就业和返乡下乡创业人员、失业人员和转岗职工等群体为重点,依托高等学校、职业院校、职业培训机构、创业培训(实训)中心、创业孵化基地、众创空间、网络平台等，开展创业意识教育、创新素质培养、创业项目指导、开业指导、企业经营管理等培训，提升创业创新能力。健全以政策支持、项目评定、孵化实训、科技金融、创业服务为主要内容的创业创新支持体系，将高等学校、职业院校学生在校期间开展的"试创业"实践活动纳入政策支持范围。发挥技能大师工作室、劳模和职工创新工作室作用，开展集智创新、技术攻关、技能研修、技艺传承等群众性技术创新活动，做好创新成果总结命名推广工作，加大对劳动者创业创新的扶持力度。（人力资源社会保障部、教育部、科技部、工业和信息化部、住房城乡建设部、农业农村部、退役军人事务部、国务院国资委、国务院扶贫办、全国总工会、共青团中央、全国妇联、中国残联等按职责分工负责）

（九）强化工匠精神和职业素质培育。大力弘扬和培育工匠精神，坚持工学结合、知行合一、德技并修，完善激励机制，增强劳动者对职业理念、职业责任和职业使命的认识与理解，提高劳动者践行工匠精神的自觉性和主动性。广泛开展"大国工匠进校园"活动。加强职业素质培育，将职业道德、质量意识、法律意识、安全环保和健康卫生等要求贯穿职业培训全过程。（人力资源社会保障部、教育部、科技部、工业和信息化部、住房城乡建设部、国务院国资委、国家市场监督管理总局、全国总工会、共青团中央等按职责分工负责）

三、深化职业技能培训体制机制改革

（十）建立职业技能培训市场化社会化发展机制。加大政府、企业、社会等各类培训资源优化整合力度，提高培训供给能力。广泛发动社会力量，大力发展民办职业技能培训。鼓励企业建设培训中心、职业院校、企业大学，开展职业训练院试点工作，为社会培育更多高技能人才。鼓励支持社会组织积极参与行业人才需求发布、就业状况分析、培训指导等工作。政府补贴的职业技能培训项目全部向具备资质的职业院校和培训机构开放。（人力资源社会保障部、教育部、工业和信息化部、民政部、国家市场监督管理总局、全国总工会等按职责分工负责）

（十一）建立技能人才多元评价机制。健全以职业能力为导向、以工作业绩为重点、注重工匠精神培育和职业道德养成的技能人才评价体系。建立与国家职业资格制度相衔接、与终身职业技能培训制度相适应的职业技能等级制度。完善职业资格评价、职业技能等级认定、专项职业能力考核等多元化评价方式，促进评价结果有机衔接。健全技能人才评价管理服务体系，加强对评价质量的监管。建立以企业岗位练兵和技术比武为基础、以国家和行业竞赛为主体、国内竞赛与国际竞赛相衔接的职业技能竞赛体系，大力组织开展职业技能竞赛活动，积极参与世界技能大赛，

拓展技能人才评价选拔渠道。(人力资源社会保障部、教育部、工业和信息化部、住房城乡建设部、国务院国资委、全国总工会、共青团中央、中国残联等按职责分工负责)

（十二）建立职业技能培训质量评估监管机制。对职业技能培训公共服务项目实施目录清单管理，制定政府补贴培训目录、培训机构目录、鉴定评价机构目录、职业资格目录，及时向社会公开并实行动态调整。建立以培训合格率、就业创业成功率为重点的培训绩效评估体系，对培训机构、培训过程进行全方位监管。结合国家"金保工程"二期，建立基于互联网的职业技能培训公共服务平台，提升技能培训和鉴定评价信息化水平。探索建立劳动者职业技能培训电子档案，实现培训信息与就业、社会保障信息联通共享。(人力资源社会保障部、财政部等按职责分工负责)

（十三）建立技能提升多渠道激励机制。支持劳动者凭技能提升待遇，建立健全技能人才培养、评价、使用、待遇相统一的激励机制。指导企业不唯学历和资历，建立基于岗位价值、能力素质、业绩贡献的工资分配机制，强化技能价值激励导向。制定企业技术工人技能要素和创新成果按贡献参与分配的办法，推动技术工人享受促进科技成果转化的有关政策，鼓励企业对高技能人才实行技术创新成果入股、岗位分红和股权期权等激励方式，鼓励凭技能创造财富、增加收入。落实技能人才积分落户、岗位聘任、职务职级晋升、参与职称评审、学习进修等政策。支持用人单位对聘用的高级工、技师、高级技师，比照相应层级工程技术人员确定其待遇。完善以国家奖励为导向、用人单位奖励为主体、社会奖励为补充的技能人才表彰奖励制度。(人力资源社会保障部、教育部、工业和信息化部、公安部、国务院国资委、国家公务员局等按职责分工负责)

四、提升职业技能培训基础能力

（十四）加强职业技能培训服务能力建设。推进职业技能培训公共服务体系建设，为劳动者提供市场供求信息咨询服务，引导培训机构按市场和产业发展需求设立培训项目，引导劳动者按需自主选择培训项目。推进培训内容和方式创新，鼓励开展新产业、新技术、新业态培训，大力推广"互联网+职业培训"模式，推动云计算、大数据、移动智能终端等信息网络技术在职业技能培训领域的应用，提高培训便利度和可及性。(人力资源社会保障部、国家发展改革委等按职责分工负责)

（十五）加强职业技能培训教学资源建设。紧跟新技术、新职业发展变化，建立职业分类动态调整机制，加快职业标准开发工作。建立国家基本职业培训包制度，促进职业技能培训规范化发展。支持弹性学习,建立学习成果积累和转换制度,促进职业技能培训与学历教育沟通衔接。实行专兼职教师制度,完善教师在职培训和企业实践制度,职业院校和培训机构可根据需要和条件自主招用企业技能人才任教。大力开展校长等管理人员培训和师资培训。发挥院校、行业企业作用,加强职业技能培训教材开发,提高教材质量,规范教材使用。(人力资源社会保障部、教育部等按职责分工负责)

(十六)加强职业技能培训基础平台建设。推进高技能人才培训基地、技能大师工作室建设,建成一批高技能人才培养培训、技能交流传承基地。加强公共实训基地、职业农民培育基地和创业孵化基地建设,逐步形成覆盖全国的技能实训和创业实训网络。对接世界技能大赛标准,加强竞赛集训基地建设,提升我国职业技能竞赛整体水平和青年技能人才培养质量。积极参与走出去战略和"一带一路"建设中的技能合作与交流。(人力资源社会保障部、国家发展改革委、教育部、科技部、工业和信息化部、财政部、农业农村部、商务部、国务院国资委、国家国际发展合作署等按职责分工负责)

五、保障措施

(十七)加强组织领导。地方各级人民政府要按照党中央、国务院的总体要求,把推行终身职业技能培训制度作为推进供给侧结构性改革的重要任务,根据经济社会发展、促进就业和人才发展总体规划,制定中长期职业技能培训规划并大力组织实施,推进政策落实。要建立政府统一领导,人力资源社会保障部门统筹协调,相关部门各司其职、密切配合,有关人民团体和社会组织广泛参与的工作机制,不断加大职业技能培训工作力度。(人力资源社会保障部等部门、单位和各省级人民政府按职责分工负责)

(十八)做好公共财政保障。地方各级人民政府要加大投入力度,落实职业技能培训补贴政策,发挥好政府资金的引导和撬动作用。合理调整就业补助资金支出结构,保障培训补贴资金落实到位。加大对用于职业技能培训各项补贴资金的整合力度,提高使用效益。完善经费补贴拨付流程,简化程序,提高效率。要规范财政资金管理,依法加强对培训补贴资金的监督,防止骗取、挪用,保障资金安全和效益。有条件的地区可安排经费,对职业技能培训教材开发、新职业研究、职业技能标准开发、师资培训、职业技能竞赛、评选表彰等基础工作给予支持。(人力资源社会保障部、教育部、财政部、审计署等按职责分工负责)

(十九)多渠道筹集经费。加大职业技能培训经费保障,建立政府、企业、社会多元投入机制,通过就业补助资金、企业职工教育培训经费、社会捐助赞助、劳动者个人缴费等多种渠道筹集培训资金。通过公益性社会团体或者县级以上人民政府及其部门用于职业教育的捐赠,依照税法相关规定在税前扣除。鼓励社会捐助、赞助职业技能竞赛活动。(人力资源社会保障部、教育部、工业和信息化部、民政部、财政部、国务院国资委、税务总局、全国总工会等按职责分工负责)

(二十)进一步优化社会环境。加强职业技能培训政策宣传,创新宣传方式,提升社会影响力和公众知晓度。积极开展技能展示交流,组织开展好职业教育活动周、世界青年技能日、技能中国行等活动,宣传校企合作、技能竞赛、技艺传承等成果,提高职业技能培训吸引力。大力宣传优秀技能人才先进事迹,大力营造劳动光荣的社会风尚和精益求精的敬业风气。(人力资源社会保障部、教育部、全国总工会、共青团中央等按职责分工负责)

国务院
2018年5月3日

国务院关于印发"十三五"脱贫攻坚规划的通知

国发〔2016〕64号

各省、自治区、直辖市人民政府,国务院各部委、各直属机构:

现将《"十三五"脱贫攻坚规划》印发给你们,请认真贯彻执行。

国务院

2016年11月23日

"十三五"脱贫攻坚规划(节选)

扫一扫

第三章 转移就业脱贫

加强贫困人口职业技能培训和就业服务,保障转移就业贫困人口合法权益,开展劳务协作,推进就地就近转移就业,促进已就业贫困人口稳定就业和有序实现市民化、有劳动能力和就业意愿未就业贫困人口实现转移就业。

第一节 大力开展职业培训

完善劳动者终身职业技能培训制度。针对贫困家庭中有转移就业愿望劳动力、已转移就业劳动力、新成长劳动力的特点和就业需求,开展差异化技能培训。整合各部门各行业培训资源,创新培训方式,以政府购买服务形式,通过农林技术培训、订单培训、定岗培训、定向培训、"互联网+培训"等方式开展就业技能培训、岗位技能提升培训和创业培训。加强对贫困家庭妇女的职业技能培训和就业指导服务。支持公共实训基地建设。

提高贫困家庭农民工职业技能培训精准度。深入推进农民工职业技能提升计划,加强对已外出务工贫困人口的岗位培训。继续开展贫困家庭子女、未升学初高中毕业生（俗称"两后生"）、农民工免费职业培训等专项行动，提高培训的针对性和有效性。实施农民工等人员返乡创业培训五年行动计划（2016—2020年）、残疾人职业技能提升计划。

第二节 促进稳定就业和转移就业

加强对转移就业贫困人口的公共服务。输入地政府对已稳定就业的贫困人口予以政策支持，将符合条件的转移人口纳入当地住房保障范围，完善随迁子女在当地接受义务教育和参加中高考政策，保障其本人及随迁家属平等享受城镇基本公共服务。支持输入地政府吸纳贫困人口转移就业和落户。为外出务工的贫困人口提供法律援助。

开展地区间劳务协作。建立健全劳务协作信息共享机制。输出地政府与输入地政府要加强劳务信息共享和劳务协作对接工作，全面落实转移就业相关政策措施。输出地政府要摸清摸准贫困家庭劳动力状况和外出务工意愿，输入地政府要协调提供就业信息和岗位，采取多种方式协助做好就业安置工作。对到东部地区或省内经济发达地区接受职业教育和技能培训的贫困家庭"两后生"，培训地政府要帮助有意愿的毕业生在当地就业。建立健全转移就业工作考核机制。输出地政府和输入地政府要加强对务工人员的禁毒法制教育。

推进就地就近转移就业。建立定向培训就业机制，积极开展校企合作和订单培训。将贫困人口转移就业与产业聚集园区建设、城镇化建设相结合，鼓励引导企业向贫困人口提供就业岗位。财政资金支持的企业或园区，应优先安排贫困人口就业，资金应与安置贫困人口就业任务相挂钩。支持贫困户自主创业，鼓励发展居家就业等新业态，促进就地就近就业。

专栏6 就业扶贫行动

（一）劳务协作对接行动。

依托东西部扶贫协作机制和对口支援工作机制，开展省际劳务协作，同时积极推动省内经济发达地区和贫困县开展劳务协作。围绕实现精准对接、促进稳定就业的目标，通过开发岗位、劳务协作、技能培训等措施，带动一批未就业贫困劳动力转移就业，帮助一批已就业贫困劳动力稳定就业，帮助一批贫困家庭未升学初高中毕业生就读技工院校毕业后实现技能就业。

（二）重点群体免费职业培训行动。

组织开展贫困家庭子女、未升学初高中毕业生等免费职业培训。到2020年，力争使新进入人力资源市场的贫困家庭劳动力都有机会接受1次就业技能培训；使具备一定创业条件或已创业的贫困家庭劳动力都有机会接受1次创业培训。

（三）春潮行动。

到2020年，力争使各类农村转移就业劳动者都有机会接受1次相应的职业培训，平均每年培训800万人左右，优先保障有劳动能力的建档立卡贫困人口培训。

（四）促进建档立卡贫困劳动者就业。

根据建档立卡贫困劳动者就业情况，分类施策、精准服务。对已就业的，通过跟踪服务、落实扶持政策，促进其稳定就业。对未就业的，通过健全劳务协作机制、开发就业岗位、强化就业服务和技能培训，促进劳务输出和就地就近就业。

（五）返乡农民工创业培训行动。

实施农民工等人员返乡创业培训五年行动计划（2016—2020年），推进建档立卡贫困人口等人员返乡创业培训工作。到2020年，力争使有创业要求和培训愿望、具备一定创业条件或已创业的贫困家庭农民工等人员，都能得到1次创业培训。

（六）技能脱贫千校行动。

在全国组织千所省级重点以上的技工院校开展技能脱贫千校行动，使每个有就读技工院校意愿的贫困家庭应、往届"两后生"都能免费接受技工教育，使每个有劳动能力且有参加职业培训意愿的贫困家庭劳动力每年都能到技工院校接受至少1次免费职业培训，对接受技工教育和职业培训的贫困家庭学生（学员）推荐就业。加大政策支持，对接受技工教育的，落实助学金、免学费和对家庭给予补助的政策，制定并落实减免学生杂费、书本费和给予生活费补助的政策；对接受职业培训的，按规定落实职业培训、职业技能鉴定补贴政策。

国务院办公厅关于印发职业技能提升行动方案（2019—2021年）的通知

国办发〔2019〕24号

各省、自治区、直辖市人民政府，国务院各部委、各直属机构：

《职业技能提升行动方案（2019—2021年）》已经国务院同意，现印发给你们，请认真贯彻执行。

国务院办公厅
2019年5月18日

职业技能提升行动方案（2019—2021年）

为贯彻落实党中央、国务院决策部署，实施职业技能提升行动，制定以下方案。

一、总体要求和目标任务

（一）总体要求。以习近平新时代中国特色社会主义思想为指导，全面贯彻党的十九大和十九届二中、三中全会精神，把职业技能培训作为保持就业稳定、缓解结构性就业矛盾的关键举措，作为经济转型升级和高质量发展的重要支撑。坚持需求导向，服务经济社会发展，适应人民群众就业创业需要，大力推行终身职业技能培训制度，面向职工、就业重点群体、建档立卡贫困劳动力（以下简称贫困劳动力）等城乡各类劳动者，大规模开展职业技能培训，加快建设知识型、技能型、创新型劳动者大军。

（二）目标任务。2019年至2021年，持续开展职业技能提升行动，提高培训针对性实效性，全面提升劳动者职业技能水平和就业创业能力。三年共开展各类补贴性职业技能培训5000万人次以上，其中2019年培训1500万人次以上；经过努力，到2021年底技能劳动者占就业人员总量的比例达到25%以上，高技能人才占技能劳动者的比例达到30%以上。

二、对职工等重点群体开展有针对性的职业技能培训

（三）大力开展企业职工技能提升和转岗转业培训。企业需制定职工培训计划，开展适应岗位需求和发展需要的技能培训，广泛组织岗前培训、在岗培训、脱产培训，开展岗位练兵、技能竞赛、在线学习等活动，大力开展高技能人才培训，组织实施高技能领军人才和产业紧缺人才境外培训。发挥行业、龙头企业和培训机构作用，引导帮助中小微企业开展职工培训。实施高危行业领域安全技能提升行动计划，化工、矿山等高危行业企业要组织从业人员和各类特种作业人员普遍开展安全技能培训，严格执行从业人员安全技能培训合格后上岗制度。支持帮助困难企业开展转岗转业培训。在全国各类企业全面推行企业新型学徒制、现代学徒制培训，三年培训100万新型学徒。推进产教融合、校企合作，实现学校培养与企业用人的有效衔接。鼓励企业与参训职工协商一致灵活调整工作时间，保障职工参训期间应有的工资福利待遇。

（四）对就业重点群体开展职业技能提升培训和创业培训。面向农村转移就业劳动者特别是新生代农民工、城乡未继续升学初高中毕业生（以下称"两后生"）等青年、下岗失业人员、退役军人、就业困难人员（含残疾人），持续实施农民工"春潮行动"、"求学圆梦行动"、新生代农民工职业技能提升计划和返乡创业培训计划以及劳动预备培训、就业技能培训、职业技能提升培训等专项培训，全面提升职业技能和就业创业能力。对有创业愿望的开展创业培训，加强创业培训项目开发、创业担保贷款、后续扶持等服务。围绕乡村振兴战略，实施新型职业农民培育工程和农村实用人才带头人素质提升计划，开展职业农民技能培训。

（五）加大贫困劳动力和贫困家庭子女技能扶贫工作力度。聚焦贫困地区特别是"三区三州"等深度贫困地区，鼓励通过项目制购买服务等方式为贫困劳动力提供免费职业技能培训，并在培训期间按规定通过就业补助资金给予生活费（含交通费，下同）补贴，不断提高参训贫困人员占贫困劳动力比重。持续推进东西部扶贫协作框架下职业教育、职业技能培训帮扶和贫困村创业致富带头人培训。深入推进技能脱贫千校行动和深度贫困地区技能扶贫行动，对接受技工教育的贫困家庭学生，按规定落实中等职业教育国家助学金和免学费等政策；对子女接受技工教育的贫困家庭，按政策给予补助。

三、激发培训主体积极性，有效增加培训供给

（六）支持企业兴办职业技能培训。支持各类企业特别是规模以上企业或者吸纳就业人数较多的企业设立职工培训中心，鼓励企业与职业院校（含技工院校，下

同）共建实训中心、教学工厂等，积极建设培育一批产教融合型企业。企业举办或参与举办职业院校的，各级政府可按规定根据毕业生就业人数或培训实训人数给予支持。支持企业设立高技能人才培训基地和技能大师工作室，企业可通过职工教育经费提供相应的资金支持，政府按规定通过就业补助资金给予补助。支持高危企业集中的地区建设安全生产和技能实训基地。

（七）推动职业院校扩大培训规模。支持职业院校开展补贴性培训，扩大面向职工、就业重点群体和贫困劳动力的培训规模。在院校启动"学历证书+若干职业技能等级证书"制度试点工作，按《国务院关于印发国家职业教育改革实施方案的通知》（国发〔2019〕4号）规定执行。在核定职业院校绩效工资总量时，可向承担职业技能培训工作的单位倾斜。允许职业院校将一定比例的培训收入纳入学校公用经费，学校培训工作量可按一定比例折算成全日制学生培养工作量。职业院校在内部分配时，应向承担职业技能培训工作的一线教师倾斜，保障其合理待遇。

（八）鼓励支持社会培训和评价机构开展职业技能培训和评价工作。不断培育发展壮大社会培训和评价机构，支持培训和评价机构建立同业交流平台，促进行业发展，加强行业自律。民办职业培训和评价机构在政府购买服务、校企合作、实训基地建设等方面与公办同类机构享受同等待遇。

（九）创新培训内容。加强职业技能、通用职业素质和求职能力等综合性培训，将职业道德、职业规范、工匠精神、质量意识、法律意识和相关法律法规、安全环保和健康卫生、就业指导等内容贯穿职业技能培训全过程。坚持需求导向，围绕市场急需紧缺职业开展家政、养老服务、托幼、保安、电商、汽修、电工、妇女手工等就业技能培训；围绕促进创业开展经营管理、品牌建设、市场拓展、风险防控等创业指导培训；围绕经济社会发展开展先进制造业、战略性新兴产业、现代服务业以及循环农业、智慧农业、智能建筑、智慧城市建设等新产业培训；加大人工智能、云计算、大数据等新职业新技能培训力度。

（十）加强职业技能培训基础能力建设。有条件的地区可对企业、院校、培训机构的实训设施设备升级改造予以支持。支持建设产教融合实训基地和公共实训基地，加强职业训练院建设，积极推进职业技能培训资源共建共享。大力推广"工学一体化"、"职业培训包"、"互联网+"等先进培训方式，鼓励建设互联网培训平台。加强师资建设，职业院校和培训机构实行专兼职教师制度，可按规定自主招聘企业技能人才任教。加快职业技能培训教材开发，规范管理，提高教材质量。完善培训统计工作，实施补贴性培训实名制信息管理，探索建立劳动者职业培训电子档案，实现培训评价信息与就业社保信息联通共享,提供培训就业一体化服务。

四、完善职业培训补贴政策,加强政府引导激励

(十一)落实职业培训补贴政策。对贫困家庭子女、贫困劳动力、"两后生"、农村转移就业劳动者、下岗失业人员和转岗职工、退役军人、残疾人开展免费职业技能培训行动,对高校毕业生和企业职工按规定给予职业培训补贴。对贫困劳动力、就业困难人员、零就业家庭成员、"两后生"中的农村学员和城市低保家庭学员,在培训期间按规定通过就业补助资金同时给予生活费补贴。符合条件的企业职工参加岗前培训、安全技能培训、转岗转业培训或初级工、中级工、高级工、技师、高级技师培训,按规定给予职业培训补贴或参保职工技能提升补贴。职工参加企业新型学徒制培训的,给予企业每人每年4000元以上的职业培训补贴,由企业自主用于学徒培训工作。企业、农民专业合作社和扶贫车间等各类生产经营主体吸纳贫困劳动力就业并开展以工代训,以及参保企业吸纳就业困难人员、零就业家庭成员就业并开展以工代训的,给予一定期限的职业培训补贴,最长不超过6个月。

(十二)支持地方调整完善职业培训补贴政策。符合条件的劳动者在户籍地、常住地、求职就业地参加培训后取得证书(职业资格证书、职业技能等级证书、专项职业能力证书、特种作业操作证书、培训合格证书等)的,按规定给予职业培训补贴,原则上每人每年可享受不超过3次,但同一职业同一等级不可重复享受。省级人力资源社会保障部门、财政部门可在规定的原则下结合实际调整享受职业培训补贴、生活费补贴人员范围和条件要求,可将确有培训需求、不具有按月领取养老金资格的人员纳入政策范围。市(地)以上人力资源社会保障部门、财政部门可在规定的原则下结合实际确定职业培训补贴标准。县级以上政府可对有关部门各类培训资金和项目进行整合,解决资金渠道和使用管理分散问题。对企业开展培训或者培训机构开展项目制培训的,可先行拨付一定比例的培训补贴资金,具体比例由各省(区、市)根据实际情况确定。各地可对贫困劳动力、去产能失业人员、退役军人等群体开展项目制培训。

(十三)加大资金支持力度。地方各级政府要加大资金支持和筹集整合力度,将一定比例的就业补助资金、地方人才经费和行业产业发展经费中用于职业技能培训的资金,以及从失业保险基金结余中拿出的1000亿元,统筹用于职业技能提升行动。各地拟用于职业技能提升行动的失业保险基金结余在社会保障基金财政专户中单独建立"职业技能提升行动专账",用于职工等人员职业技能培训,实行分账核算、专款专用,具体筹集办法由财政部、人力资源社会保障部另行制定。企业要按有关规定足额提取和使用职工教育经费，其中60%以上用于一线职工培训，可用于企业"师带徒"津贴补助。落实将企业职工教育经费税前扣除限额提高至工资薪金总额8%的税收政策。推动企业提取职工教育经费开展自主培训与享受政策开展补贴性培训的有机衔接，探索完善相关机制。有条件的地区可安排经费，对职业技能培训教材开发、师资培训、教学改革以及职业技能竞赛等基础工作给予支持，对培训组织动员工作进行奖补。

（十四）强化资金监督管理。要依法加强资金监管，定期向社会公开资金使用情况，加强监督检查和专项审计工作，加强廉政风险防控，保障资金安全和效益。对以虚假培训等套取、骗取资金的依法依纪严惩，对培训工作中出现的失误和问题要区分不同情况对待，保护工作落实层面干事担当的积极性。

五、加强组织领导，强化保障措施

（十五）强化地方政府工作职责。地方各级政府要把职业技能提升行动作为重要民生工程，切实承担主体责任。省级政府要建立职业技能提升行动工作协调机制，形成省级统筹、部门参与、市县实施的工作格局。各省（区、市）要抓紧制定实施方案，出台政策措施，明确任务目标，进行任务分解，建立工作情况季报、年报制度。市县级政府要制定具体贯彻落实措施。鼓励各地将财政补助资金与培训工作绩效挂钩，加大激励力度，促进扩大培训规模，提升培训质量和层次，确保职业技能提升行动有效开展。

（十六）健全工作机制。在国务院就业工作领导小组框架下，健全职业技能提升行动工作协调机制，充分发挥行业主管部门等各方作用，形成工作合力。人力资源社会保障部门承担政策制定、标准开发、资源整合、培训机构管理、质量监管等职责，制定年度工作计划，分解工作任务，抓好督促落实。发展改革部门要统筹推进职业技能培训基础能力建设。教育部门要组织职业院校承担职业技能培训任务。工业和信息化、住房城乡建设等部门要发挥行业主管部门作用，积极参与培训工作。财政部门要确保就业补助资金等及时足额拨付到位。农业农村部门负责职业农民培训。退役军人事务部门负责协调组织退役军人职业技能培训。应急管理、煤矿安监部门负责指导协调化工、矿山等高危行业领域安全技能培训和特种作业人员安全作业培训。国资监管部门要指导国企开展职业技能培训。其他有关部门和单位要共同做好职业技能培训工作。支持鼓励工会、共青团、妇联等群团组织以及行业协会参与职业技能培训工作。

（十七）提高培训管理服务水平。深化职业技能培训工作"放管服"改革。对补贴性职业技能培训实施目录清单管理，公布培训项目目录、培训和评价机构目录，方便劳动者按需选择。地方可采取公开招投标等方式购买培训服务和评价服务。探索实行信用支付等办法，优化培训补贴支付方式。建立培训补贴网上经办服务平台，有条件的地区可对项目制培训探索培训服务和补贴申领告知承诺制，简化流程，减少证明材料，提高服务效率。加强对培训机构和培训质量的监管，健全培训绩效评估体系，积极支持开展第三方评估。

（十八）推进职业技能培训与评价有机衔接。完善技能人才职业资格评价、职业技能等级认定、专项职业能力考核等多元化评价方式，动态调整职业资格目录，动态发布新职业信息，加快国家职业标准制定修订。建立职业技能等级认定制度，为劳动者提供便利的培训与评价服务。从事准入类职业的劳动者必须经培训合格后方可上岗。推动工程领域高技能人才与工程技术人才职业发展贯通。支持企业按规定自主开展职工职业技能等级评价工作，鼓励企业设立首席技师、特级技师等，提升技能人才职业发展空间。

（十九）加强政策解读和舆论宣传。各地区、各有关部门要加大政策宣传力度，提升政策公众知晓度，帮助企业、培训机构和劳动者熟悉了解、用足用好政策，共同促进职业技能培训工作开展。大力弘扬和培育工匠精神，落实提高技术工人待遇的政策措施，加强技能人才激励表彰工作，积极开展各类职业技能竞赛活动，营造技能成才良好环境。

人力资源社会保障部　财政部关于实施职业技能提升行动"互联网+职业技能培训计划"的通知

人社部发〔2020〕10号

各省、自治区、直辖市及新疆生产建设兵团人力资源社会保障厅（局），财政厅（局）：

为坚决贯彻党中央、国务院决策部署，助力打赢新型冠状病毒感染肺炎疫情防控阻击战，人力资源社会保障部、财政部决定在2020年至2021年实施职业技能提升行动"互联网+职业技能培训计划"，鼓励支持广大劳动者参加线上职业技能培训，现就有关事项通知如下。

一、目标任务

针对新型冠状病毒感染肺炎疫情防控工作要求，立足经济社会发展和就业创业需要，实施"互联网+职业技能培训计划"，大力推进职业技能提升行动。2020年，实现"511"线上培训目标：征集遴选50家以上面向全国的优质线上职业技能培训平台，推出覆盖100个以上职业（工种）的数字培训资源，全年开展100万人次以上的线上职业技能培训；到2021年，健全"互联网+职业技能培训"管理服务工作模式，构建线上培训资源充足、线上线下融合衔接、政策支持保障有力、监管有序到位的工作格局，进一步扩大线上培训规模，提高线上培训质量。

二、工作原则

（一）服务大局，防控第一。各地要从疫情防控大局出发，按照当地党委政府统一部署，因地因时制宜，统筹推进职业技能提升行动。疫情防控期间，暂缓开展线下集中培训，积极开展线上职业技能培训。

（二）免费开放，资源共享。加大线上培训资源供给，疫情防控期间，组织线上平台免费开放培训课程资源，加强线上培训课程开发，推动优质培训资源共享。

（三）分类施策，融合发展。大力推行线上线下结合的培训方式，分类组织实施。对理论知识、通用职业素质、疫病防治与卫生健康等综合性内容以及仿真模拟和技能视频演示等以线上培训为主；对实操性强的职业技能培训实行线上学习线下实训融合开展。

（四）夯实基础，加强服务。加强线上培训与公共就业服务和人力资源市场信息衔接，加强职业技能标准开发和技能评价工作，提升线上培训基础能力。明确线上培训激励政策措施，做好线上培训管理监管和服务。

三、组织实施

（一）大力开展线上职业技能培训。创新培训方式方法，充分利用门户网站、移动APP、微信等多种渠道，扩大线上职业技能培训的覆盖面。面向社会征集资质合法、信誉良好、服务优质的线上职业技能培训平台及数字资源。根据各地产业发展和就业工作实际，组织待岗、返岗和在岗企业职工以及离校未就业高校毕业生、就业重点群体等参加线上培训。

（二）丰富线上培训课程资源。将职业道德规范、通用职业素质、就业指导、工匠精神、质量意识、法律意识和相关法律法规、安全消防环保和健康卫生、疫病防控以及新知识、新技术、新工艺等内容纳入线上课程开发内容。积极推动技工院校、企业和社会培训机构开发线上培训课程，开放线上培训资源，与线上培训平台合作开展线上培训。充分发挥技能大师等优秀高技能人才作用，组织开发绝招绝技、技能及工艺操作法等技能训练微课，提升线上培训效果。

（三）强化对企业的支持力度。在受疫情影响停工期间（整体停工或部分停工），对各类企业（包括依托互联网技术实现运营的平台企业和新业态企业）自主或委托开展的职工（含与其建立劳动关系或未建立劳动关系但通过平台提供服务获取劳动报酬）线上培训，按规定纳入职业培训补贴范围，所需资金可从职业技能提升行动专账资金中列支。对受疫情影响的企业开展项目制培训，可按规定预拨一定比例的培训补贴资金。

（四）加大培训补贴政策支持。各级人社、财政部门要制定线上培训相关政策和管理规定，对于参加线上培训并取得相应课程培训合格证明的学员，按照规定给予培训补贴，所需资金可从职业技能提升行动专账资金中列支。

（五）鼓励支持劳动者参加线上培训。各地可根据实际，对参加线上培训的建档立卡贫困劳动力、就业困难人员、零就业家庭成员、"两后生"中农村学员和城市低保家庭学员，在培训期间给予一定的生活费补贴（不含交通费补贴），所需资金可从就业补助资金中列支。

（六）做好技能人才评价。疫情防控期间，要统筹开展技能人才评价，服务支持线上培训。企业可结合生产经营实际，采取线上理论考试、生产过程考核、工作业绩考评等方式进行技能评价，指导社会培训评价组织有序开展职业技能等级认定。

（七）夯实线上培训基础。各地要结合产业发展和就业状况，将相关线上培训平台及数字资源纳入当地"两目录一系统"。做好新职业开发，加快职业技能标准和培训教材开发，为线上培训提供基础支持。

（八）优化管理服务。各地要加强对线上培训的调度、统计和管理，建立劳动者职业培训电子档案。要以提升职业培训补贴便利性和有效性为核心，实现补贴网上申请，简化补贴办理流程，缩短补贴发放周期。积极推行培训机构和培训项目、企业新型学徒制、企业技能人才自主评价等实施线上审批或备案。

四、工作要求

各级人社、财政部门要深入贯彻习近平总书记对疫情防控工作作出的重要指示精神，充分认识开展"互联网+职业技能培训"的重要性和紧迫性，抓紧实施职业技能提升行动。要切实强化组织领导和培训计划实施，层层分解培训任务，压实主体责任。要加强疫情防控期间开展线上培训的政策宣传，及时发布有关信息，引导各类劳动者积极参与线上培训。要加强线上培训管理和监督检查工作，定期采集培训数据，分析线上培训状况，严格监管线上培训过程，杜绝套取培训补贴资金情况的发生。对以虚假线上培训等套取、骗取资金的机构、培训平台及个人须依法依纪严惩。

人力资源社会保障部　财政部
2020 年 2 月 17 日

人力资源社会保障部
关于改革完善技能人才评价制度的意见

人社部发〔2019〕90号

各省、自治区、直辖市及新疆生产建设兵团人力资源社会保障厅（局），国务院各部委、各直属机构人事劳动保障工作机构，中央军委办公厅秘书局，有关行业组织、中央企业等人事劳动保障工作机构：

建立科学的技能人才评价制度，对于加强职业技能培训，提高劳动者素质，促进劳动者就业创业，激励引导技能人才成长成才具有重要作用。为贯彻落实《关于分类推进人才评价机制改革的指导意见》等文件精神，根据国务院推进"放管服"改革要求，现就改革完善技能人才评价制度提出如下意见。

一、总体要求

（一）指导思想。全面贯彻党的十九大和十九届二中、三中全会精神，以习近平新时代中国特色社会主义思想为指导，认真落实党中央、国务院决策部署，紧紧围绕统筹推进"五位一体"总体布局和协调推进"四个全面"战略布局，牢固树立新发展理念，深入实施人才强国战略、创新驱动发展战略和就业优先战略，加大"放管服"改革力度，加快政府职能转变，深化职业资格制度改革，建立职业技能等级制度，健全完善技能人才评价体系，形成科学化、社会化、多元化的技能人才评价机制，为实施职业技能提升行动，建设知识型、技能型、创新型劳动者大军做好支持服务。

（二）基本原则。

——坚持深化改革。围绕"放管服"改革部署要求，深化技能人才评价机制改革，进一步简政放权，推动政府职能转变，形成适应经济社会发展和技能人才发展需要的评价制度。

——坚持多元评价。完善国家职业资格目录，实行清单式管理，建立职业技能等级制度并做好与职业资格制度的衔接，规范专项职业能力考核，实行多元化技能评价。

——坚持科学公正。科学制定评价标准，注重职业道德，体现工匠精神，突出职业能力导向，强化工作业绩和贡献，推动评价工作科学、客观、公正进行。

——坚持以用为本。推动人才评价与使用激励紧密结合，引导技能人才培养培训，畅通技能人才发展通道，促进提高技能人才待遇水平和社会地位。

（三）主要目标。发挥政府、用人单位、社会组织等多元主体作用，建立健全以职业资格评价、职业技能等级认定和专项职业能力考核等为主要内容的技能人才评价制度，完善宏观管理、标准构建、组织实施、质量监管、服务保障等工作体系，形成有利于技能人才成长和发挥作用的制度环境，促进优秀技能人才脱颖而出，为经济高质量发展提供支撑。

二、改革技能人才评价制度

（四）深化技能人员职业资格制度改革。巩固职业资格改革成果，完善国家职业资格目录。对准入类职业资格，继续保留在国家职业资格目录内。对关系公共利益或涉及国家安全、公共安全、人身健康、生命财产安全的水平评价类职业资格，要依法依规转为准入类职业资格。对与国家安全、公共安全、人身健康、生命财产安全关系不密切的水平评价类职业资格，要逐步调整退出目录，对其中社会通用性强、专业性强、技术技能要求高的职业（工种），可根据经济社会发展需要，实行职业技能等级认定。

（五）建立职业技能等级制度。建立并推行职业技能等级制度，由用人单位和社会培训评价组织按照有关规定开展职业技能等级认定。符合条件的用人单位可结合实际面向本单位职工自主开展，符合条件的用人单位按规定面向本单位以外人员提供职业技能等级认定服务。符合条件的社会培训评价组织可根据市场和就业需要，面向全体劳动者开展。职业技能等级认定要坚持客观、公正、科学、规范的原则，认定结果要经得起市场检验、为社会广泛认可。

（六）规范专项职业能力考核。根据脱贫攻坚、乡村振兴、农村转移劳动力培训等工作需要，开展专项职业能力考核工作。要结合新兴产业发展、地方特色产业需要和就业创业需求，选择市场需求大、可就业创业的最小技能单元（模块）进行专项职业能力考核，作为技能人才评价的重要补充。

三、健全技能人才评价标准

（七）建立健全评价标准。国家确定职业分类，依据职业分类，建立由国家职业技能标准、行业企业评价规范、专项职业能力考核规范等构成的多层次、相互衔接的职业标准体系,作为开展技能人才评价的依据。职业资格评价要依据国家职业技能标准组织开展;职业技能等级认定要依据国家职业技能标准或行业企业评价规范组织开展;专项职业能力考核要依据经备案的考核规范组织开展。推动成熟的行业企业评价规范和专项职业能力考核规范上升为国家职业技能标准。

(八)完善标准开发机制。国家职业技能标准由人力资源社会保障部会同有关行业部门组织制定并颁布。行业企业评价规范由行业组织和用人单位参照《国家职业技能标准编制技术规程》开发。专项职业能力考核规范按照有关规定组织开发。

(九)合理确定技能等级。按照国家职业技能标准和行业企业评价规范设置的职业技能等级,一般分为初级工、中级工、高级工、技师和高级技师五个等级。企业可根据需要,在相应的职业技能等级内划分层次,或在高级技师之上设立特级技师、首席技师等,拓宽技能人才职业发展空间。

四、完善评价内容和方式

(十)突出品德、能力和业绩评价。坚持把品德作为技能人才评价的首要内容,全面考察技能人才的工匠精神、职业道德、职业操守和从业行为,强化社会责任。坚持以能力、业绩、贡献为导向,注重考核岗位工作绩效,强化生产服务成果、创新成果和实际贡献。

(十一)实行分类评价。用人单位和社会培训评价组织要根据不同类型技能人才的工作特点,实行差别化技能评价。在统一的评价标准体系框架基础上,对技术技能型人才的评价,要突出实际操作能力和解决关键生产技术难题要求,并根据需要增加新知识、新技术、新方法等方面的要求。对知识技能型人才的评价,要围绕高新技术发展需要,突出掌握运用理论知识指导生产实践、创造性开展工作要求。对复合技能型人才的评价,应根据产业结构调整和科技进步发展,突出掌握多项技能、从事多工种多岗位复杂工作要求。

(十二)创新评价方式。用人单位和社会培训评价组织可结合实际,按规定综合运用理论知识考试、技能操作考核、业绩评审、竞赛选拔、企校合作等多种鉴定考评方式,克服唯学历、唯职称、唯论文倾向,提高评价的针对性和有效性。用人单位、技工院校坚持就业导向,自主开展职业技能等级认定,或委托社会培训评价组织进行职业技能等级认定。

五、加强监督管理服务

(十三)实行目录管理。建立技能人才评价工作目录管理制度并实行动态调整。动态发布新职业信息和国家职业技能标准。职业资格及实施机构由国家职业资格目录规定。职业技能等级认定工作实行目录管理，向社会公开。中央企业由人力资源社会保障部进行遴选，纳入职业技能等级认定目录，所属子公司、分公司等分支机构由所在地省级人力资源社会保障部门给予工作支持、兑现相应待遇并进行监管；其他用人单位由所在地省级人力资源社会保障部门进行遴选，纳入属地管理。社会培训评价组织由人力资源社会保障部进行遴选，纳入职业技能等级认定目录。

（十四）规范证书发放管理。职业资格证书按规定颁发。职业技能等级证书由用人单位和社会培训评价组织颁发，由人力资源社会保障部制定编码规则，规范证书（或电子证书）样式。按规定发放的职业资格证书和职业技能等级证书纳入人才统计和认定范围，作为落实有关人才政策的依据。

（十五）完善监督管理措施。各地要做好本地区技能人才评价工作的综合管理，通过现场督查、同行监督和社会监督，采取"双随机、一公开"和"互联网+监管"等方式，加强对用人单位和社会培训评价组织及其评价活动的监督管理。建立职业技能等级认定工作质量监控体系，健全用人单位和社会培训评价组织评估机制，定期组织评估，评估结果向社会公开。

（十六）加快政府职能转变。加大技能人才评价工作改革力度，进一步明确政府、市场、用人单位、社会组织等在人才评价中的职能定位，建立权责清晰、管理科学、协调高效的人才评价管理体制。改进政府人才评价宏观管理、政策法规制定、公共服务、监督保障等工作。推进人力资源社会保障部门所属职业技能鉴定中心职能调整，逐步退出具体认定工作，转向加强质量监督、提供公共服务等工作。鼓励支持社会组织、市场机构以及企业、院校等作为社会培训评价组织，提供技能评价服务。

各地区各部门要充分认识技能人才评价制度改革的重要性，将技能人才评价制度改革纳入重要议事日程，加强组织领导，结合实际制定具体办法并指导实施。要做好与职业资格相关政策的衔接过渡，稳慎有序推进改革。各地区各部门各有关方面要加强政策解读和舆论引导，积极回应社会关切，形成全社会关心支持参与技能人才评价制度改革的良好氛围。

人力资源社会保障部

2019 年 8 月 19 日

人力资源社会保障部关于印发《新生代农民工职业技能提升计划（2019—2022年）》的通知

人社部发〔2019〕5号

各省、自治区、直辖市和新疆生产建设兵团人力资源社会保障厅（局）：

为贯彻落实中共中央、国务院印发的《新时期产业工人队伍建设改革方案》、《乡村振兴战略规划（2018—2022年）》和《国务院关于推行终身职业技能培训制度的意见》等文件要求，加强新生代农民工职业技能培训工作，带动农民工队伍技能素质全面提升，我部研究制定了《新生代农民工职业技能提升计划（2019—2022年）》，现印发给你们，请结合实际组织实施。

扫一扫

人力资源社会保障部

2019年1月9日

新生代农民工职业技能提升计划（2019—2022年）

为贯彻落实《新时期产业工人队伍建设改革方案》、《乡村振兴战略规划（2018—2022年）》、《国务院关于推行终身职业技能培训制度的意见》等文件要求，帮助农民工特别是新生代农民工增加受教育培训机会，提高专业技能和胜任岗位能力，将其培养成为高素质技能劳动者和稳定就业的产业工人，特制定本计划。

一、充分认识提升新生代农民工职业技能的重要意义

全国农民工总量约为2.9亿人，1980年及以后出生的新生代农民工逐渐成为农民工主体，已占农民工总量的一半以上，是社会主义现代化建设的重要力量。党的十九大以来，以新生代农民工为重点的农民工职业技能培训工作取得积极成效，但面对新的经济社会发展需求、就业形势需要和庞大的农民工总量，培训工作仍然存在制度不够健全、覆盖面不够广泛、规模不够大、针对性和有效性不强、促进贫困劳动力就业脱贫的支持度不够等问题。加强新生代农民工职业技能培训工作，带动农民工队伍技能素质全面提升，是充分发挥我国人力资源优势、提高人力资本质量的重要任务，是促进就业创业、乡村振兴和扶贫脱贫的有效举措，是深化供给侧结构性改革、推动经济社会发展和新动能培育的必然要求，对于我国决胜全面建成小康社会具有重要意义。各级人力资源社会保障部门要高度重视，集中整合有关政策和资源，形成合力，面向新生代农民工大力开展职业技能培训。

二、总体要求

（一）指导思想。全面贯彻党的十九大和十九届二中、三中全会和中央经济工作会议精神，将新生代农民工职业技能培训作为实施人才强国战略、创新驱动发展战略、乡村振兴战略的具体举措和打赢脱贫攻坚战的重要抓手，围绕国家经济社会发展对高素质劳动者需求和农民工技能就业、高质量就业需要，保障就业局势稳定，聚焦新生代农民工，针对群体和时代特点，开展大规模、多层次、高质量、有保障的职业技能培训，促进多渠道转移就业，提高就业质量。

（二）目标任务。逐步形成就业导向、政策扶持、企业主导、社会参与的运行机制，健全培训需求调查、职业指导、分类培训、技能评价、就业服务协同联动的工作机制。到 2022 年末，努力实现新生代农民工职业技能培训"普遍、普及、普惠"的目标，即普遍组织新生代农民工参加职业技能培训，提高培训覆盖率；普及职业技能培训课程资源，提高培训可及性；普惠性补贴政策全面落实，提高各方主动参与培训积极性。

三、大规模开展多种形式的职业技能培训

（三）广泛开展就业技能培训，促进转移就业。对在公共就业服务平台登记培训愿望的农民工，在 1 个月内提供相应的培训信息或统筹组织参加培训，实现转移就业前掌握就业基本常识并至少掌握一项职业技能。对初次到城镇就业的新生代农民工开展必要的引导性培训。对失业和转岗人员，引导并组织参加新技能培训，帮助其尽快返岗转岗。重点根据企业岗位实际需求开展订单定岗培训，结合产业发展需求开展定向培训。

（四）大力推进岗位技能提升培训，支持岗位成才。支持企业对农民工广泛开展技能培训，重点对新生代农民工开展岗前培训、企业新型学徒制培训、岗位技能提升培训、高技能人才培训等，进一步提高其就业稳定性。围绕提高产品质量和促进安全生产，经常性开展安全知识、操作规程、规章制度培训。对具备较高职业技能和自主创新意愿的人员，特别是企业拔尖技能人才，开展岗位创新创效培训。加强劳模精神和工匠精神培育，引导新生代农民工爱岗敬业，追求精益求精。

（五）精准开展技能扶贫培训，助力脱贫攻坚。精准掌握建档立卡贫困劳动力、低保家庭劳动力、特困救助供养人员和残疾人等就业困难人员中新生代农民工的基本情况，结合扶贫项目和用工需求，优先为有培训意愿的人员提供精准技能培训服务，优先为有就读技工院校意愿的人员提供技工教育，帮助他们实现技能就业脱贫。

（六）积极开展创业创新培训，培养创业带头人。将有意愿开展创业活动和处于创业初期的农民工全部纳入创业培训服务范围，开展创业培训服务。重点对新生代农民工积极开展电子商务培训。对具备一定条件的人员开展以创办个体工商户和创办小微企业为中心的创业技能培训，提供开业指导和创业孵化、创业政策支持，提高创业成功率。对已创业人员，持续开展改善或扩大企业经营的创业能力提升培训和企业经营指导，加强创业公共服务，提升经营管理能力。

四、切实提高培训质量

（七）创新培训内容和方式，提高培训针对性有效性。根据制造业重点领域、现代服务业和乡村振兴对技能人才需要，以新生代农民工为重点，积极开展相关职业（工种）技能培训。逐步推广工学一体化、"互联网+职业培训"、职业培训包、多媒体资源培训等灵活多样的培训方式，满足新生代农民工多样化、个性化培训需求。根据当地新生代农民工特点和产业发展实际，打造特色培训品牌。

（八）扩大培训供给，实行市场化社会化培训机制。政府投资建设的高技能人才培训基地、实训基地和创业孵化基地等，要率先做好新生代农民工职业技能培训工作，带动其他培训资源参与。逐步推进职业技能培训公共服务项目目录清单管理，政府补贴的职业技能培训项目全部向具备资质的职业院校和培训机构开放。推动落实劳动者自主选择职业培训机构和培训项目、按培训补贴标准领取补贴的政府购买服务方式。

（九）做好公共就业服务，实现培训就业一体化。多渠道公开职业培训信息，提高新生代农民工对就业趋势、培训政策、课程内容等信息的知晓度。支持职业培训机构与行业协会、大中型企业、劳务输出机构等建立联合体，开展培训就业一站式服务。推进劳务输入地与输出地联动对接，延长新生代农民工跨区域培训就业服务链条。加强就业形势监测，对就业不稳定的农民工，及时提供技能培训和就业信息服务。

五、强化保障措施

（十）加强组织领导，形成工作合力。各地要以农民工就业和培训的统计调查数据为基础，科学规划新生代农民工培训工作。做好现有各项培训政策措施的衔接融合，发挥相关部门职能优势，形成工作合力。人力资源社会保障系统就业、人力资源市场、职业培训、技工院校管理、职业技能鉴定、农民工工作、失业保险、劳动监察等部门要明确职责、密切协作，加强工作督导，及时研究解决工作中存在的问题，确保政策措施落到实处。

（十一）加大扶持力度，落实补贴政策。鼓励各地结合实际，从资金、政策等方面加大对新生代农民工职业培训和就业创业扶持力度。落实相关补贴政策，减少参训人员"先垫后支"情况，探索培训券补贴方式。对建档立卡贫困人员按规定落实免费参加技工教育和职业培训政策。会同有关部门做好《关于企业职工教育经费提取与使用管理的意见》（财建〔2006〕317号）和《关于企业职工教育经费税前扣除政策的通知》（财税〔2018〕51号）的宣传解读和政策落实，支持引导企业足额提取职工教育培训经费并合理使用。

（十二）优化社会环境，形成良好氛围。各地要采取多种方式大力宣传职业培训和技术工人待遇等政策，深入解读各项惠及农民工、培训机构、用人单位的政策措施，以新生代农民工为重点，及时总结推广农民工职业技能培训的有效经验，动员社会各界积极参与新生代农民工职业技能提升计划的实施。每年至少对乡（镇）、村有关工作人员开展1次职业培训等相关政策培训，乡（镇）、村要加强相关政策宣传讲解和典型人物事迹宣传，激发新生代农民工技能成才的内生动力。

人力资源社会保障部　财政部
关于全面推行企业新型学徒制的意见

人社部发〔2018〕66号

各省、自治区、直辖市及新疆生产建设兵团人力资源社会保障厅（局）、财政厅（局）：

为贯彻落实党的十九大精神，加快建设知识型、技能型、创新型劳动者大军，按照中共中央、国务院《新时期产业工人队伍建设改革方案》、《关于推行终身职业技能培训制度的意见》（国发〔2018〕11号）有关要求和全国教育大会有关精神，现就全面推行企业新型学徒制提出如下意见：

一、指导思想和目标任务

（一）指导思想。以习近平新时代中国特色社会主义思想为指导，全面贯彻党的十九大和十九届二中、三中全会精神，认真落实党中央、国务院决策部署，以服务就业和经济社会发展为宗旨，适应培育壮大新动能、产业转型升级和现代企业发展需要，大力推进技能人才培养工作，深化产教融合、校企合作，创新中国特色技能人才培养模式，面向各类企业全面推行企业新型学徒制，扩大技能人才培养规模，为促进劳动者更高质量就业，实现经济高质量发展提供有力人才支撑。

（二）目标任务。按照政府引导、企业为主、院校参与的原则，在企业（含拥有技能人才的其他用人单位，下同）全面推行以"招工即招生、入企即入校、企校双师联合培养"为主要内容的企业新型学徒制，进一步发挥企业主体作用，通过企校合作、工学交替方式，组织企业技能岗位新招用和转岗等人员参加企业新型学徒培训，促进企业技能人才培养，壮大发展产业工人队伍。从今年起到2020年底，努力形成政府激励推动、企业加大投入、培训机构积极参与、劳动者踊跃参加的职业技能培训新格局，力争培训50万以上企业新型学徒（以下简称"学徒"）。2021年起，继续加大工作力度，力争年培训学徒50万人左右。

二、企业新型学徒制的主要内容

（三）培养对象和培养模式。学徒培训以与企业签订一年以上劳动合同的技能岗位新招用和转岗等人员为培养对象。企业可结合生产实际自主确定培养对象，采取"企校双制、工学一体"的培养模式，即由企业与技工院校、职业院校、职业培训机构、企业培训中心等教育培训机构（以下简称"培训机构"）采取企校双师带徒、工学交替培养等模式共同培养学徒。

（四）培养主体职责。学徒培养的主要职责由所在企业承担。企业应与学徒签订培养协议，明确培训目标、培训内容与期限、质量考核标准等内容。企业委托培训机构承担学徒的部分培训任务，应与培训机构签订合作协议，明确培训的方式、内容、期限、费用、双方责任等具体内容，保证学徒在企业工作的同时，能够到培训机构参加系统的、有针对性的专业知识学习和相关技能训练。培训机构与企业签订合作协议后，对学徒进行非全日制学籍注册，加强在校学习管理。

（五）培养目标和主要方式。学徒培养目标以符合企业岗位需求的中、高级技术工人为主，培养期限为1~2年，特殊情况可延长到3年。培养内容主要包括专业知识、操作技能、安全生产规范和职业素养，特别是工匠精神的培育。要以企业为主导确定具体培养任务，由企业与培训机构分别承担。在企业主要通过企业导师带徒方式，在培训机构主要采取工学一体化教学培训方式。积极应用"互联网+"、职业培训包等培训模式。学徒培训期满，可参加职业技能鉴定或结业（毕业）考核，合格者取得相应职业资格证书（或职业技能等级证书、专项职业能力证书、培训合格证书、毕业证书，下同）。鼓励支持有条件的企业自主对学徒进行技能评价。

三、健全政策制度

（六）建立企校双师联合培养制度。企业应选拔优秀高技能人才担任学徒的企业导师。企业导师要着重指导学徒进行岗位技能操作训练，帮助学徒逐步掌握并不断提升技能水平和职业素养，使之能够达到职业技能标准和岗位要求，具备从事相应技能岗位工作的能力。培训机构应为学徒安排具备相应专业知识和操作技能水平的指导教师，负责承担学徒的学校教学任务，强化理论知识学习，做好与企业实践技能的衔接。

（七）学徒培养实行弹性学制和学分制。承担学徒培训任务的培训机构，要结合企业生产和学徒工作生活实际，采取弹性学制，实行学分制管理。鼓励和支持学徒利用业余时间分阶段完成学业。要建立和完善适合弹性学制和学分制的教学质量评价体系和考核制度。

（八）健全企业对学徒培训的投入机制。学徒在学习培训期间，企业应当按照劳动合同法的规定支付工资，且工资不得低于企业所在地最低工资标准。企业按照与培训机构签订的合作协议约定，向培训机构支付学徒培训费用，所需资金从企业职工教育经费中列支；符合有关政策规定的，由政府提供职业培训和职业技能鉴定补贴。承担带徒任务的企业导师享受导师带徒津贴，津贴标准由企业确定，津贴由企业承担。企业对学徒开展在岗培训、业务研修等企业内部发生的费用，符合有关政策规定的，可从企业职工教育经费中列支。

（九）完善财政补贴政策。人力资源社会保障部门会同财政部门对开展学徒培训的企业按规定给予职业培训补贴，补贴资金从就业补助资金列支。补贴标准由各省（区、市）人力资源社会保障部门会同省级财政部门确定，学徒每人每年的补贴标准原则上不低于4000元，并根据经济发展、培训成本、物价指数等情况逐步提高。企业在开展学徒培训前将有关材料报当地人力资源社会保障部门备案，经人力资源社会保障部门审核后列入学徒培训计划，财政部门按规定向企业预支不超过50%的补贴资金，培训任务完成后及时拨付其余补贴资金。对参加学徒培训的就业困难人员和毕业年度高校毕业生，按规定落实社保补贴政策。

四、加大组织实施力度

（十）加强组织领导。各级人力资源社会保障部门、财政部门要进一步提高认识，增强责任感和紧迫感，把推行企业新型学徒制作为推行终身职业技能培训制度、加强技能人才队伍建设的重要工作内容，制定工作方案，认真组织实施。要建立人力资源社会保障部门牵头，财政等有关部门密切配合、协同推进的工作机制，加强组织领导，全面推动实施。

（十一）规范组织实施。各省级人力资源社会保障部门、财政部门要制定具体实施办法，实行学徒培训备案审核制度，简化工作流程，探索政策创新。中央企业学徒培训按属地管理原则纳入当地工作范畴，享受当地政策，各级人力资源社会保障部门要主动对接属地中央企业，做好服务保障工作。各省、市、县人力资源社会保障部门要加大工作力度，加强工作力量，做好对各类企业特别是中小微企业学徒培训的管理服务工作，建立与相关企业的联系制度，做好工作指导。

（十二）建立培训质量评估监管机制。对学徒培训实施目录清单管理，制定企业目录、培训机构目录，及时向社会公开并实行动态调整。结合国家"金保工程"二期，建立基于互联网的职业培训公共服务和监管平台，积极推行网上备案审核制度，实现信息联通共享。实施学徒培训实名制信息管理，指导企业建立培训台账，详细记录参训人员的姓名、年龄、性别、身份证号、学历、培训职业（工种）、学校班次、培训时间、考核成绩、技能等级和联系方式等，以备查验。对培训机构和培训过程、培训结果要加强监管，实时监控，严格考核验收。

企业组织学徒培训要向人力资源社会保障部门报送如下备案材料：培训计划、学徒名册、劳动合同复印件等有关材料。完成全部培训任务后企业申请其余补贴资金时需备案以下材料：职业资格证书编号或复印件、不低于10次的培训视频资料、培训机构出具的行政事业性收费票据（或税务发票）等符合财务管理规定的凭证。

（十三）提高服务能力。要切实做好学徒培训经费保障工作，及时足额拨付补贴资金。健全资金管理制度，提高资金使用效益，确保资金使用安全。有条件的地方可安排工作经费，对学徒培训教材开发、师资建设、管理人员培训、管理平台开发等基础工作给予支持。支持承担学徒培训任务工作的培训机构提升培训基础能力。职业技能鉴定机构要提供便捷高效的鉴定服务，相关部门按规定落实职业技能鉴定补贴。

（十四）加强宣传动员。广泛动员企业、培训机构和劳动者积极参与学徒培训，扩大企业新型学徒制影响力和覆盖面。强化典型示范，突出导向作用，大力宣传推行企业新型学徒制的典型经验和良好成效。创新宣传方式，充分运用各类新闻媒体，采取灵活多样的形式，做好推广动员工作，努力营造全社会关心尊重技能人才、重视支持职业技能培训工作的良好社会氛围。

请各省（区、市）及新疆生产建设兵团人力资源社会保障部门、财政部门在每年年底前将企业新型学徒制工作开展情况报送人力资源社会保障部、财政部。

人力资源社会保障部　财政部
2018年10月12日

人力资源社会保障部　国务院扶贫办
关于开展深度贫困地区技能扶贫行动的通知

人社部发〔2018〕63号

各省、自治区、直辖市及新疆生产建设兵团人力资源社会保障厅（局）、扶贫办：

职业技能培训是促进建档立卡贫困劳动力（以下简称贫困劳动力）转移就业脱贫的根本举措。为贯彻落实《中共中央　国务院关于打赢脱贫攻坚战三年行动的指导意见》，推进深度贫困地区贫困劳动力职业技能培训工作，实现以培训促就业、以就业助脱贫，人力资源社会保障部、国务院扶贫办决定于2018年9月至2020年底，在全国组织开展深度贫困地区技能扶贫行动，现就有关事项通知如下：

一、目标任务

聚焦深度贫困地区，坚持精准扶贫和就业导向，加大帮扶力度，做到"应培尽培、能培尽培"，努力实现每个有培训需求的贫困劳动力都有机会接受职业技能培训，每个有就读技工院校意愿的建档立卡贫困家庭应往届初高中毕业未能继续升学的学生（以下简称贫困家庭学生）都有机会接受技工教育。建立完善职业指导、分类培训、技能评价、就业服务协同联动的公共服务体系，提升职业技能培训促进转移就业脱贫效果。

二、帮扶对象

技能扶贫行动以国家和省定贫困县（村）、"三区三州"等深度贫困地区贫困劳动力为重点帮扶对象，统筹利用各类优质职业培训资源，开展精准有效的培训服务，培养其发展生产和务工经商所需的基本技能，促进实现技能就业、技能增收脱贫。

三、主要内容

（一）精准掌握贫困劳动力信息，广泛组织动员。精准掌握贫困劳动力数据信息、就业失业情况和培训愿望，建立台账，做好统计分析工作，科学制订培训总体规划和年度计划。深度贫困地区要以乡镇、村为重点，通过发放宣传单、窗口单位政务公开、网络平台信息发布等方式，加强政策宣传力度，及时主动公开职业技能培训信息。对贫困劳动力加强职业指导，帮助他们明确技能就业方向，着重帮助青壮年做好职业分析和工作规划，广泛动员贫困劳动力积极参与并自主选择适合的职业技能培训项目。

（二）大力开展就业技能培训，促进实现转移就业。结合劳动力市场需求和用人单位要求，开展有效、实用的就业技能培训。重点依托就业扶贫、产业扶贫和劳务输出项目开展就业技能培训，帮助受训贫困劳动力适应就业岗位要求。加强对拟从事高危行业和特种作业贫困劳动力的安全意识、操作规程和就业技能培训。对吸纳就业能力较强的家政服务、物流配送和养老服务产业加大培训力度，培育和扶持具有本地特色的劳务品牌。支持职业培训机构与行业协会、大中型企业、劳务输出机构等建立联合体，开展培训就业一站式服务。

（三）积极开展创新创业培训，培养创业带头人。组织学习能力较强、具备一定创业条件的人员参加创业培训。开发适合贫困劳动力的创业培训项目，推广成型的培训实训模式。对掌握一定技术技能、具备较强创业能力的人员，开展创办个体工商户和创办小微企业培训。注重培养创业带头人，带动一批人员创业就业。加强创业培训后续跟踪指导服务，提供创业孵化和创业政策支持。

（四）支持企业开展职工培训，促进稳定就业。依托"万企帮万村"等行动，鼓励各类企业招用贫困劳动力特别是其中的新成长劳动力，广泛开展岗前培训、企业新型学徒制培训、岗位技能提升培训。宣传发动企业为参加职业技能培训或技工教育的贫困学员提供爱心奖（助）学金和实习岗位，对符合企业招聘条件的人员优先录用。就业扶贫基地要带头完善职工培训制度并积极开展培训。深度贫困地区人力资源社会保障部门要及时了解本地区中小企业、扶贫车间、加工点等开展职工培训的需求，积极提供服务。

（五）深入推进技工教育，加大对口帮扶力度。深入实施技能脱贫千校行动，为就读技工院校的"三区三州"贫困家庭学生，开辟招生绿色通道，在入学、选择专业、安排订单定向培养班（企业冠名班）、落实助学政策、实习、推荐就业等方面实行优先政策。承担帮扶任务的技工院校要对深度贫困地区技工院校特色优势主体专业进行定点帮扶。

（六）做好职业技能培训结业考核和职业技能鉴定工作，促进高质量就业。各地人力资源社会保障部门要不断规范职业技能培训结业考核程序，加强对考核过程、考核结果和证书发放的监督检查。针对贫困劳动力特点，组织开发专项职业能力考核规范，作为开展专项职业能力培训和考核的依据。鼓励贫困劳动力参加职业技能鉴定活动，对合格人员按规定发放国家职业资格证书、职业技能等级证书或专项职业能力证书，以考促学、学以致用，促进他们实现高质量就业。

（七）优化职业技能培训方式方法，提高培训供给能力。坚持工作重心下沉，积极组织职业培训机构、企业等根据实际情况采取集中培训、弹性培训、上门培训等方式，开展进乡镇、进社区、进家庭等"点对点"、"一对一"精准培训，提供课堂教学、互联网+培训、多媒体资源培训等多种培训方式。鼓励优质职业培训机构和企业与深度贫困地区职业培训机构、就业扶贫车间合作开展培训。政府投资建设的技工院校、高技能人才培训基地、公共实训基地和创业孵化基地要积极主动承担培训任务。完善政府购买服务方式，推动落实劳动者自主选择职业培训机构和培训项目、按培训补贴标准领取补贴的新型政府购买服务方式。

（八）加强基础能力建设，提高办学水平。打造适应县域经济发展、满足贫困劳动力需求的优质培训项目和精品课程。依托各类职业培训机构及培训设施，帮扶深度贫困地区职业培训机构和技工院校改善办学条件、强化师资队伍、提高办学能力。支持深度贫困地区合理增设职业培训机构和技工院校。2020年底前，实现"三区三州"每所技工院校至少建设一个特色优势主体专业，建立一个资料室，每名教师至少参加一次培训，提高教学质量。

四、工作要求

（一）提高思想认识，落实工作责任。党中央、国务院有关文件明确人力资源社会保障部门牵头负责"三区三州"等深度贫困地区贫困劳动力职业技能培训和贫困家庭学生技工教育扶贫工作。各级人力资源社会保障和扶贫部门要提高政治站位，坚持问题导向，进一步研究制定有针对性的工作举措，加强协调指导、统筹整合资源、明确责任、细化分工。有帮扶任务的地区要加强与深度贫困地区的协作配合，把职业技能培训政策和任务细化到项目、到村、到户、到人，促进劳务输入地与输出地在政策、服务、就业等方面的联动对接，认真组织实施，确保实效。

（二）加大支持力度，落实补贴政策。深度贫困地区所在省（区）要对贫困劳动力职业技能培训工作加大扶持力度，并按照统筹规划、集中使用、提高效益的要求，将中央和省级财政安排的各项贫困劳动力培训资金统筹使用。要用好用足贫困劳动力职业培训、职业技能鉴定、项目制培训、参加失业保险职工技能提升等各项补贴政策。对参加职业培训的贫困劳动力，可在培训期间给予生活费补贴。贫困县涉农整合资金要对技能扶贫予以支持。对企业、农民专业合作社和扶贫车间等各类生产经营主体吸纳贫困劳动力就业并开展以工代训的，根据《人力资源社会保障部 财政部关于进一步加大就业扶贫政策支持力度着力提高劳务组织化程度的通知》（人社部发〔2018〕46号）有关要求，按规定给予职业培训补贴。将适合贫困劳动力就业和劳务输出（入）的职业（工种）纳入本地区重点产业职业需求指导目录，对指导目录内的职业培训，可适当提高补贴标准。要完善补贴拨付流程，简化程序，提高效率。对贫困家庭学生要按照《人力资源社会保障部 国务院扶贫办关于开展技能脱贫千校行动的通知》（人社部发〔2016〕68号）要求落实各项支持政策。鼓励社会各界捐助、赞助技能扶贫工作，对符合条件的可依照税法相关规定在税前扣除。

（三）加强工作督导，解决重点难点问题。各级人力资源社会保障和扶贫部门要加强对深度贫困地区技能扶贫行动的督促检查，推动任务落实。重点督导贫困人口多、脱贫难度大、工作进度慢的地区，研究解决突出问题。对贡献突出、成效显著的单位和个人，通过多种方式予以肯定和表扬；对工作不到位、措施不得力、政策不落实、工作进展缓慢的单位，予以及时纠正，对问题严重的进行问责。

（四）加大宣传力度，营造良好舆论氛围。各地要大力宣传支持企业和职业培训机构开展贫困劳动力职业技能培训的政策措施，动员社会各界广泛参与技能扶贫工作。及时总结推广经验做法，促进学习借鉴。深度贫困地区要深入解读支持贫困劳动力参加培训的惠民政策，加强本地区技能脱贫典型事迹的宣传，引导贫困劳动力树立技能脱贫、劳动致富的观念，激发其脱贫致富的内生动力。

（五）主要实施步骤和工作安排。深度贫困地区技能扶贫行动实施工作分为四个阶段：第一阶段（2018年9—12月），各地区、各有关部门抓紧进行安排部署，可结合实际制定具体实施方案和工作安排，积极开展相关工作。第二阶段（2019年1—12月），深入开展工作，加强督导检查，解决突出问题。第三阶段（2020年1—9月），攻坚扫尾，对重点地区、重点环节和突出问题研究超常规举措，确保完成任务目标。第四阶段（2020年10—12月），进行评估总结。

请各省级人力资源社会保障部门于每年12月20日前报送本年度技能扶贫工作总结，技能扶贫工作亮点经验可随时报送人力资源社会保障部和国务院扶贫办。有关情况将作为人力资源社会保障部监测各地技能扶贫工作成效的重要依据。

人力资源社会保障部 国务院扶贫办
2018年9月26日

国务院扶贫办　人力资源社会保障部
关于加强贫困村创业致富带头人培训工作的通知

国开办发〔2019〕19号

各省、自治区、直辖市和新疆生产建设兵团扶贫办（局）、人力资源社会保障厅（局）：

为贯彻落实党的十九大精神和党中央、国务院关于打赢脱贫攻坚战的战略部署，根据《国务院办公厅关于印发职业技能提升行动方案（2019—2021年）的通知》（国办发〔2019〕24号）和国务院扶贫办、人力资源社会保障部等8部门加强培育贫困村创业致富带头人（以下简称"致富带头人"）有关安排，现就有关事项通知如下：

一、明确工作目标

（一）主要目标。以提升致富带头人创业和带贫能力为目标，结合职业技能提升行动，大力开展致富带头人培训，健全培训机制，完善培训体系，提升培训的针对性和有效性。到2020年底，完成每个贫困村培训3名以上致富带头人的目标，培养一批具备创业带贫意识和能力的致富带头人。

二、完善培训模式

（二）建立健全培训机制。根据国务院扶贫办、科学技术部、财政部、人力资源社会保障部等8部门《关于培育贫困村创业致富带头人的指导意见》（国开办发〔2018〕2号）要求，选好选准致富带头人，把致富带头人创业培训与指导服务纳入职业技能提升行动，形成全覆盖、多样化的创业带贫能力提升机制。

（三）科学设置培训内容。结合当地脱贫攻坚任务、扶贫产业布局和致富带头人项目实际，科学构建多层次、模块化的创业培训课程体系。根据致富带头人不同创业阶段的特点和需求，有针对性地组织培训。对准备创业人员开展创业意识培训，帮助选择创业项目，培养企业家精神；对创业初期人员开展创办企业培训，提升市场评估、资金预测、风险防范、创业计划等能力；对创业成功人员，重点开展改善企业培训，系统建立企业管理体系，提升企业稳定率和竞争力。在此基础上，对于发展良好的企业开展扩大企业培训，指导企业实现品牌发展和战略增长。对于有意愿和条件的致富带头人，可开展农村电商创业培训。开展创业培训同时，应注重加强脱贫攻坚政策、带贫责任意识培训。

（四）创新创业培训模式。开展致富带头人创业培训过程中，应有效利用各类创业培训资源，积极采取互动式教学方式，辅以创业实训、观摩游学、创业指导等，探索创业培训与技能培训、村域产业相结合的培训模式。有条件的地区，可利用互联网平台，开展微课、慕课、翻转课堂等"互联网+"创业培训模式。

三、精心组织培训

（五）选优创业培训机构。充分发挥高职院校、中职学校、技工院校、农民（干部）学院、科研院所、产业基地、创业孵化园、就业训练中心、职业培训基地、职业培训机构等培训资源多样化优势，依托具备条件的培训机构，为致富带头人提供切实有效的系统化培训。各省（区、市）要建设一批贫困村创业致富带头人实训基地。已认定的国家级贫困村创业致富带头人实训基地，扶贫部门要按照属地管理原则加强管理，确保规范运行，切实发挥示范效应。

（六）发挥优势资源作用。充分发挥人力资源社会保障部"马兰花中国创业培训项目"作用，针对致富带头人特点需求，合理利用已有课程、教材、师资、培训机构等资源，开展"创办你的企业"、网络（电商）创业、返乡下乡创业等课程培训。依托东西部扶贫协作、中央单位定点扶贫以及"万企帮万村"行动，开展致富带头人培训。应严格按照技术标准和培训周期，做好课程学员匹配、培训需求分析、教学组织实施、后续指导服务、培训监督评估。

（七）加强师资队伍建设。扶贫部门可从省级及以上脱贫攻坚奖获得者、创业带贫效果显著的致富带头人，以及具有培训指导能力和成功帮扶经验的专家、企业家、高校教授中，选择有志于扶贫事业的人员作为创业培训师资。人力资源社会保障部门可与当地扶贫部门协作，开展创业师资培训，并按规定给予职业培训补贴，培养一支服务于致富带头人创业培训指导的师资队伍。选派教学能力强、乡村创业培训经验丰富的师资承担培训任务。建立创业师资库，完善登记、考核、进出机制。强化创业培训师资工作成效跟踪考评、能力水平考核和学员满意度评价。通过组织培训、研讨交流、观摩竞赛等多种方式提升师资业务素质和能力水平。

（八）加强监督评估及跟踪服务。完善致富带头人创业培训质量监控和效果评估体系。通过信息化管理平台建设，强化培训档案管理、培训流程监督、培训效果评估、培训资金管理等工作。建立致富带头人培训信息档案，及时在全国扶贫开发信息系统中同步更新。建立创业跟踪系统，收集分析致富带头人反馈信息。强化致富带头人创业培训与后续服务的有效衔接。充分依托人力资源社会保障部门公共创业服务机构平台，为致富带头人提供开业指导、创业孵化、创业担保贷款等创业服务。

四、强化组织保障

（九）加强组织领导。各地扶贫、人力资源社会保障部门要高度重视致富带头人培训工作，明确职责分工，完善工作机制，密切配合，确保高质量完成任务。扶贫部门主要负责选择学员、制定培训计划、确定培训项目和内容、组织实施培训、建立培训信息档案、统计培训完成情况、协调补贴支出渠道等工作。人力资源社会保障部门主要负责将致富带头人培训纳入职业技能提升行动计划、利用本部门课程资源组织实施学员培训和师资培训、对培训机构加强管理、按规定办理补贴资金申领并统计人次、将符合条件人员纳入创业帮扶并协调解决创业贷款等工作。省级扶贫部门要将培训规划和年度培训计划报国务院扶贫办开发指导司备案。

（十）加强资金保障。致富带头人培训所需资金，可从职业技能提升行动资金、就业补助资金、东西扶贫协作财政援助资金和扶贫资产收益等相关资金中合理安排，按规定落实培训补贴政策。符合职业技能提升行动资金专账列支条件的可优先从中列支。建立健全资金管理制度，明确资金监管主体，强化使用监管，提高资金使用效益。

（十一）建立正向激励机制。建立致富带头人培育正向激励机制，将致富带头人创业项目的带贫人数、贫困人口增收情况与政策扶持、资金支持力度挂钩。对承担补贴性培训的培训机构资质、培训内容、师资力量、教学过程、受训人数、培训次数、培训效果等进行监管和验收。将培训后创业实践率、创业成功率作为重要评价指标。强化评价结果运用，对于优秀培训机构，可建立长期合作。

（十二）加大宣传引导。广泛宣传贫困村创业致富带头人培训工作典型做法，交流推广工作经验，不断提升创业致富带头人培训工作水平。将贫困村致富带头人培训作为扶志扶智的重要抓手，宣传创业师资和致富带头人先进事迹、成功经验，树立致富带头人创业样板，发挥示范带动效应，营造扶贫创业致富的浓厚氛围。

国务院扶贫办　人力资源社会保障部

2019 年 11 月 7 日

国家发展改革委办公厅　人力资源社会保障部办公厅　工业和信息化部办公厅　全国总工会办公厅关于应对新型冠状病毒感染肺炎疫情　支持鼓励劳动者参与线上职业技能培训的通知

发改办就业〔2020〕100号

各省、自治区、直辖市及新疆生产建设兵团发展改革委、人力资源社会保障厅（局）、工业和信息化（中小企业）主管部门、总工会：

党中央、国务院高度重视新型冠状病毒感染肺炎疫情防控和重点群体就业工作。线上职业技能培训，既是提升劳动者职业技能水平的重要途径，也是减少疫情期间人员聚集的有效方式。为坚决贯彻党中央、国务院决策部署，助力打赢疫情防控阻击战，进一步提升劳动者素质和技能水平，国家发展改革委、人力资源社会保障部、工业和信息化部、全国总工会决定加大力度支持鼓励广大劳动者参与线上职业技能培训。现就有关事项通知如下。

一、**免费开放线上职业技能培训资源**。疫情期间，依托"工业和信息化技术技能人才网上学习平台"（www.tech-skills.org.cn）、"技能强国—全国产业工人技能学习平台"（PC端：skills.kjcxchina.com，移动端：skills.kjcxchina.com/m）、"学习强国"技能频道、"中国职业培训在线"（px.class.com.cn）、"中国国家人事人才培训网"（www.chinanet.gov.cn）等线上职业技能培训平台，对劳动者实行重点课程免费开放。对湖北等疫情高发重点地区进一步加大线上职业技能培训资源开放力度，扩大课程免费范围。加大对延迟返岗农民工等重点群体参与线上职业技能培训政策支持力度。加大覆盖主要行业、工种的职业技能培训课程资源供给，积极引导鼓励大企业、普通高校、职业院校（含技工院校）、社会培训机构等在疫情期间免费开放线上职业技能培训资源，免费开放培训资源的单位名单和链接将在国家发展改革委、人力资源社会保障部、工业和信息化部、全国总工会等部门和单位网站予以公布。鼓励企业结合自身实际需求在疫情期间依托各类线上职业技能培训平台对拟录用员工开展岗前培训,做好在岗职工技能提升培训。

二、提升线上职业技能培训资源质量。充分利用门户网站、移动 APP、微信小程序等多种渠道,提高线上职业技能培训的可及性。优化线上职业技能培训注册流程和用户界面,提升线上职业技能培训的便利度。充分利用移动互联网技术,推动技能培训服务向移动智能终端、自助终端等延伸。及时更新完善线上职业技能培训内容,加大优质课程开发力度。将传染病防控常识等健康教育内容嵌入线上职业技能培训课程,提升劳动者健康素养。鼓励有条件的地方和单位将世界技能大赛获奖者、中华技能大奖获得者、全国技术能手、省级以上劳模工匠、省级以上青年岗位能手标兵等优秀技能人才纳入线上培训师资库,开展线上视频直播授课。加强线上职业技能培训平台在线支持服务功能,完善用户评价反馈机制,合理设置线上职业技能培训的授课、作业、练习、评价等功能模块,提升培训效果。

三、完善线上职业技能培训配套服务。依托线上职业技能培训平台在疫情期间开展大国工匠、世界技能大赛获奖者风采展示等活动,提高线上职业技能培训的吸引力。基础电信企业对在疫情期间参加线上职业技能培训予以优惠。做好疫情期间线上职业技能培训与公共就业服务平台的衔接,加强与各地人力资源市场就业需求信息对接,鼓励企业依托线上职业技能培训平台开展网络招聘,提高劳动者培训后的就业质量。通过信息化手段实现对学员学习情况和培训效果的全程跟踪管理,做好培训后评估。综合运用大数据画像等新技术新方法,指导参加线上职业技能培训的劳动者合理规划培训后就业方向。

四、加大线上职业技能培训扶持力度。加大对线上职业技能培训平台建设支持力度。建立劳动者线上职业技能培训台账,做好培训积分管理。加强职业技能培训线上线下融合,疫情结束后一年内,劳动者可依据线上培训学时、学分等培训成果,在公共实训基地等线下培训场所优先参加职业技能实训。鼓励有条件的地方将线上职业技能培训学分纳入"学分银行",依据培训学分为劳动者在有关职业资格认证考试中提供加分、免试等优惠待遇。鼓励线上职业技能培训平台间加强教学师资、课程教材、学员信息等培训资源共享。支持湖北等疫情高发地区合理整合用于职业技能培训的各项补贴资金,依据学时记录、在线培训证书等对参加线上职业技能培训的劳动者发放技能培训补贴。

五、积极开展宣传动员。加强疫情期间开展线上职业技能培训的政策宣传,在中国公共招聘网、各省份公共就业服务信息平台等网络平台显著位置以及各地、各部门官方微信公众号，推送线上职业技能培训相关链接，提升社会影响力和政策知晓度。鼓励有条件的地方和单位在疫情期间投放线上职业技能培训公益性广告。鼓励各地及时发布线上职业技能培训有关信息，积极回应劳动者的培训诉求，营造良好社会氛围。

六、强化组织实施。各地区、各部门要深入贯彻习近平总书记重要指示精神，坚决落实党中央、国务院关于应对疫情的重大决策部署，充分认识疫情期间开展线上职业技能培训的重要性和紧迫性，切实强化组织领导，明确相关部门职责，保障培训参与度和培训效果。各级工会组织应充分发挥组织动员优势，引导更多劳动者积极参加线上职业技能培训。各级发展改革、人力资源社会保障、工业和信息化、工会等部门和单位要充分做好劳动者培训需求和培训课程供给的对接，切实提升培训质量和效果。

国家发展改革委办公厅
人力资源社会保障部办公厅
工业和信息化部办公厅
全国总工会办公厅
2020年2月5日

人力资源社会保障部办公厅 财政部办公厅关于做好职业技能提升行动专账资金使用管理工作的通知

人社厅发〔2019〕117号

各省、自治区、直辖市及新疆生产建设兵团人力资源社会保障厅（局）、财政厅（局）：

为全面贯彻落实《国务院办公厅关于印发职业技能提升行动方案（2019—2021年）的通知》（国办发〔2019〕24号）等文件精神，推动实施职业技能提升行动，现就进一步明确职业技能提升行动专账资金（以下简称专账资金）使用范围和管理有关事项通知如下：

一、关于企业职工培训

（一）各类企业职工（含在企业工作的劳务派遣人员）参加岗前培训、安全技能培训（含特种作业人员、特种设备作业人员）、在岗培训、岗位技能提升培训、转岗转业培训、脱产培训，参加岗位练兵、技能竞赛、在线学习和通用职业素质等综合性培训，参加初级工、中级工、高级工、技师、高级技师培训，按规定给予职业培训补贴。企业组织一线在职职工参加高技能人才、高技能领军人才、产业紧缺人才境外培训，按规定给予职业培训补贴。上述培训补贴不含差旅费、交通费、食宿费、获奖人员奖金和工杂等其他费用。

（二）企业在职职工（含见习期）参加新型学徒制培训的，给予企业每人每年4000元以上的职业培训补贴。培养成本高和急需紧缺职业（工种）的企业新型学徒制培训，可提高补贴标准。

（三）企业、农民专业合作社和扶贫车间等各类生产经营主体吸纳贫困劳动力就业并开展以工代训，以及参保企业吸纳就业困难人员、零就业家庭成员就业并开展以工代训的，给予一定期限的职业培训补贴，最长不超过6个月。

扫一扫

（四）大力支持受经济影响困难企业、高危行业企业、平台企业（电商企业）以及新业态企业开展就业技能培训、岗位技能提升培训和转岗转业培训，按规定给予职业培训补贴。

二、关于就业重点群体以及贫困劳动力职业技能培训和创业培训

（一）对贫困家庭子女、贫困劳动力、城乡未继续升学初高中毕业生（以下称"两后生"）、农村转移就业劳动者、下岗失业人员和转岗职工、退役军人、残疾人开展免费职业技能培训。对参加贫困村创业致富带头人培训的，按规定给予职业培训补贴。对贫困劳动力、就业困难人员、零就业家庭成员、"两后生"中的农村学员和城市低保家庭学员，在培训期间通过就业补助资金同时给予生活费（含交通费）补贴。

（二）毕业年度高校毕业生和离校 2 年内未就业高校毕业生（含技师学院）参加职业技能培训和创业培训，按规定给予职业培训补贴。

（三）农民参加新型职业农民培育工程、农村实用人才带头人素质提升和职业农民技能培训等，按规定给予职业培训补贴。

三、关于开展项目制培训

对企业开展培训或者培训机构开展项目制培训的，可先行拨付一定比例的培训补贴资金，具体比例由各省（区、市）财政、人社部门根据实际情况确定。

四、关于调整完善职业培训补贴政策

（一）各地可根据实际情况，提高通用职业素质、求职能力等综合性培训、创业培训、新产业新职业新技能培训和技能含量高、实训耗材量大的培训补贴标准。

（二）符合条件的劳动者在户籍地、常住地、培训地、求职就业地参加培训后取得证书（职业资格证书、职业技能等级证书、专项职业能力证书、特种作业操作证、特种设备作业人员证、培训合格证书等，以下简称证书）的，给予职业培训补贴，原则上每人每年可享受不超过 3 次（同一职业同一等级一年内不可重复享受）。

（三）对同一职业（工种）同一技能等级通过初次职业技能鉴定并取得证书（不含培训合格证书）的参训人员，给予职业技能鉴定补贴。对纳入重点产业职业资格和职业技能等级认定指导目录的，各地可根据实际情况，适当提高补贴标准。

（四）省级人力资源社会保障部门、财政部门可在规定的原则下，结合实际调整享受职业培训补贴、生活费补贴人员范围和条件要求，可将确有就业能力和培训需求、未按月领取城镇职工基本养老金的人员（年龄不设上限）纳入政策范围。

（五）市（地）以上人力资源社会保障部门、财政部门可在规定的原则下结合实际提高职业培训补贴标准。县级以上政府可对有关部门各类培训资金和项目进行整合，解决资金渠道和使用管理分散问题。

五、其他有关事项

（一）职业技能提升行动期间，优先使用职业技能提升行动专账资金开展各类职业技能培训。根据实际工作情况，各地可对本地专账资金调剂使用，适当向培训需求量大、培训任务重、培训工作好的地区倾斜。建立专账资金与培训工作绩效考核机制，提高资金使用效率。

（二）各地要认真贯彻落实"放管服"改革，进一步精简享受补贴证明材料，简化培训补贴申领程序，优化培训资金管理流程，为各类劳动者享受培训补贴提供"最多跑一次""一次办好"等便捷服务。

（三）各地要依法加强资金监管，保障专账资金使用安全。对以虚假培训等套取、骗取资金的依法依纪严惩，对培训工作中出现的失误和问题要区分不同情况对待，保护工作落实层面干事担当的积极性。

人力资源社会保障部办公厅　财政部办公厅
2019年12月25日

教育部办公厅等十四部门
关于印发《职业院校全面开展职业培训 促进就业创业行动计划》的通知

教职成厅〔2019〕5号

各省、自治区、直辖市教育厅（教委）、人力资源社会保障厅（局）、发展改革委、工业和信息化主管部门、财政厅（局）、住房城乡建设厅（委）、农业农村（农牧）厅（局、委）、退役军人事务厅（局）、国资委、扶贫办、总工会、团委、妇联、残联，新疆生产建设兵团教育局、人力资源社会保障局、发展改革委、工业和信息化委、财务局、住房城乡建设局、农业农村局、退役军人事务局、国资委、扶贫办、工会、团委、妇联、残联，行业职业教育教学指导委员会，有关单位：

扫一扫

为贯彻落实《国家职业教育改革实施方案》《国务院办公厅关于印发职业技能提升行动方案（2019—2021年）的通知》要求，教育部等十四部门研究制定了《职业院校全面开展职业培训　促进就业创业行动计划》。现印发给你们，请结合实际，加强协同配合，认真贯彻执行。

教育部办公厅　人力资源社会保障部办公厅　国家发展改革委办公厅
工业和信息化部办公厅　财政部办公厅　住房城乡建设部办公厅
农业农村部办公厅　退役军人部办公厅　国务院国资委办公厅
国务院扶贫办综合司　全国总工会办公厅　共青团中央办公厅
全国妇联办公厅　中国残联办公厅
2019年10月16日

职业院校全面开展职业培训 促进就业创业行动计划

实施学历教育与培训并举是职业院校（含技工院校，下同）的法定职责。职业院校面向全体劳动者广泛开展职业培训，既有利于支持和促进就业创业，也有利于学校提升人才培养质量和办学能力，是深化职业教育改革发展的重要内容。当前，职业院校开展学历教育和培训"一条腿长一条腿短"的现象普遍存在，面向社会开展培训还存在学校和教师的主动性不高、课程及资源不足、针对性和适用性不够、教师实践教学能力不强等问题，仍然是职业教育发展的薄弱环节。为深入贯彻全国教育大会精神，落实《国家职业教育改革实施方案》《国务院办公厅关于印发职业技能提升行动方案（2019—2021年）的通知》要求，推动职业院校全面开展职业培训，提高劳动者素质和职业技能水平，提升职业教育服务发展、促进就业创业能力，特制定本行动计划。

一、总体要求

（一）指导思想。以习近平新时代中国特色社会主义思想为指导，全面贯彻党的十九大精神，认真落实党中央、国务院决策部署，充分发挥职业教育资源优势，以健全政行企校多方协同的培训机制为突破口，增强院校和教师主动性，调动参训人员积极性，面向全体劳动者特别是重点人群及技术技能人才紧缺领域开展大规模、高质量的职业培训，加快形成学历教育与培训并举并重的办学格局，为实现更高质量和更充分就业提供有力支持。

（二）基本原则。坚持注重实效，促进就业。围绕服务稳定和扩大就业，紧贴区域、行业企业和个人发展的实际需求，保障培训的针对性和实用性。坚持扩大规模，提升质量。支持职业院校敞开校门，面向社会广泛开展培训，推动学历教育与培训相互融合、相互促进。坚持统筹资源，协同推进。加强部门之间统筹协同、产教之间融合联动，形成共同推进职业培训工作合力。坚持完善机制，激发动力。健全培训激励和保障制度，创造更加规范和更有吸引力的培训环境。

（三）行动目标。到2022年，职业院校面向社会广泛开展职业培训，培训理念更加先进，培训层次更加完善，培训课程资源更加丰富，培训类型与形式更加多样；政府引导、行业参与、校企合作的多方协同培训机制基本建立，培训能力和服务就业创业能力显著增强；职业院校成为开展职业培训的重要阵地，学历教育与培训并举并重的职业教育办学格局基本形成。具体目标：

1. 职业院校年承担补贴性培训达到较大规模，开展各类职业培训年均达到5000

万人次以上。

2. 重点培育一批校企深度合作共建的高水平实训基地、创业孵化器和企业大学。

3. 建设一大批面向重点人群、学习内容和形式灵活多样的培训资源库，开发遴选一大批重点领域的典型培训项目，培养一大批能够同时承担学历教育和培训任务的教师，适应"双岗"需要的教师占专业课教师总数60%。

二、行动措施

（一）广泛开展企业职工技能培训。推动职业院校联合行业企业面向人工智能、大数据、云计算、物联网、工业互联网、建筑新技术应用、智能建筑、智慧城市等领域，大力开展新技术技能培训。通过开展现代学徒制、职业技能竞赛、在线学习等方式，促进企业职工岗位技术技能水平提升。鼓励职业院校联合行业组织、大型企业组建职工培训集团，发挥各方资源优势，共同开展补贴性培训、中小微企业职工培训和市场化社会培训。支持职业院校与企业合作共建企业大学、职工培训中心、继续教育基地。结合学校专业优势，以岗位技术规范为标准，以技术和知识更新调整为重点，加大对困难企业职工转岗转业培训力度。支持职业院校服务中国企业"走出去"，积极开展涉外培训。

（二）积极开展面向重点人群的就业创业培训。鼓励职业院校积极开发面向高校毕业生、退役军人、农民工、去产能分流职工、建档立卡贫困劳动力、残疾人等重点人群的就业创业培训项目。支持职业院校承担春潮行动、雨露计划、求学圆梦计划等政府组织的和工青妇等群团组织开展的培训任务。支持职业院校与行业企业合作开设大学生、退役军人就业技能训练班，开展先进制造业、战略性新兴产业、现代服务业及人才紧缺领域的技术技能培训。加强适应残疾人特点的民间工艺、医疗按摩等领域培训。鼓励涉农职业院校送培训下乡，把技术技能送到田间地头和养殖农牧场，深入开展技能扶贫，服务脱贫攻坚和乡村振兴，大力培育高素质农民和农村实用人才。支持职业院校开发具有专业特色的创业课程，建设创业孵化器，对自谋职业和具有创业意向的参训人员进行创业意识、创业知识、创业能力等方面的培训。

（三）大力开展失业人员再就业培训。支持职业院校对接当地人力资源社会保障部门及工青妇等群团组织，面向长期失业青年、农村留守妇女、大龄失业人员等，开发周期短、需求大、易就业的培训项目。职业院校要大力开展家政、养老、护工、育婴、电商、快递、手工等领域初级技能培训，使失业人员掌握一技之长。支持职业院校承担巾帼家政服务培训任务。要突出帮、教、扶等特点，积极联系合作企业，择优推荐工作，提供培训就业一体化服务，努力实现培训即招工、培训即就业。

（四）做好职业指导和就业服务。职业院校要引导参训人员增强市场就业意识，帮助其树立正确的职业观、择业观和创业观。加强就业有关法律法规、职业道德、职业素养、求职技巧等方面的教育。对农村和边远地区、少数民族地区的大龄参训人员，要增加普通话、常用现代化设施（工具、软件）运用等基本技能方面的培训。职业院校要密切与人力资源服务机构、行业企业的合作，共同开展招聘会、就业创业指导、政策宣传等多样化就业服务，为参训人员提供有效的就业信息。

（五）推进培训资源建设和模式改革。职业院校要深入开展培训需求调研，提升培训项目设计开发能力，增强培训项目设计的针对性。积极会同行业企业建设一批培训资源开发中心，面向重点人群、新技术、新领域等开发一批重点培训项目，共同研究制定培训方案、培训标准、课程标准等，开发分级分类的培训课程资源包。积极开发微课、慕课、VR（虚拟现实技术）等数字化培训资源，完善专业教学资源库，进一步扩大优质资源覆盖面。要加强大数据技术的应用，多渠道整合培训资源，鼓励共建共享。突出"短平快"等特点，探索推行"互联网+培训"模式，通过智慧课堂、移动APP（应用程序）、线上线下相结合等，开展碎片化、灵活性、实时性培训。鼓励职业院校通过"企业学区""移动教室""大篷车""小马扎"等方式，把培训送到车间和群众家门口。

（六）加强培训师资队伍建设。落实好职业院校教师定期到企业实践制度，鼓励教师参与企业培训、技术研发等活动，提升实践教学能力。充分利用学校实习实训基地、产教融合型企业等，对专业教师进行针对性培训，培养一大批适应"双岗"需要的教师，使教师能驾驭学校、企业"两个讲台"。健全职业院校自主聘任企业兼职教师制度。鼓励职业院校聘请劳动模范、能工巧匠、企业技术人才、高技能人才等担任兼职教师，承担培训任务。完善教师工作绩效考核办法，将培训服务课时量和培训成效等作为教师工作绩效考核的重要内容。

（七）支持多方合作共建培训实训基地。支持职业院校在现有实训基地基础上，建设一批标准化培训实训基地。产教融合型企业要加大对培训实训基地建设支持力度，并积极承担各类培训项目。按照培训项目与产业需求对接、培训内容与职业标准（评价规范）对接、培训过程与生产过程对接的要求，支持校企合作建设一批集实践教学、社会培训、真实生产和技术服务于一体的高水平就业创业实训基地。各地教育行政部门、人力资源社会保障部门要推动当地公共实训基地面向职业院校和城乡各类劳动者提供技能训练、技能鉴定、创业孵化、师资培训等服务。

（八）完善职业院校开展培训的激励政策。支持职业院校开展补贴性培训。推动职业院校培训量计算标准化、规范化，可按一定比例折算成全日制学生培养工作量，与绩效工资总量增长挂钩。各级人力资源社会保障、财政部门要充分考虑职业院校承担培训任务情况，合理核定绩效工资总量和水平。对承担任务较重的职业院校，在原总量基础上及时核增所需绩效工资总量。指导职业院校按规定的程序和办法搞活内部分配，在内部分配时向承担培训任务的一线教师倾斜。允许职业院校将一定比例的培训收入纳入学校公用经费。鼓励支持职业院校按同类专业（群）组建培训联合体，互聘教师开展培训。

（九）健全参训人员的支持鼓励政策。全面落实职业培训补贴、生活费补贴政策，确保符合条件的参训人员应享尽享。加快推进"学历证书+若干职业技能等级证书"（简称1+X证书）制度试点工作，鼓励参训人员获取职业技能等级证书和职业资格证书。依托职业教育国家"学分银行"试点，对职业技能等级证书等所体现的培训成果进行登记和储存，计入个人学习账号，为学习成果认定、积累与转换奠定基础。鼓励符合条件的参训人员接受学历教育，培训成果按规定兑换学分，免修相应课程。职业院校要实施精准培训，切实提高参训人员的就业创业能力，帮助其用好就业创业支持政策。

（十）建立培训评价与考核机制。以参训人员的技术技能水平、就业创业能力和质量等为核心，建立培训绩效考核体系。将面向社会开展培训情况作为职业院校办学能力考核评价的重要指标和职业教育项目安排的重要依据。各地要结合实际对落实本行动计划积极主动、面向社会开展培训成效明显的职业院校，在安排职业教育财政补助及有关基础设施建设资金、遴选相关试点项目方面，给予倾斜支持。完善职业院校培训工作标准体系和管理制度，对职业院校开展培训工作进行评估和督导，落实督导报告、公报、约谈、限期整改、奖惩等制度。

三、行动要求

（一）加强组织领导。各地教育、人力资源社会保障、发展改革、工业和信息化、财政、住房城乡建设、农业农村、退役军人、国资委、扶贫、工会、共青团、妇联、残联等部门要加强沟通协作，积极支持职业院校承担本部门（行业）及相关领域的培训项目，共同帮助职业院校协调解决开展培训工作中遇到的实际困难和问题。各地教育行政部门、职业院校要高度重视培训工作，切实将职业培训摆在与学历教育同等重要的地位。职业院校要把开展培训工作作为一把手工程，成立专门负责培训的机构，配备专人负责。开展1+X证书制度试点的院校要发挥示范引领作用，主动承担有关培训任务。

（二）强化实施管理。各地要根据本行动计划内容，结合实际制定好落实方案、年度计划，逐级分解任务、明确目标、落实责任，确定时间表和任务书。各地教育行政部门要会同有关部门加强对本地区职业院校开展培训工作的日常指导、检查与跟踪。各行业职业教育教学指导委员会要推动行业部门、行业组织引导和督促相关企业参与行动计划的实施。建立行动计划进展情况上报制度，各地要分行业领域、分培训对象做好培训数据整理汇总工作，定期将本地区职业院校开展培训工作进展情况报送教育部。教育部将汇总整理各地落实方案和年度计划、进展情况，组织编制职业院校开展职业培训情况年度报告，定期向社会发布，同时做好监督管理、检查指导工作。

（三）注重宣传引导。各地和各职业院校要加大对培训工作的宣传力度，通过职业教育活动周、全民终身学习活动周等，面向城乡各类劳动者加大对培训有关政策、项目的宣传力度，帮助企业、劳动者了解熟悉政策，用足用好政策。要积极运用各种媒体，广泛宣传介绍职业院校开展的各类培训项目，特别要加强对重点人群的宣传。要扎实做好职业院校开展职业培训的经验和典型的总结推广工作。

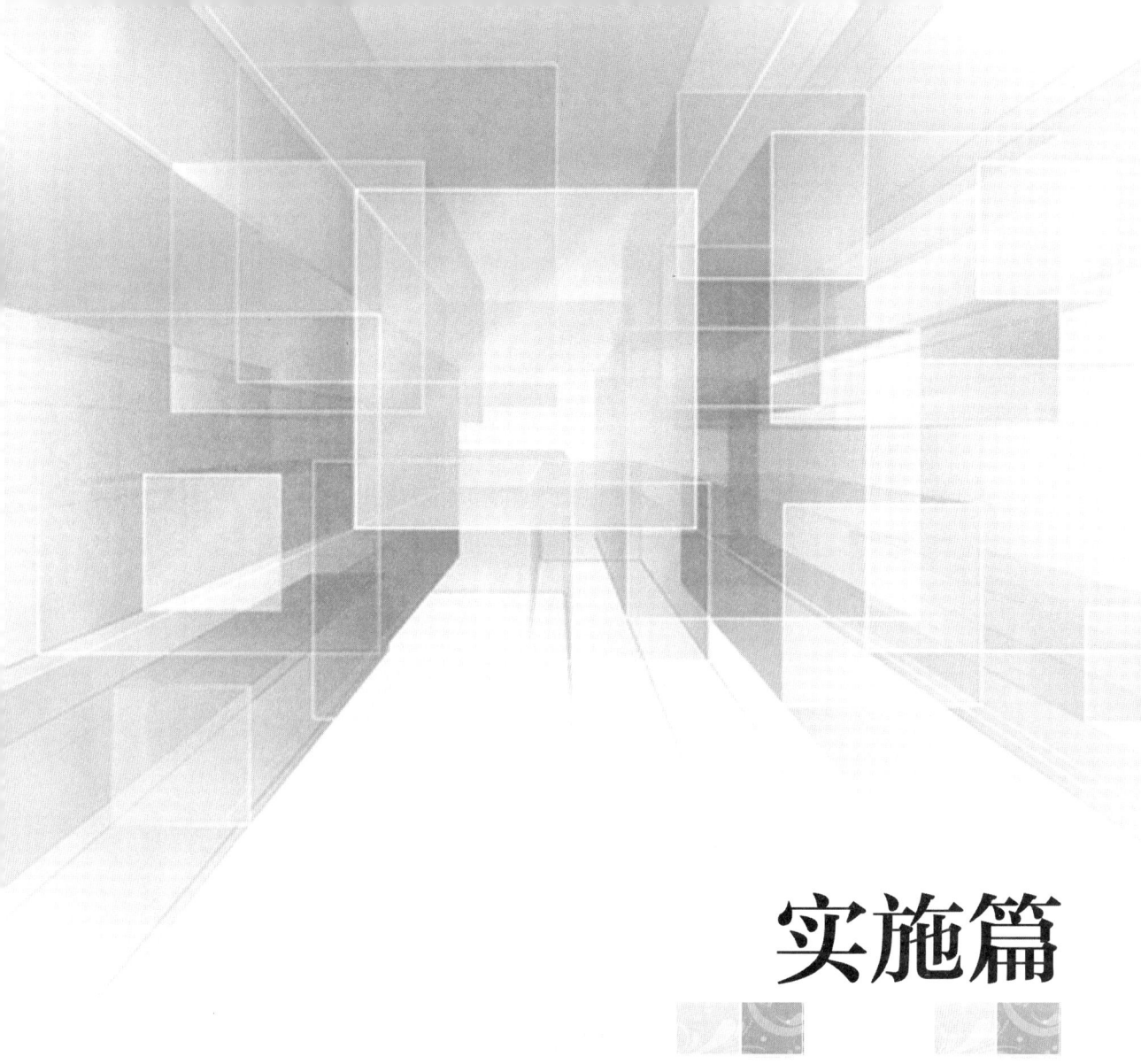

实施篇

人力资源社会保障部关于印发百日免费线上技能培训行动方案的通知

人社部函〔2020〕24号

各省、自治区、直辖市及新疆生产建设兵团人力资源社会保障厅（局）：

为贯彻落实《人力资源社会保障部　财政部关于实施职业技能提升行动"互联网+职业技能培训计划"的通知》（人社部发〔2020〕10号）精神，按照新冠肺炎疫情防控工作要求和职业技能提升行动工作部署，人力资源社会保障部决定在全国组织实施百日免费线上技能培训行动。现将《百日免费线上技能培训行动方案》印发给你们，请结合本地工作实际，认真贯彻执行。

人力资源社会保障部

2020年3月24日

百日免费线上技能培训行动方案

一、行动名称

百日免费线上技能培训行动（简称"线上培训行动"）。

二、行动主题

抗疫接力，技能就业，助力脱贫。

三、行动目标

在2020年3月下旬至6月底，集中实施线上培训行动，大规模开展免费线上职业技能培训。实现"百日515"目标：遴选50家以上线上技能培训平台，推出覆盖100个以上职业（工种）的数字培训资源，实现线上培训实名注册500万人次以上。

四、对象范围

企业返岗、待岗职工，农村转移就业劳动者、失业人员、高校毕业生、"两后生"、贫困劳动力等城乡各类劳动者。

五、实施和参与主体

人力资源社会保障部牵头组织，各地人力资源社会保障部门具体实施，充分调动有关部门、企业、行业协会和社会团体的积极性，形成工作合力。

六、行动内容

（一）加大对重点地区和重点人群的支持。在6月底前，依托经人力资源社会保障部和各地遴选公布的线上技能培训平台，对劳动者免费开放线上职业技能培训资源。人力资源社会保障部所属"中国职业培训在线"等6家在线培训平台，要设立线上培训专区专栏，向湖北等受疫情影响严重地区、"三区三州"深度贫困地区和挂牌督战贫困地区，加大线上培训资源免费开放力度，扩大课程免费范围，延长免费时间。各地要重点对企业返岗、待岗职工、农村转移就业劳动者、失业人员、贫困劳动力等开展线上培训，支持企业复工复产和脱贫攻坚，提高重点就业群体就业创业能力。

（二）加强线上平台建设。各地要将人力资源社会保障部和各地征集的资质合法、信誉良好、服务优质的线上职业技能培训平台及数字资源，纳入各地"两目录一系统"（培训评价机构、培训项目目录和补贴性培训实名制信息管理系统）。培训平台要提升线上培训质量，做好线上培训统计和监管，实现督促学习、记录学习、数据统计和过程监控等功能。

（三）丰富数字培训资源。组织推动线上培训平台按照各地产业发展和就业需求，以及各类劳动者技能需求和特点，不断丰富数字培训资源。

要根据疫情防控和职业技能提升行动工作需求，重点开展医护用品制造、心理疏导、健康照护、家政服务、养老护理、托幼、网约配送、电商等市场急需紧缺职业培训，持续开展家电维修、保安、汽修、电工、餐饮、美发、种养殖、妇女手工等从业人员多的职业培训，并着眼产业发展需要，开展先进制造业、战略性新兴产业、现代服务业以及循环农业、智慧农业、智能建筑、智慧城市建设等新产业和人工智能、云计算、大数据等新职业新技能线上培训。要把通用职业素质、法律法规、职业指导、安全生产、消防环保、健康卫生、疫病防控等内容贯穿线上培训全过程。

要提供优质的线上培训课程，邀请中华技能大奖获得者、全国技术能手、技能大师、世界技能大赛专家教练和获奖选手、岗位技能标兵、非遗传承人、绝招绝技绝活手艺人、企业生产作业工作法创造人、优秀乡土技能人才等进行在线直播、视频录播、实时互动。

（四）重点支持企业复工复产培训。对在受疫情影响停工期间（整体停工或部分停工）的各类企业自主或委托开展的职工线上培训，按规定纳入职业培训补贴范围，所需资金可从职业技能提升行动专账资金中列支。对受疫情影响的企业开展项目制培训，可按规定预拨一定比例的培训补贴资金。

（五）及时提供培训补贴。对参加线上培训并取得相应课程培训合格证明的学员，按照规定给予培训补贴，所需资金可从职业技能提升行动专账资金中列支。对参加线上培训的建档立卡贫困劳动力、就业困难人员、零就业家庭成员、"两后生"中农村学员和城市低保家庭学员，在培训期间给予一定的生活费补贴，所需资金可从就业补助资金中列支。

（六）加强线上培训管理和服务。建立健全线上培训信息采集和全过程监控机制，定期采集培训数据，分析线上培训状况，确保学员线上培训有签到注册、有学习记录、有答疑测试，学习过程可查询、可追溯。动态发布新职业，加快职业技能标准开发，全面推行企业技能人才自主评价，持续征集面向全国和各省开展职业技能等级认定的社会培训评价组织。基础电信企业要按照《关于应对新型冠状病毒感染肺炎疫情支持鼓励劳动者参与线上职业技能培训的通知》（发改办就业〔2020〕100号）要求，对在疫情期间参加线上职业技能培训予以优惠，服务支持线上培训工作。

七、工作要求

（一）建立工作机制。各地要高度重视线上培训行动，建立由人力资源社会保障等部门参与的联席工作机制，统筹部署疫情防控和线上培训行动，加强宏观指导、政策协调和组织推动，集中力量开展线上职业技能培训，广泛动员各类劳动者积极参加线上培训。要充分发挥行业协会、社会团体、企业、院校和培训机构以及社会各方面的作用，共同做好线上技能培训工作。

（二）加强监督检查工作。加强对线上课程资源审核把关，确保课程质量。规范线上培训补贴标准，严格监管线上培训过程，杜绝套取培训补贴资金情况的发生。对以虚假线上培训等套取、骗取资金的机构、培训平台及个人须依法依纪严惩。

（三）加大指导督导。加大工作调度和督促，建立线上培训行动双周调度制度。各地按照《线上培训行动实施情况双周调度表》要求，按时上报线上培训情况。要强化工作基础，优化工作流程，完成目标任务分解，做好统计工作。

（四）广泛宣传和发动。在人力资源社会保障部官网和各级人力资源社会保障部门官网的职业技能提升行动专栏对各地线上培训行动开展情况进行广泛宣传，在有关央媒、部属媒体、新媒体、系统矩阵进行宣传报道。要通过新闻发布会、线上集中宣讲、微信公众号定向推送、网络直播等方式，大力宣传线上培训行动。采用在线问答、热线电话等方式，对线上培训政策进行答疑解惑，全面解读线上培训的最新政策。

附件：线上培训行动实施情况双周调度表（略）

人力资源社会保障部　国务院扶贫办关于深入推进技能脱贫千校行动的实施意见

人社部发〔2019〕2号

各省、自治区、直辖市及新疆生产建设兵团人力资源社会保障厅（局）、扶贫办：

为贯彻落实党中央、国务院关于打赢脱贫攻坚战的战略部署，人力资源社会保障部、国务院扶贫办在全国组织技工院校开展技能脱贫千校行动，面向建档立卡贫困家庭学生和劳动者开展技工教育和职业培训，收到较好效果。根据党中央、国务院关于打赢脱贫攻坚战三年行动的指导意见要求，为进一步发挥技工教育和职业培训服务社会功能，人力资源社会保障部、国务院扶贫办决定在前期工作的基础上，进一步聚焦重点、精准施策，深入推进技能脱贫千校行动，现提出以下实施意见。

一、总体要求

（一）指导思想。以习近平新时代中国特色社会主义思想为指导，全面贯彻党的十九大和十九届二中、三中全会精神，深入落实党中央、国务院关于打赢脱贫攻坚战的决策部署，紧紧围绕精准扶贫的战略部署，以技工院校和职业培训机构（以下简称"技工院校"）为主要工作载体，切实加强技能扶贫工作，深入推进技能脱贫千校行动，着力提升建档立卡贫困家庭应、往届"两后生"和具备劳动能力人员的就业创业能力，以更精准的举措、超常规的力度，强化培训促就业助脱贫效果，为打赢脱贫攻坚战作出积极贡献。

（二）目标任务。到2020年底，帮助每个有就读技工院校意愿的建档立卡贫困家庭应、往届"两后生"都能免费接受技工教育，每个有参加职业培训意愿的建档立卡贫困家庭劳动者都能够接受至少1次免费职业培训，全国技工院校累计新招收建档立卡贫困家庭学生7万人以上。通过深入推进技能脱贫千校行动，帮助接受技工教育或职业培训的建档立卡贫困家庭学生（学员）实现就业创业，增加劳动收入，达到"教育培训一人，就业创业一人，脱贫致富一户"的目标。

二、深入推动技工院校服务脱贫攻坚

（三）制定工作方案。各级人力资源社会保障部门要制定本地区技工院校服务脱贫攻坚工作方案,会同扶贫等有关部门进一步强化政策落实力度。充分发挥人力资源社会保障基层工作平台、基层扶贫机构、驻村工作队、"第一书记"和农村基层组织的作用,及时对建档立卡贫困家庭情况进行摸底,了解家庭成员状况,掌握就读技工院校和参加职业培训的意愿,引导组织他们参加培训。广泛发动各级各类技工院校积极承担技能扶贫任务,安排技工院校和贫困地区建立结对帮扶关系,持续增加建档立卡贫困家庭生源。

(四)确定重点院校和重点专业。进行技能脱贫千校行动重点院校和重点专业建设(以下简称"双重点"),由省级人力资源社会保障部门于每年4月底前向社会公布双重点,供建档立卡贫困家庭学生选择就读。要将办学条件完善、教学质量好、就业率高的优质技工院校,确定为本地区承担技能扶贫重点院校。技能扶贫重点院校要将招生人数多、师资力量强、实训设备优、社会认可度高的专业纳入技能扶贫重点专业,优先招收建档立卡贫困家庭学生,优先安排实习,优先推荐就业。

(五)加强精准扶贫。各级人力资源社会保障部门、扶贫部门要做好工作对接,做好技工院校电子注册和统计信息管理系统、职业培训实名制信息管理系统与建档立卡贫困人口信息系统精准比对工作,并将有关信息及时反馈学校。各技工院校要安排专门人员每月监测建档立卡贫困家庭学生的学习和生活情况,对学习有困难的学生,要注重因材施教,采取调整专业、加强课程辅导、加大实训力度等多种方式予以指导帮助。对生活有困难的学生,要在贯彻落实各项补贴政策基础上,采取多种方式予以帮助。要创造条件帮助建档立卡贫困家庭子女就读高级工班和预备技师(技师)班,着力提升其技能水平。

(六)深化校企合作。要根据建档立卡贫困家庭的需求和特点,推动校企合作开展技能扶贫。支持技工院校与合作企业签订定向培养协议,联合招收扶贫助学订单班。全面推行企业新型学徒制,广泛动员各类企业面向建档立卡贫困家庭劳动者招收企业新型学徒,实现先就业后入学。鼓励企业根据用工需求,与贫困地区技工院校签订技能扶贫合作协议,共同确定技能人才培养方式,做好培训后就业安置。

(七)开展对口支援。建立对贫困地区特别是"三区三州"等深度贫困地区技工院校对口支援工作机制,帮扶受援单位加强专业、师资、教材等内涵建设。承担帮扶任务的技工院校要围绕重点专业进行帮扶,采取双向挂职、两地培训、委托培养和上门支教等多种方式,提高帮扶效果。2020年底前,实现"三区三州"每所技工院校至少建设一个特色优势主体专业、建立一个实训室,每名教师至少参加1次培训。

（八）鼓励社会参与。各级人力资源社会保障、扶贫部门要广泛发动社会力量积极参与技工院校技能扶贫工作。积极引导企业和社会组织开展助学援助，给予生活费补贴，提供爱心奖（助）学金等。鼓励企业提供实习岗位，优先录用符合条件的建档立卡贫困家庭学生。

三、大力开展职业技能培训服务脱贫攻坚

（九）加强培训基础能力建设。大力推行终身职业技能培训制度，完善培训政策和组织实施体系并适当向贫困地区倾斜。在贫困地区重点建设高技能人才培训基地、技能大师工作室，建成一批高技能人才培养培训、技能交流传承平台。落实投融资支持政策，加强贫困地区公共实训基地和创业孵化基地建设。

（十）努力扩大技能扶贫培训规模。针对不同困难群体开展差异化培训。对有外出转移就业意愿人员，开展引导性培训和专项技能培训、初级技能培训，帮助其掌握就业的一技之长。对订单、定向、定岗就业人员，开展岗位技能培训，帮助其培训后直接上岗。对在乡镇扶贫车间、村社代工点等就业人员和手工艺制作等居家就业人员，开展就地就近技能培训，促进就业增收。对未能继续升学并准备转移就业的应届初、高中毕业生，开展劳动预备制培训。对学习能力较强、具备一定创业条件的人员，同时开展创业培训和生产技术技能培训，全力帮扶学员实现创业就业。

（十一）优化培训方式方法。要坚持精准到户、帮扶到人，提供免费政策咨询、就业指导、技能培训等服务。技工院校要进乡镇、进社区开展上门培训。要根据建档立卡贫困家庭劳动者实际情况，灵活提供集中培训、弹性培训、课堂教学、工厂实训、多媒体资源培训等多种培训方式。大力开展互联网+培训，探索搭建"互联网+技能扶贫"公共服务平台，为贫困地区技工院校免费提供优质教学资源。建设就业创业培训服务云平台，利用互联网在线课堂组织免费培训。

四、加大支持力度，推动技能脱贫千校行动向纵深发展

（十二）加大资金投入保障力度。各级人力资源社会保障、扶贫部门要按规定落实国家助学金和免学费、培训费、鉴定费政策，结合实际制定减免学生杂费、书本费和给予交通费、生活费补助等实施细则。对于接受技工教育的农村建档立卡贫困家庭子女，要落实每生每年3000元左右的补助标准。鼓励承担东西扶贫协作的帮扶省市对受帮扶省市贫困家庭就读子女给予生活费补助。要改进服务方式，提高资金申领工作效率，确保各项资金及时到位。要按照统筹规划、集中使用、提高效益的要求，将中央和省级财政安排的各项贫困劳动力培训资金统筹使用，有关部门根据职责和任务做好相关培训工作。

（十三）简化职业培训补贴申领程序。各级人力资源社会保障部门要积极协调财政部门按照《财政部 人力资源社会保障部关于印发〈就业补助资金管理办法〉的通知》（财社〔2017〕164号）要求，进一步优化业务流程，积极推进网上申报、网上审核、联网核查。对能够依托管理信息系统或与相关单位信息共享等方式获得单位及个人信息的，可直接审核拨付补贴资金，不再要求单位及个人报送纸质材料。

（十四）加强教学资源支持。各级人力资源社会保障部门要指导贫困地区技工院校按照国家技能人才培养标准及一体化课程规范开展教学活动。加强新职业开发和职业标准开发，积极推广国家基本职业培训包，促进职业技能培训规范化发展。打造适应县域经济发展、满足建档立卡贫困家庭劳动者需求的优质培训项目和精品课程。完善技工院校教师在职培训和企业实践制度，举办贫困地区创业师资培训班、技工院校教师教学能力提升班和一体化师资培训班。

（十五）强化激励引导。各级人力资源社会保障部门要对取得高级工、预备技师（技师）职业资格证书或职业技能等级证书的技工院校毕业生，比照大专、本科学历，在事业单位和国有企业招聘、使用及评价等多方面落实相应政策。设立技工院校贫困家庭学生助学金，增加"技能雏鹰"奖（助）学金资助名额，并向建档立卡贫困家庭学生倾斜。技工院校绩效工资分配要向参与扶贫工作的教师加大倾斜力度。参加对口帮扶的专家、教师等支教服务期可作为基层工作经历，在评优评先、职级晋升、职称评审、岗位聘用等方面优先考虑。对于开展技能脱贫千校行动工作成效显著的技工院校，在实施国家高技能人才振兴计划项目、国家级重点技工院校建设、世界技能大赛集训基地项目、高技能人才评选表彰等工作中，优先给予支持。

五、明确工作要求，确保技能脱贫千校行动取得更大成效

（十六）层层压实工作责任。各级人力资源社会保障、扶贫部门要切实提高政治站位，将技能脱贫千校行动作为技能扶贫的重要任务，建立部级统筹、省负总责、市县抓落实的工作机制，确保政令畅通、资金到位、执行得力。各地要加强对市、县两级的工作指导，确保工作方案有效贯彻落实。各技工院校要成立专门的技能扶贫工作领导小组，由主要负责同志任组长，建立工作台账，明确责任分工，把各项政策和任务细化到人，认真组织实施。

（十七）加强工作督导和统计工作。各级人力资源社会保障部门要加强工作调度，改进工作作风，定期开展督导，推动任务落到实处。对贡献突出、成效显著的予以通报；对工作不到位、措施不得力、政策不落实、工作进展缓慢的地方，要及时予以纠正，对问题严重的要严肃问责。要及时、准确地做好技能脱贫千校行动进展情况统计工作,各省级人力资源社会保障部门要认真统计填写《技能脱贫千校行动进展情况表》(见附件),于每年 12 月 15 日前报送人力资源社会保障部。

(十八)加大宣传力度。要组织新闻媒体广泛宣传技能扶贫各项惠民政策措施,将技能脱贫千校行动政策宣传到每一户建档立卡贫困家庭。选树一批技能脱贫千校行动先进单位,树立技能脱贫千校行动典型。组织世赛选手、专家、教练、翻译等人员深入贫困地区开展报告、宣讲等活动,讲述技能扶贫、技能成才、技能报国先进事迹,引导贫困地区广大青年走技能成长成才之路。每年的国家扶贫日(10 月 17 日)前夕,要集中组织开展技能脱贫千校行动宣传活动,有关宣传画和宣传折页可直接从人力资源社会保障部出版集团网站(www.class.com.cn)下载。

附件:技能脱贫千校行动进展情况表(略)

人力资源社会保障部　国务院扶贫办
2019 年 1 月 8 日

人力资源社会保障部关于印发《农民工职业技能提升计划——"春潮行动"实施方案》的通知

人社部发〔2014〕26号

各省、自治区、直辖市和新疆生产建设兵团人力资源社会保障厅（局）：

为贯彻落实中央经济工作会议和中央城镇化工作会议精神，进一步提高农村转移就业劳动者就业创业能力，根据《国家新型城镇化规划（2013—2020年）》和《国务院关于加强职业培训促进就业的意见》（国发〔2010〕36号），按照国务院要求，今年开始在全国开展农民工职业技能提升计划——"春潮行动"。现将《农民工职业技能提升计划——"春潮行动"实施方案》印发给你们，请结合本地实际，落实目标任务，抓好组织实施，做好相关工作。

人力资源社会保障部
2014年3月31日

农民工职业技能提升计划——"春潮行动"实施方案

为贯彻落实中央经济工作会议和中央城镇化工作会议精神，进一步提高农村转移就业劳动者就业创业能力，加快推动农业转移人口市民化，根据《国家新型城镇化规划（2013—2020年）》和《国务院关于加强职业培训促进就业的意见》（国发〔2010〕36号），特制定农民工职业技能提升计划——"春潮行动"实施方案。

一、指导思想

贯彻落实党的十八大和十八届三中全会精神，适应新型工业化、信息化、城镇化的发展方向，坚持服务就业和经济社会发展，大力开展面向农村转移就业劳动者的职业技能培训，以农村新成长劳动力为重点，以提升劳动者职业素质和就业创业能力为目标，充分发挥政府、行业企业、社会团体、院校和职业培训机构等各方面作用，加快构建劳动者终身职业培训体系，促进农村转移就业劳动者实现就业和稳定就业，为推进国家新型城镇化作出贡献。

二、基本原则

（一）统筹规划，分工负责。开展"春潮行动"是当前及今后一个时期人力资源社会保障工作的重点任务。各地人力资源社会保障部门要科学统筹，制定工作规划，全面部署安排。要加强与相关部门协调配合，建立任务明确、分工负责、政策共享、运转协调的工作机制。

（二）突出重点，分类实施。"春潮行动"实施的重点是农村新成长劳动力。要根据不同类型农村转移就业劳动者的需求，分类组织实施各具特色的职业培训，大力开展就业技能培训、岗位技能提升培训、高技能人才培训和创业培训。

（三）市场引导，政府支持。发挥市场在农村转移就业劳动者培训中的导向作用，适应企业岗位要求和劳动者就业需求，探索培训新模式和新方法，增强培训的针对性和有效性，提升培训后的就业率。发挥政府支持作用，加大政策支持力度，完善公共就业和人才服务。

（四）广泛动员，形成合力。综合运用各类激励政策和措施，充分调动社会各方面的积极性，整合职业培训资源，引导行业企业、社会团体、院校和各类职业培训机构广泛开展农村转移就业劳动者培训。

三、目标任务

适应农村转移就业劳动者实现就业和稳定就业的需要，通过开展培训将农村转移就业劳动者培养成为符合经济社会发展需求的高素质技能劳动者。到2020年，力争使新进入人力资源市场的农村转移就业劳动者都有机会接受一次相应的就业技能培训；力争使企业技能岗位的农村转移就业劳动者得到一次岗位技能提升培训或高技能人才培训；力争使具备一定创业条件或已创业的农村转移就业劳动者有机会接受创业培训。

——就业技能培训。每年面向农村新成长劳动力和拟转移就业劳动者开展政府补贴培训700万人次，培训合格率达到90%以上，就业率达到80%以上。

——岗位技能提升培训。每年面向在岗农民工开展政府补贴培训300万人次，培训合格率达到90%以上。

——创业培训。每年面向有创业意愿的农村转移就业劳动者开展创业培训100万人次，培训合格率达到80%以上，创业成功率达到50%以上。

四、主要内容

（一）就业技能培训。对农村新成长劳动力和拟转移到非农产业务工经商的农村劳动者开展专项技能或初级技能培训。依托技工院校、职业院校、企业培训机构、就业训练中心、民办职业培训机构等教育培训机构,采取政府购买服务培训方式,坚持以就业为导向,强化实际操作技能训练和职业素质培养,使他们达到上岗要求或掌握初级以上职业技能,着力提高培训后的就业率。对少数民族农村转移就业劳动者,可根据其需要在开展职业技能培训的同时,开展国家通用语言培训。对符合条件的,按规定给予职业培训补贴和职业技能鉴定补贴。

劳动预备制培训。对农村未继续升学并准备进入非农产业就业或进城务工的应届初高中毕业生、农业户籍退役士兵开展储备性专业技能培训。依托技工院校,采取政府购买服务培训方式,对其开展1~2个学期的储备性专业技能培训,基本消除农村新成长劳动力无技能从业现象。对符合条件的,按规定给予职业培训补贴、职业技能鉴定补贴和生活费补贴。

(二)岗位技能提升培训。对与企业签订6个月以上期限劳动合同的在岗农民工开展提高技能水平的培训。由企业依托所属培训机构或政府认定的培训机构,根据行业特点和岗位技能需求,结合技术进步和产业升级对职工技能水平的要求,对新录用农村转移就业劳动者开展岗前培训或学徒培训,对已在岗农民工开展岗位技能提升培训。培训经费由企业职工教育经费列支。对符合条件的,按规定给予企业一定比例的职业培训补贴和职业技能鉴定补贴。

高技能人才培训。对具备中级以上职业技能等级的在岗农民工开展高技能人才培训。人力资源社会保障部门根据区域经济社会发展需求和产业发展要求制定高技能人才培养规划,鼓励符合条件的企业在岗农民工参加高技能人才培训,提升其技能水平和职业技能等级。培训经费由企业职工教育经费列支。对符合条件的,按规定给予技师培训补贴。

(三)创业培训。对有创业意愿并具备一定创业条件的农村转移就业劳动者开展提高其创业能力的创业培训。依托创业培训机构,结合当地产业发展和创业项目,根据培训对象特点和需求组织开展创业培训,重点开展创业意识教育、创业项目指导和企业经营管理培训,提高培训对象的创业能力。对符合条件的,按规定给予创业培训补贴。

五、保障措施

(一)加强组织领导。各地要贯彻国务院要求,建立在政府统一领导下,人力资源社会保障部门统筹协调,相关部门各司其职、密切配合,工会、共青团、妇联等人民团体广泛参与的工作机制,共同推动"春潮行动"的实施。各级人力资源社会保障部门要加大工作力度,履行牵头部门职责,确保"春潮行动"的顺利实施。

(二)加大政策落实力度。各地人力资源社会保障部门要按照《国务院关于加强职业培训促进就业的意见》(国发〔2010〕36号)、《国务院办公厅关于进一步做好农民工培训工作的指导意见》(国办发〔2010〕11号)和《财政部 人力资源社会保障部关于进一步加强就业专项资金管理有关问题的通知》(财社〔2011〕64号)要求,严格执行职业培训补贴和职业技能鉴定补贴政策,落实补贴资金;加大政府用于职业培训的各项资金的整合力度,具备条件的地区,统一纳入就业专项资金,提高资金使用效益;加大投入,调整就业专项资金支出结构,逐步提高职业培训支出比重;指导企业按照有关法律法规足额提取职工教育经费,增加企业在岗农民工培训经费投入。

(三)加强培训监管和评估考核。各地人力资源社会保障部门要严格按照程序和标准,将优质培训资源公开遴选确定为定点培训机构,承担政府补贴培训任务。执行开班申请、过程检查、结业审核制度,加强培训过程管理。对培训结果如实记录汇总,开展绩效评估,以确保培训质量和效果。建立和完善农村转移就业劳动者培训实名制信息管理系统,对培训过程进行实时监测。会同财政等相关部门开展考核检查,加强资金监管工作,确保项目任务按时完成。

(四)加强就业服务和权益保障。加强公共就业和人才服务体系建设,为农村转移就业劳动者提供职业培训政策信息咨询、职业指导和职业介绍等服务,促进其实现就业和稳定就业。加强对农村转移就业劳动者的创业指导和创业服务,强化创业培训与小额担保贷款、税费减免等扶持政策及创业咨询、创业孵化等服务手段的衔接,提升其创业成功率。指导和督促用人单位与农民工依法签订并履行劳动合同,保障农民工劳动报酬权益,扩大农民工参加社会保险覆盖面,加强农民工职业健康保护,畅通农民工维权通道,加强对农民工的法律援助和法律服务。

(五)加强基础能力建设。结合区域经济发展,围绕农村转移就业劳动者集中的产业行业,选择现有技工院校、职业院校、企业培训机构、就业训练中心、民办职业培训机构等教育培训机构,择优确定承担政府补贴性职业培训任务的定点培训机构。依托定点培训机构建设农村转移就业劳动者职业技能实训基地和创业培训基地。

(六)加强舆论宣传。要创新宣传方式,充分运用各类新闻媒体,采取群众喜闻乐见的形式,通过集中宣传与日常宣传相结合的方式,深入开展宣传活动,扩大

"春潮行动"知名度和影响力。要强化典型示范,突出导向作用,大力宣传各地农村转移就业劳动者培训工作的经验做法,大力宣传农村转移劳动者技能就业、技能成才的先进典型,进一步营造全社会关心尊重技能人才、重视支持职业培训工作的良好社会氛围。

国家卫生健康委员会 财政部 人力资源社会保障部
国家市场监督管理总局 国家中医药管理局
关于加强医疗护理员培训和规范管理工作的通知

国卫医发〔2019〕49号

各省、自治区、直辖市及新疆生产建设兵团卫生健康委、财政（务）厅（局）、人力资源社会保障厅（局）、市场监管主管部门、中医药管理局：

为全面实施健康中国战略和贯彻落实《关于促进健康服务业发展的若干意见》《关于促进护理服务业改革与发展的指导意见》，增加护理服务业人力资源供给，扩大社会就业岗位，不断满足人民群众多样化、差异化的健康服务需求，现就加强医疗护理员培训和规范管理有关工作通知如下：

一、高度重视医疗护理员培训和规范管理工作

习近平总书记在党的十九大报告中强调，要实施健康中国战略，为人民群众提供全方位全周期健康服务。要积极应对人口老龄化，加快推进老龄事业和产业发展。要增进民生福祉，完善职业教育和培训体系，建设技能型劳动者大军。护理服务是实施健康中国战略的重要内容，对促进健康老龄化和提升人民群众健康水平发挥了积极作用。加强医疗护理员培训和管理是加快发展护理服务业、增加护理服务供给的关键环节，有利于精准对接人民群众多样化、多层次的健康需求，对稳增长、促改革、调结构、惠民生，促进就业创业，决胜全面建成小康社会具有重要意义。

二、开展医疗护理员培训

（一）医疗护理员定义。根据《中华人民共和国职业分类大典（2015年版）》，医疗护理员是医疗辅助服务人员之一，主要从事辅助护理等工作。其不属于医疗机构卫生专业技术人员。

（二）培训对象及条件。1. 培训对象：拟从事医疗护理员工作或者正在从事医疗护理员工作的人员，积极支持农村转移劳动力、城镇登记失业人员、贫困劳动力等人群参加培训。2. 培训对象条件：年龄在18周岁及以上，身体健康、品行良好、有责任心、尊重关心爱护服务对象，具有一定的文化程度和沟通能力。

（三）培训管理。要充分发挥市场在资源配置中的决定性作用，各地可以依托辖区内具备一定条件的高等医学院校、职业院校（含技工院校）、行业学会、医疗机构、职业培训机构等承担医疗护理员培训工作。要按照《医疗护理员培训大纲（试行）》（见附件）积极开展培训，提高从业人员对患者提供辅助护理服务的职业技能。强化职业素质培训，将职业道德、法律安全意识以及保护服务对象隐私等纳入培训全过程，注重德技兼修。对符合条件的人员按照规定落实职业培训补贴等促进就业创业扶持政策。

三、加强医疗护理员的规范管理

（一）规范聘用，明晰责任。医疗机构应当使用培训合格的医疗护理员从事相应工作，合法、规范用工。医疗机构可直接使用医疗护理员，并按照劳动保障相关法律法规规定，明确双方权利和义务，为其提供必要的职业卫生防护用品等；也可与劳务派遣机构、取得劳务派遣行政许可的家政服务机构签订协议，由其派遣医疗护理员并进行管理，在合同中明确双方机构管理职责和赔偿责任承担主体。

（二）明确职责，保障质量。在医疗机构内，医疗护理员应当在医务人员的指导下，对服务对象提供生活照护、辅助活动等服务；在社会和家庭中可以提供生活照护等服务。严禁医疗护理员从事医疗护理专业技术性工作，切实保障医疗质量和安全。

（三）加强管理，维护权益。聘用医疗护理员的医疗机构要建立相应管理制度，明确医疗护理员的工作职责和职业守则，制订服务规范。要指定专职部门和人员负责管理，定期对医疗护理员进行在岗培训和能力评估，以工作质量和服务对象满意度为主要指标，开展服务质量监督考核，进一步规范服务行为，提高服务水平。有资质的劳务派遣机构、家政服务机构要建立健全医疗护理员管理和派遣制度，并依法缴纳社会保险费，保障其工资福利待遇等合法权益。

四、有关要求

（一）加强组织实施。各地要高度重视加强医疗护理员培训和规范管理工作对推动健康服务业发展、积极应对人口老龄化和扩大社会就业的重要意义。要加强组织领导和统筹协调，结合实际制订具体实施办法。要加强部门间沟通协调，形成合力共同推动各项工作落实到位。

（二）明确部门分工。卫生健康行政部门、中医药主管部门要会同人力资源社会保障部门对医疗机构内医疗护理员聘用和管理工作进行指导和监督，积极推动培训和规范管理各项任务的有效落实。人力资源社会保障部门、财政部门要按照规定落实促进就业创业扶持政策，将符合条件的培训对象纳入职业培训补贴范围。市场监管部门要配合人力资源社会保障部门、卫生健康行政部门等依法加强对登记注册的劳务派遣机构、家政服务机构的监督管理。

（三）及时总结评估。各地要积极创新医疗护理员培训和管理的政策措施，鼓励有条件的地区先行先试，探索建立医疗护理员分级管理机制，拓宽职业发展路径。要及时研究出现的问题和困难，总结经验做法，以点带面，逐步推广。同时适时对发展医疗护理员队伍的政策措施和实施效果进行评估，不断调整完善相关政策，积极扩大护理服务业人员队伍，拓宽社会就业渠道，不断满足群众和社会需求。

附件：医疗护理员培训大纲（试行）（略）

国家卫生健康委员会
财政部
人力资源社会保障部
国家市场监督管理总局
国家中医药管理局
2019 年 7 月 26 日

应急管理部 人力资源社会保障部 教育部 财政部 国家煤矿安全监察局关于高危行业领域安全技能提升行动计划的实施意见

应急〔2019〕107号

各省、自治区、直辖市及新疆生产建设兵团应急管理厅（局）、人力资源社会保障厅（局）、教育厅（局）、财政厅（局）、煤矿安全培训主管部门，各省级煤矿安全监察局，有关中央企业，各有关单位：

按照《国务院办公厅关于印发职业技能提升行动方案（2019—2021年）的通知》（国办发〔2019〕24号）要求，为认真实施高危行业领域安全技能提升行动计划，现提出以下意见。

一、目标任务

从现在开始至2021年底，重点在化工危险化学品、煤矿、非煤矿山、金属冶炼、烟花爆竹等高危行业企业（以下简称高危企业）实施安全技能提升行动计划，推动从业人员安全技能水平大幅度提升。

——高危企业在岗和新招录从业人员100%培训考核合格后上岗；特种作业人员100%持证上岗；高危企业班组长普遍接受安全技能提升培训，其中取得职业资格证书或职业技能等级证书或接受相关专业中职及以上学历教育的人员比例提高20个百分点以上；化工危险化学品、煤矿、金属非金属地下矿山、金属冶炼、石油天然气开采企业从业人员中取得职业资格证书或职业技能等级证书的比例达到30%以上。

——遴选培育50个以上具有辐射引领作用的安全技能实训和特种作业人员实操考试示范基地、50个以上安全生产教育培训示范职业院校（含技工院校，下同）、100家以上安全生产产教融合型企业；安全技能培训基础进一步夯实，培训供给能力和质量大幅度提升。

——安全技能培训制度机制更加完善，以企业为主体、各类机构积极参与、劳动者踊跃参加、部门协调配合、政府激励推动的高危行业领域安全技能培训格局初步形成。

二、有针对性地开展安全技能提升培训

（一）开展在岗员工安全技能提升培训。高危企业是安全技能提升培训的责任主体，企业主要负责人要组织制定并推动实施安全技能提升培训计划。培训计划要覆盖全员，将被派遣劳动者、外包施工队伍人员纳入统一管理和培训。要围绕提升职工基本技能水平和操作规程执行、岗位风险管控、安全隐患排查及初始应急处置的能力，构建针对性培训课程体系和考核标准。要分岗位对全体员工考核一遍，考核不合格的，按照新上岗人员培训标准离岗培训，考核合格后再上岗。企业要制定计划，2021年底前安排10%以上的重点岗位职工完成职业技能晋级培训，取得职业资格证书或职业技能等级证书后，按照有关规定给予职业培训补贴或参保职工技能提升补贴。

（二）严把新上岗员工安全技能培训关。高危企业新上岗人员安全生产与工伤预防培训不得少于72学时，考核合格后方可上岗；要建立健全并严格落实师带徒制度，出徒后方可独立上岗。要加大从职业院校招收新员工力度，逐步提高从业人员中高中阶段及以上文化程度的招收比例。工作岗位调整或离岗3个月以上重新上岗的人员要接受针对性安全培训，考核合格方可重新上岗。人力资源社会保障、教育、财政部门要会同应急管理、煤矿安监部门在危险化学品"两重点一重大"装置操作、矿山井下作业、石油天然气钻井作业、油气管道带压开孔、金属冶炼煤气作业等风险偏高的技能操作型岗位新招录员工中，推行企业新型学徒制，实行"入企即入校"企校合作培养培训，按规定给予职业培训补贴。

（三）实施班组长安全技能提升专项培训。各省级应急管理、煤矿安全培训主管部门要统筹制定总体方案，明确目标进度、培训内容、考核形式、实施主体、保障措施等，2021年底前将高危企业班组长轮训一遍。实行企业内安全培训、职业技能培训等学习成果互认。各级应急管理、煤矿安全培训主管部门要会同教育、人力资源社会保障部门搭建校企合作平台，推动职业院校设置安全管理相关专业，通过"文化素质+职业技能"等多种方式面向高危班组长招生，由校企共研培养方案，根据企业生产特点灵活安排学习，推行面向真实生产环境的任务式培养模式，实施"学历证书+若干职业技能等级证书制度"试点。对于符合条件人员，按规定给予职业培训补贴。

（四）强化特种作业人员安全技能培训考试。各企业要依法明确从事特种作业岗位的人员，新任用或招录特种作业人员要参加专门的安全技能培训，考试合格后持证上岗。严格危险化学品和新申请煤矿安全作业的特种作业人员须具备高中阶段

及以上文化程度，严格特种作业人员理论和实际操作培训课时要求，不具备实际操作条件的机构不得承担培训任务，鼓励企业建立特种作业人员培训考试点。应急管理部门、煤矿安全培训主管部门要组织实施特种作业实操考点创优提升计划，取消以问答代替实际操作的培训和考试方式。结合培训内容、培训时长、考核结果、物价水平等因素，确定特种作业人员安全技能培训补贴。

（五）将安全生产知识贯穿各类人员职业培训全过程。人力资源社会保障部门要把安全生产与工伤预防内容编入各类人员职业技能标准和培训教材，明确培训课时要求，考核评价中涉及安全生产的关键技能不合格的，则技能考核成绩不及格。教育、人力资源社会保障部门要在职业院校相关专业教学标准中增加安全生产知识，作为必修内容。应急管理部门要提供专家、内容资源等支持，会同人力资源社会保障和教育部门组织编制培训大纲和有关教材。

三、提高安全技能培训供给质量

（一）重点提升企业安全技能培训能力。鼓励有能力的企业设立职工培训中心、编制课程体系、建立考核标准和题库，自主组织安全技能培训考核；其他不具备能力的企业要委托有能力的企业或机构，提供长期、量身定制的培训考核服务。强化规划布局和经费投入，支持在高危企业集中的地区新建或提升改造一批具有辐射引领作用的高水平安全生产和技能实训基地，其中2021年底前实现省级以上化工园区都有具备实训条件的专业机构、其他化工园区都有自建共建或委托具备实训条件的专业机构提供安全技能培训服务。应急管理、煤矿安全培训主管部门要遴选一批安全技能培训示范企业，推荐纳入产教融合型企业，按规定给予政策激励。

（二）推动职业院校开展安全技能培训。应急管理、人力资源社会保障和教育部门要联合遴选公布一批安全技能提升培训能力和意愿较强的示范职业院校，引导强化高危行业安全技能培训供给，开展化工危险化学品产业工人培养试点。应急管理部门要会同有关部门经常举办高危行业产教融合对接洽谈活动，推动一批化工园区与职业院校建立产教联盟，推动一批职业院校在高危企业设立分校区，推动一批高危企业依托职业院校设置职工培训机构、实训基地。应急管理部门、煤矿安全培训主管部门要共建一批安全生产特色职业院校，支持职业院校申报特种作业人员考试点。鼓励社会培训机构开展安全技能提升培训，落实同等支持政策。

（三）建设安全生产网络平台和机制。应急管理部门要引导各类力量参与，建设企业安全生产网络学院和高危行业分院，建立完善课程超市和自主选学机制。建立高危行业安全技能学习培训学分银行制度，有序开展学习成果的认定、积累、转换，制定线上学习课时按比例计入培训总课时的标准，逐步实现理论知识更新再培训以线上培训为主。探索为每位高危企业从业人员建立安全技能培训学习个人终身账号和档案，存储个人学习、培训、从业等信息，一人一档、终身有效，使培训和考核过程可追溯。推动现代模拟实训考试技术应用，防止过度虚拟化。

（四）强化专兼职师资队伍建设。高危企业要建立健全内部培训师选拔、考核和退出机制，大力推动管理、技术人员和能工巧匠上讲台，并给予授课技巧培训和基本课件、通用案例等支持，逐步实现企业在岗培训以企业内训师承担为主。省级以上应急管理部门要公开遴选、择优公布若干区域性、专业性安全技能培训师资研修基地。各培训机构要制定师资培养培训计划，并组织教师每年到企业实践或调研，提高授课针对性和感染力。

（五）规范培训考核标准体系。应急管理部门、煤矿安全培训主管部门要发挥标准在安全技能培训中的基础性作用，加快构建培训机构标准、实训条件标准体系。推广结构化、模块化的矩阵培训方法和职业培训包制度，提升培训规范性、系统性。按照看得懂、记得住、用得上原则，开发分层次、分专业、分岗位的教材体系，倡导使用新型活页式、工作手册式教材，鼓励企业编写企业内部培训教材。建设安全生产数字资源库，推动安全培训课件、事故案例、电子教材等资源共建共享。

四、强化保障措施

（一）强化组织领导保障。各省级应急管理部门要会同人力资源社会保障、教育、财政、煤矿安全培训主管部门研究制定本地区高危行业领域安全技能提升行动计划实施方案。要建立工作抽查评估和情况通报机制，将方案实施情况纳入对下级政府安全生产和消防综合考核内容，作为安全生产标准化达标评审必要条件。发挥行业协会在促进校企合作对接、培训考试标准建设等方面的作用。注重总结经验、推广典型，层层培育示范企业、示范院校、示范基地。强化政策解读和宣传，适时举办全国性安全技能竞赛，营造良好工作氛围。

（二）落实职业培训补贴政策。要将高危行业领域安全技能提升行动计划中相关内容纳入职业技能提升行动，细化有关资金补贴条件和具体标准。高危企业要在职工教育培训经费和安全生产费用预算中配套安排安全技能培训资金，用于一般从业人员安全技能培训；落实企业职工教育经费税前扣除限额提高至工资薪金总额8%的税收政策。依法从工伤保险基金提取工伤预防费用于工伤预防的宣传培训。推动安全生产责任险保险机构为参保企业提供安全技能培训服务。通过现有渠道安排资金，对安全技能实训基地建设、培训教材开发、师资培训、数字资源建设等给予支持。省级应急管理部门、煤矿安全培训主管部门要会同人力资源社会保障部门建立完善安全技能培训机构管理制度，将符合条件的安全技能培训机构名单，纳入人力资源社会保障部门统一目录清单管理；要建立安全技能培训实名制管理平台，及时向人力资源社会保障部门推送补贴性培训人员信息，减少企业及个人报送纸质材料，提高审核拨付补贴资金工作效率。

（三）加大执法检查力度。各级应急管理部门、煤矿安监部门要把企业安全培训纳入年度执法计划，规范安全培训执法程序和方法，将抽查企业培训计划、持证情况、抽考安全生产常识作为培训执法重要内容，发现应持证未持证或未经培训就上岗的人员，依法责令企业限期改正并予以处罚。发现不按统一的培训大纲组织教学培训、不按统一题库进行考试等行为的安全培训和考试机构，要依法严肃处理。

应急管理部
人力资源社会保障部
教育部
财政部
国家煤矿安全监察局
2019 年 10 月 28 日

国家发展改革委办公厅　商务部办公厅　教育部办公厅人力资源社会保障部办公厅　全国总工会办公厅共青团中央办公厅　全国妇联办公厅关于开展2019—2020年家政培训提升行动的通知

发改办社会〔2019〕769号

各省、自治区、直辖市及计划单列市、新疆生产建设兵团发展改革委、商务主管部门、教育厅（局）、人力资源社会保障厅（局）、工会、团委、妇联：

为贯彻落实《国务院办公厅关于促进家政服务业提质扩容的意见》（国办发〔2019〕30号，以下简称《意见》），加强家政服务人才队伍建设，推进家政服务高质量发展，国家发展改革委、商务部、教育部、人力资源社会保障部、全国总工会、共青团中央、全国妇联决定组织开展2019—2020年家政培训提升行动。现将有关事项通知如下。

一、主要目标

通过开展家政培训提升行动，促进各地完善课程设置，推动形成以政府培训为基础、企业培训和实训基地培训为主体、院校培训为支撑的家政人才培训体系，提高家政从业人员的素质，吸引更多劳动者从事家政服务行业，为家政服务高质量发展提供优质人才支撑。到2020年底实现100万以上人口的城市家政服务实训能力全覆盖，培训数量超过500万人（次）。

——全国总工会推进实施"工会技能培训促就业行动"，2020年底前培训家政从业人员20万人（次）。

——全国妇联积极配合政府有关部门，依托巾帼家政协会（联盟）、企业、基地，组织开展家政服务员培训，2020年底前培训家政从业人员30万人（次）。

——其他中央部门、各级地方政府通过职业技能培训、劳动力转移培训等多种方式，2020年底前培训家政从业人员150万人（次）。

——全国各类家政企业、职业技能实训基地2020年底前培训家政从业人员300

万人（次）。

二、培训内容

（一）家政企业职业经理人培训。面向各地家政企业的负责人，通过开展统一授课、考察调研、集中研讨等多种方式，提高家政企业职业经理人管理能力，推动家政企业完善内部管理结构，提高盈利能力，完善商业模式。

（二）家政服务人员培训。面向家政行业一线服务员工，建立岗前短期培训机制，面向有意愿提升技能等级的家政服务员，重点开展养老护理、母婴照料、病患照护、残疾人陪护等领域标准化岗位技能培训，适度拓展心理学、医学、营养学、沟通技巧等基础知识。

家政企业职业经理人和家政服务人员培训情况将纳入家政服务业信用体系。

三、培训形式

（一）政府培训。结合家政服务业提质扩容"领跑者"行动试点，统筹推进家政劳务输出基地建设、"春潮行动""工会技能培训促就业行动""巾帼家政服务专项培训工程"等。尤其是加大贫困地区转移劳动力培训力度，保障有意愿从事家政服务行业的劳动力能够享有最基本的培训课程。

（二）企业培训。发挥企业在家政培训提升行动中的主体作用，鼓励企业根据自身实际、客户需求开发特色培训课程体系，综合运用在岗培训、脱产培训、业务研修、技能竞赛等多种方式开展培训活动。

（三）院校培训。依托设置家政服务相关专业的职业院校、普通本科高校，引进消化国际先进课程设计和教学管理体系，与政府、企业合作开展家政企业管理和重点技能提高培训。

（四）实训基地培训。依托产教融合实训基地、公共实训基地、企业培训基地等职业技能实训基地，对新进入家政行业的劳动力进行基础技能培训，对"回炉再造"的家政服务员进行技能提升培训，推动学生到家政企业实习实训制度化、规范化，提高家政企业职工在岗教育培训覆盖水平和质量。

四、保障措施

对开展家政培训提升行动积极主动、成效明显的城市，中央相关部门将尽可能在以下方面给予政策激励、支持：一是支持各地优先将家政龙头企业纳入产教融合型企业建设培育范围。二是加强产教融合实训基地建设。三是推动本科院校或职业院校增设家政服务相关专业。四是所在地符合条件的家政企业通过发行企业债券进行融资。五是鼓励家政企业开展境外并购和股权投资、创业投资。六是支持试点地区运用投资、基金、担保等组合工具支持家政企业发展。七是家政从业人员培训支持政策。

五、工作安排

(一) 明确培训计划。各省要根据实际情况,填写培训计划表(见附件),明确年度工作目标、培训形式及保障措施等内容。请各地于2019年7月31日前将计划表联合上报国家发展改革委、商务部、教育部、人力资源社会保障部、全国总工会、共青团中央、全国妇联,电子版同步报送联系人邮箱。

(二) 开展培训活动。各地要创新方式,稳步推进,鼓励采取城企联动、跨地区联合、校企合作等多种方式开展培训。国家发展改革委将会同有关部门选取若干地方开展示范培训活动。

(三) 总结评估。各地要根据培训方案,及时通报进展情况。国家发展改革委和商务部将会同有关部门建立工作评价机制,适时组织抽查评估,及时总结有益经验和典型做法,及时向全国推广,确保培训工作取得实效。

联系人:(略)

附件:2019—2020年家政培训提升行动计划表(略)

国家发展改革委办公厅
商务部办公厅
教育部办公厅
人力资源社会保障部办公厅
全国总工会办公厅
共青团中央办公厅
全国妇联办公厅
2019年7月5日

人力资源社会保障部办公厅关于在新冠肺炎疫情防控期间免费开放中国职业培训在线等培训平台提供线上培训与教育服务的通知

人社厅函〔2020〕24号

各省、自治区、直辖市及新疆生产建设兵团人力资源社会保障厅（局）：

为进一步贯彻落实《人力资源社会保障部关于进一步做好新型冠状病毒感染的肺炎疫情防控工作的通知》和《国家发展改革委办公厅 人力资源社会保障部办公厅 工业和信息化部办公厅 全国总工会办公厅关于应对新型冠状病毒感染肺炎疫情 支持鼓励劳动者参与线上职业技能培训的通知》精神，推动各地开展职业技能提升行动，我部决定对部属有关单位开发运营的培训在线平台免费向社会开放，支持各地开展职业技能提升线上培训工作。现就有关事项通知如下：

一、在疫情防控期间"中国职业培训在线"（http://px.class.com.cn）、"就业创业和职业培训在线"（http://jc.mohrss.gov.cn）、"新职业在线学习平台"（http://xzy.mohrss.gov.cn）、"中国国家人事人才培训网"（http://www.chinanet.gov.cn）、"人力资源和社会保障部教育培训网"（http://edu.mohrss.gov.cn）等培训平台，将对劳动者个人、职业培训机构、技工院校师生开放，免费提供线上培训资源以及视频课程、电子书、课件、动画等职业培训教学资源。

二、各级人力资源社会保障部门要组织各类职业培训机构用好这些培训平台的学习培训功能，开展线上线下融合教学；组织培训学员利用这些平台提供的教学资源，完成线上培训课程，实现停训不停学；引导各类企业组织在岗和待岗返企的职工加强线上学习。

三、各级人力资源社会保障部门按照《人力资源社会保障部办公厅 财政部办公厅关于做好职业技能提升行动专账资金使用管理工作的通知》（人社厅发〔2019〕117号）、《人力资源社会保障部 教育部 财政部 交通运输部 国家卫生健康委关于做好疫情防控期间有关就业工作的通知》（人社部明电〔2020〕2号），探索对线上培训给予相应职业培训补贴。同时，要严格监管线上培训过程，提高管理效率与服务水平，杜绝套取培训补贴资金情况的发生。

四、请各级人力资源社会保障厅（局）及时做好本通知的落实工作，工作中遇到的问题请及时向我部反馈。

（一）技术咨询

1. 人力资源社会保障部中国人力资源社会保障出版集团"中国职业培训在线"平台

联系人：兰洁　联系电话：略

2. 中国就业培训技术指导中心"就业创业和职业培训在线平台"、"新职业在线学习平台"

联系人：姜郁　联系电话：略

3. 人力资源社会保障部中国高级公务员培训中心"中国国家人事人才培训网"

联系人：史军燕　联系电话：略

4. 人力资源社会保障部教育培训中心"人力资源和社会保障部教育培训网"

联系人：任大为　联系电话：略

（二）政策咨询

中国就业培训技术指导中心

联系人：王鹏　联系电话：略

人力资源社会保障部办公厅

2020年2月12日

人力资源社会保障部办公厅关于推进职业培训包工作的通知

人社厅发〔2016〕162号

各省、自治区、直辖市及新疆生产建设兵团人力资源社会保障厅（局）：

为贯彻落实《国民经济和社会发展第十三个五年规划纲要》关于"建立国家基本职业培训包制度"的工作要求，加快构建终身职业培训制度，现就推进职业培训包工作通知如下：

一、高度重视职业培训包工作

近年来，各地各部门认真贯彻落实党中央、国务院要求，推动职业培训工作不断取得新进展，在促进经济社会发展和就业创业中发挥了重要作用。但职业培训仍存在一些亟须破解的重点难点问题，如基础培训资源缺乏，培训的针对性和有效性有待提高，培训过程监管有待加强等。2015年，我部启动了职业培训包前期基础工作，组织研究职业培训包开发技术规程，试开发了维修电工、餐厅服务员职业培训包。天津等地人力资源社会保障部门探索开展了职业培训包开发工作。在现有工作基础上，继续推进职业培训包工作，面向各类就业群体，开展基本职业培训服务，对推行终身职业技能培训制度，促进职业培训与就业需求有效衔接，加强职业培训规范化、科学化管理，汇聚社会各方面力量共同开展职业培训具有重要意义。各级人力资源社会保障部门要把推进职业培训包工作作为重要改革创新举措，作为当前职业能力建设工作的重点任务，高度重视，科学规划，大力推进，为建立国家基本职业培训包制度做出努力。

二、明确职业培训包工作目标任务

（一）明确职业培训包工作内容。职业培训包是为加强职业培训标准化管理，结合新经济、新产业、新职业发展，依据职业标准或企业岗位技术规范，针对某一职业（工种）开发的集培养目标、培训要求、培训内容、考核大纲等为一体的职业培训资源总和，是职业培训机构对劳动者开展政府补贴职业培训服务的工作规范和指南。职业培训包可分基本职业培训包、地方（行业）特色职业培训包两种。基本职业培训包由我部组织制定颁布，地方（行业）特色职业培训包由各省（区、市）人力资源社会保障厅（局）或我部会同有关部门和行业协会制定颁布。

（二）完善职业培训包工作机制。政府部门组织制定职业培训包，职业培训机构依据职业培训包开展职业培训服务，劳动者结合自身就业和技能提升需要自愿参加职业培训，政府实施培训监管、对有关人员提供职业培训补贴并组织第三方机构参与培训考核评估，为各类就业群体参加培训创造条件，提供帮助。

（三）明确职业培训包工作目标。"十三五"期间，制定颁布《职业培训包开发技术规程（试行）》（以下简称《规程》），统一规定职业培训包的框架结构和主要内容，明确开发职业培训包的技术规范和程序步骤，为各地及有关部门开发职业培训包提供技术指导。组织开发培训需求量大的100个左右基本职业培训包，指导开发100个左右地方（行业）特色职业培训包。到"十三五"末，力争全面建立国家基本职业培训包制度，普遍应用职业培训包开展各类职业培训。

三、做好职业培训包开发应用工作

（一）从今年10月起，我部将指导部分地区试行餐厅服务员、维修电工职业培训包，并结合人力资源市场需求和职业培训工作需要，制定后续开发计划，依据《规程》抓紧组织职业培训包开发工作。建立职业培训包开发专家库，开展人员培训，加强专业技术力量。

（二）鼓励支持地方、有关部门和行业协会开发适合当地经济和行业发展需要的特色职业培训包，鼓励支持企业承担职业培训包开发任务。对于质量水平高、实际效果好的地方（行业）特色职业培训包，经我部组织专家论证可改造提升为基本职业培训包。

（三）各地要在职业培训工作中大力推广应用基本职业培训包和地方（行业）特色职业培训包，实现职业培训过程管理与结果管理相结合，全面提升职业培训质量，提高职业培训工作规范化、科学化水平。

四、加强组织领导

（一）加强工作统筹。各地人力资源社会保障部门要高度重视职业培训包工作，落实工作责任，统筹推进工作。要建立人力资源社会保障部门统筹，发挥相关部门作用，动员社会各方面力量的工作协调机制。要多方筹措经费，支持职业培训包开发应用工作。

（二）加大工作力度。各地人力资源社会保障部门、有关部门和行业协会要在做好基本职业培训包应用工作同时，大力加强地方（行业）特色职业培训包开发工作，并结合本地区和本行业产业结构调整和发展状况、企业用工情况、政府补贴职业培训和社会职业培训开展情况，明确工作进度目标，抓好工作落实。

（三）加强工作研究。要加强理论研究和工作调研，及时总结工作经验，着力研究解决重点难点问题，不断提升职业培训包开发应用工作水平。各地人力资源社会保障部门、各行业部门在工作中遇到有关问题，请及时与我部联系。

人力资源社会保障部办公厅

2016 年 10 月 23 日

人力资源社会保障部职业技能提升行动领导小组办公室关于加强职业技能提升行动精准化宣传工作的通知

各省、自治区、直辖市及新疆生产建设兵团人力资源社会保障厅（局）：

为贯彻落实习近平总书记关于大力发展技工教育，大规模开展职业技能培训，加快培养大批高素质劳动者和技术技能人才的重要指示精神，按照《国务院办公厅关于印发职业技能提升行动方案（2019—2021年）的通知》（国办发〔2019〕24号）要求，进一步加强政策解读和舆论宣传，切实提高政策公众知晓度，加快推进职业技能提升行动实施，现将有关事项通知如下：

一、提高站位，切实加大政策宣传力度

职业技能提升行动是党中央、国务院为稳定就业、缓解结构性就业矛盾，促进经济转型升级和高质量发展出台的重大利企惠民政策。各级人力资源社会保障部门要切实提高政治站位，深刻认识实施职业技能提升行动的重要意义，把思想和行动统一到习近平总书记重要指示精神和党中央国务院的决策部署上来，切实加强组织领导，动员组织各方力量、充分利用各种资源，加大宣传力度，创新宣传工作方式，充分发挥宣传作用，在全系统形成上下协同的宣传声势，促进职业技能提升行动各项工作落实落细贯彻到位。

二、着眼受众，突出宣传工作精准化

《职业技能提升行动方案（2019—2021年）》印发以来，人力资源社会保障系统采取多种形式，全面深入解读政策，及时报道工作进展，宣传工作取得初步成效。当前，各地实施方案陆续出台，各级人力资源社会保障部门要聚焦不同受众的关注点，做到政策解读分众化、服务群众精准化，着力解决政策落实"最后一公里"问题。

（一）梳理政策点，突出宣传内容精准化。各地要全面梳理职业培训及补贴政策，根据不同受众需求，分类归集针对人力资源社会保障部门、企业、技工（职业）院校、培训机构、培训对象等层面的政策点，形成条目清晰、内容明细、文字简练的"政策包"，真正使政策"看得懂、记得住、用得好"。

（二）区分不同受众，做到宣传对象精准化。面向各级参与职业技能提升行动的政府职能部门，重点宣传党中央、国务院和我部的工作部署、工作要求、各地工作进展和经验做法；面向企业，重点宣传各类企业兴办有关职业培训机构及可享受的政策支持；面向技工（职业）院校，重点宣传扩大培训规模及可享受的倾斜政策；面向社会培训机构，重点宣传开展培训可享受与公办培训机构同等政策待遇；面向劳动者，重点宣传培训补贴对象范围、培训机构和项目、如何参训和申领补贴等。

（三）多种方式结合，力求宣传手段精准化。充分利用"报、刊、网、微"，宣传橱窗、电子显示屏、服务窗口、12333咨询平台等，采用图画、动漫、短视频等通俗易懂的形式，全媒体持续宣传。一是利用中央和地方主流媒体，以新闻发布会、答记者问、在线访谈、专家政策解读等形式进行宣传。二是制作宣传海报、政策口袋书、宣传册（单），在公交、地铁、火车站、高速公路等人流量大的地方投放公益广告。三是在各级人力资源社会保障部门官网、政务微博、微信公众号开设专题专栏，持续跟进报道职业技能提升行动实施情况。四是积极与用户量大、受众面广的新媒体合作，开展公益宣传。推动职业技能提升行动宣传进企业、进校园、进社区、进农村，形成宣传热潮。

三、完善机制，形成宣传合力

（一）加强组织领导。各级人力资源社会保障部门要层层落实宣传工作责任，承担起宣传主体责任，明确专人负责，制定年度和阶段性宣传工作计划及任务清单，把宣传工作与职业技能提升行动推进工作一起研究部署、一起督导落实，充分发挥宣传在职业技能提升行动实施中的引领示范推动作用。

（二）建立宣传联络员制度。各省（区、市）和新疆生产建设兵团人力资源社会保障部门要明确1名宣传联络员，于12月30日前报我部职业技能提升行动领导小组办公室（以下简称部专班），与部专班形成日常工作通报交流机制。各级人力资源社会保障部门在开展宣传工作的同时，要积极向上级人力资源社会保障部门提供宣传稿件。各省（区、市）和新疆生产建设兵团人力资源社会保障部门每季度将宣传工作情况和典型线索报部专班和宣传中心。部专班将对各地宣传工作开展情况进行督促检查，对因宣传工作不力造成职业技能提升行动进展缓慢的，将报请部领导对相关省级人力资源社会保障部门进行通报。

（三）上下联动形成宣传合力。部专班负责统筹全国性的政策宣传，并指导人力资源社会保障系统结合地方实际开展宣传。省级人力资源社会保障厅（局）负责统筹本地区宣传工作，并积极配合部里的宣传部署，形成上下联动的宣传合力，共同为推动职业技能提升行动实施作出积极贡献。

       人力资源社会保障部职业技能提升行动领导小组办公室
              2019 年 12 月 4 日

退役军人事务部办公厅 人力资源社会保障部办公厅关于做好退役军人职业技能培训工作的通知

退役军人办发〔2019〕37号

各省、自治区、直辖市退役军人事务厅（局）、人力资源社会保障厅（局），新疆生产建设兵团退役军人事务局、人力资源社会保障局：

为深入贯彻习近平总书记关于退役军人工作的指示精神，按照《职业技能提升行动方案（2019—2021年）》，加强职业技能培训提升退役军人就业创业能力，促进退役军人充分稳定就业、成功创业，现就做好退役军人职业技能培训工作通知如下：

一、总体要求和目标任务

以习近平新时代中国特色社会主义思想为指导，全面落实党中央、国务院关于职业技能提升行动的决策部署，把职业技能培训作为实现退役军人高质量充分就业的关键举措，坚持市场导向、就业牵引，积极纳入职业技能提升行动方案，依据现行有关规定组织开展多层次、多样化的职业技能培训，切实打通从职业能力提升到稳定就业、成功创业的培训链路。到2021年，实现退役军人职业技能培训体系基本健全，有职业技能培训意愿的参训率达到100%，参训人员职业技能证书（职业资格证书或职业技能等级证书、专项职业能力证书、培训合格证书等）获取率为90%以上、培训后就业率为85%以上。

二、适用政策

要保障退役军人充分享受就业创业扶持政策，使他们既可根据《关于促进新时代退役军人就业创业工作的意见》（退役军人部发〔2018〕26号）（以下简称"26号文件"）规定，享受职业技能培训优惠政策，也可申请参加当地职业技能提升行动计划享受相应培训优惠。

三、培训内容

（一）重点抓好高中以下文化层次退役军人就业能力提升培训。结合区域产业特点，围绕市场急需紧缺职业，推出一批就业市场需求大、见效快的中短期培训项目，推动尽快就业、充分就业。加强职业能力、通用职业素质和求职能力等综合性培训，将职业道德、职业规范、工匠精神、质量意识、法律意识和相关法律法规、安全环保和健康卫生、就业指导等内容贯穿职业技能培训全过程，增强培训实用性，实现社会适应能力和职业技能双提升。

（二）加大中高级技能培训和新产业技能培训比例。对具有一定职业技能基础的退役军人，对照适合退役军人就业的职业目录，围绕先进制造业、战略性新兴产业、现代服务业，针对性开展就业市场潜力大、"含金量"高的新职业、新技能培训，加强军地职业技能衔接转化，拓宽就业方向、提升就业质量。鼓励具备条件的退役军人接受高级工、技师、高级技师培训，支持他们到高技能人才培训基地、技能大师工作室参加技能提升培训。

（三）积极审慎开展创业指导培训。对有创业意愿的退役军人，紧紧围绕服务乡村振兴、推进产业升级和打造"双创升级版"国家战略，重点跟进开展经营管理、品牌建设、市场拓展、风险防控以及产业政策培训。将返乡创业退役军人纳入返乡创业培训计划和农村实用人才带头人素质提升计划。

四、培训组织

（一）建立制度体系。要将退役军人作为重点群体，主动纳入本地各级职业技能提升行动计划，制定好本省的退役军人参训政策实施细则，指导地市确定培训方向、补助项目和标准，明确退役军人享受补助的流程办法和具体条件，切实体现对退役军人的尊崇优待。

（二）优化工作格局。各级退役军人事务部门负责协同相关部门制定政策计划、整合资源和督导落实等统筹管理工作；退役军人培训和服务保障机构承担宣传发动、组织报名、设计报告等具体工作；广泛动员鼓励用人单位、人力资源公共服务机构、职业院校（含技工院校）、培训和评价机构等社会力量共同参与技能提升行动，有效增加培训供给，扩大培训规模，形成对退役军人组织送训、分类承训、鉴定评价的完整规范培训链路。

（三）落实培训任务。激发培训主体积极性，推动产教融合、校企合作，鼓励支持建立退役军人职教联盟，实现学校培养与企业用人的有效衔接，力争实现"入学即入职"。大力开展项目制培训，采取"工学一体化""职业培训包""互联网+"等培训方式，融合线上学习与线下实训，打造具有时代特色、符合退役军人特点的网络教育培训平台。压实承训参训责任，按照"26号文件"规定组织的培训，坚持"谁培训、谁推荐就业"，将参训退役军人职业技能证书获取率、推荐就业成功率与承训资格和培训经费拨付挂钩，督导承训机构落实培训任务，提高培训质量。将学员到课率与生活费发放挂钩，确保做到"应训尽训"。

五、补贴政策

退役军人参加"26号文件"所明确职业技能培训，可选择接受一次免费职业技能培训（免学杂费、免住宿费、免技能鉴定费），培训期间享受生活补助。教育培训期限一般为2年，最短不少于3个月。退役军人参加职业技能提升行动接受培训，可按有关规定享受当地免费培训政策，符合条件的困难退役军人可享受生活补贴，所需资金在职业技能提升行动专项经费中列支。参加培训并取得证书的人员，原则上每年可享受不超过3次补贴资助，但同一职业同一等级不可重复享受。

六、工作要求

（一）建立专项工作机制。各地要强化组织领导，加强工作调度，坚持过程跟踪，层层压实工作责任。结合年度考核等活动组织督导检查，强化检查结果运用，严格追踪问效，加强资金监管和廉政风险防控，对违反规定造成不良影响的，严肃追究责任。

（二）实行统计报告制度。建立退役军人培训电子档案，健全完善信息采集、数据核实、台账管理等制度机制，实行实名制信息管理，确保实时动态掌握退役军人参加职业技能培训的总体情况和个人信息，建立并实施工作情况季报、年报制度。

（三）提高培训管理服务水平。认真落实"放管服"改革要求，进一步优化、简化退役军人参训审核流程，减少证明材料，探索建立"互联网+"服务模式，提高服务效率。加大政策宣传力度，深入做好政策解读，提升政策透明度和公众知晓度，帮助退役军人熟悉了解政策，引导激励退役军人用足用好政策。

退役军人事务部办公厅
人力资源社会保障部办公厅
2019年10月9日

国家邮政局办公室 人力资源社会保障部办公厅关于加强快递从业人员职业技能培训的通知

国邮办函〔2019〕255号

各省、自治区、直辖市邮政管理局、人力资源社会保障厅（局），各主要快递企业：

为深入实施快递人才素质提升工程，大力推进终身职业技能培训制度，根据《国务院关于促进快递业发展的若干意见》（国发〔2015〕61号）、《国务院办公厅关于印发职业技能提升行动方案（2019—2021年）的通知》（国办发〔2019〕24号），结合行业实际，现就加强快递从业人员职业技能培训通知如下：

一、切实提高思想认识

近年来，我国快递从业人员总体规模不断壮大，服务水平逐渐提升，为促进快递业改革发展、方便人民群众生活生产做出了积极贡献。但与新时代经济社会发展和人民群众对更好快递服务的需求相比，快递从业人员总体上还存在着职业技能不强、职业素质不高等突出问题，迫切需要通过开展大规模职业技能培训予以提升。要提高政治站位，充分认识职业技能培训对于支撑快递业高质量发展、扩大就业创业、便利人民群众的重要意义，将加强快递从业人员职业技能培训和学习贯彻习近平总书记关心关爱"快递小哥"的重要指示精神结合起来，和保持就业稳定、缓解就业结构性矛盾结合起来，大规模开展快递从业人员职业技能培训，加快建设知识型、技能型、创新型劳动者大军。

二、认真落实重点工作

（一）明确培训重点内容。坚持需求导向，加强职业技能、通用职业素质等综合性培训，将职业道德、职业规范、工匠精神、质量意识、法律意识和相关法律法规、安全环保和健康卫生、就业指导等内容贯穿职业技能培训全过程。坚持问题导向，强化收寄验视、实名收寄、过机安检、服务规范、作业规程、绿色环保、车辆安全驾驶等方面的技能培训。适应产业转型升级需要，加大快递业服务先进制造业、现代农业、跨境电子商务等新技能培训力度。针对快递业新生代农民工多、返乡创业人员多、城乡未继续升学初高中毕业生多、退役军人多的特点，深入实施新生代农民工职业技能提升计划和返乡创业培训计划以及劳动预备培训、就业技能培训、职业技能提升培训等专项培训，全面提升职业技能和就业创业能力。

（二）发挥企业主体作用。快递企业要制订职工培训计划，聚焦新产业、新技能要求，开展适应岗位需求和发展需要的技能培训，广泛组织开展岗前培训、在岗培训、脱产培训，开展岗位练兵、技能竞赛、在线学习等活动，大力开展高技能人才培训。发挥快递行业协会、龙头快递企业和行业培训机构作用，引导帮助中小微快递企业开展职工培训。鼓励快递企业与参训职工协商一致灵活调整工作时间，保障职工参训期间应有的工资福利待遇。加大中、高级职业技能培训力度，引导快递企业职工通过培训实现技能等级提升，进而实现职业发展和工资待遇水平提升。

（三）有效增加培训供给。支持主要快递企业设立职工培训中心、兴办技工教育。鼓励快递企业与邮政行业人才培养基地共建实训中心、教学工厂等，积极建设培育一批产教融合型企业。支持快递企业设立高技能人才培训基地和技能大师工作室。推动职业院校扩大培训规模，充分发挥技工院校高技能人才培养的主阵地作用。支持快递行业协会、行业培训组织和评价机构开展快递职业技能培训和评价工作，提高培训质量和评价效果。

（四）创新培训方式方法。大力推广"工学一体化""职业培训包""互联网+"等先进培训方式，鼓励建设互联网培训平台，积极推进快递职业技能培训资源共建共享。加强快递职业技能培训师资、教材建设，推动职业院校和培训机构实行专兼职教师制度，加快快递职业技能培训教材开发工作。全面推行企业新型学徒制、现代学徒制培训。推进产教融合、校企合作，推动学校培养与企业用人的有效衔接。

（五）推进培训评价衔接。加快快递员、快件处理员等快递业国家职业标准颁布及制（修）订。加强快递新职业新工种的研究开发，探索专项职业能力考核。建立职业技能等级认定制度，为快递从业人员提供便利的培训和评价服务。推动快递工程领域高技能人才与工程技术人才职业发展贯通。支持快递企业按规定自主开展职工职业技能等级评价工作，鼓励快递企业设立首席技师、特级技师等，提升快递技能人才职业发展空间。

三、扎实抓好组织保障

各级邮政管理部门、人力资源社会保障部门要把加强快递从业人员职业技能培训作为重要民生工程，纳入职业技能提升行动，加强组织领导，形成工作合力，强化工作调度、过程跟踪，推动任务落实。要将快递员、快件处理员等职业纳入政府补贴培训目录。结合地方实际，协调安排经费，对快递职业技能培训教材开发、师资培训、职业技能竞赛等基础性工作给予支持。快递企业要按有关规定足额提取和使用职工教育经费，其中60%以上用于一线职工培训。要大力弘扬和培育工匠精神、"小蜜蜂"精神，加强快递技能人才激励表彰工作，积极开展各类职业技能竞赛活动，充分展现新时代快递从业人员的风采，营造技能成才的良好环境。

国家邮政局办公室　人力资源社会保障部办公厅
2019年7月31日

中国残联办公厅关于贯彻落实《职业技能提升行动方案（2019—2021年）》的通知

残联厅函〔2019〕155号

各省、自治区、直辖市残联，新疆生产建设兵团残联：

为贯彻落实《国务院办公厅关于印发职业技能提升行动方案（2019—2021年）的通知》（国办发〔2019〕24号），全面开展残疾人职业技能提升行动，促进残疾人稳定就业和增收，加快推进残疾人小康进程，现就有关事项通知如下：

一、目标任务

2019年至2021年，持续开展残疾人职业技能提升行动，开展各类职业技能培训180万人次以上，开展新增培训105万人以上，开展建档立卡贫困残疾人培训45万人次以上。各地培训任务详见附件（附件略）。

二、主要内容

（一）大规模开展以就业为导向的残疾人职业技能培训。

各地要对未就业残疾人开展就业技能培训，对在岗残疾人开展岗位技能提升培训或高技能人才培训，对有创业意愿并具备一定创业条件的残疾人开展创业培训。

（二）开展针对残疾人重点群体的专项职业技能培训。

一是面向高校残疾毕业生和职业院校残疾学生，持续开展1+X学历证书和职业技能等级证书双证培训，加大就业援助力度，实行一对一精准就业服务，建立就业兜底保障机制。二是对残疾人高技能人才，围绕产业转型与科技创新，契合网络经济时代特征，涉足新职业、设立新项目，拓宽培训就业渠道。加强高附加值、高技能、高层次项目培训。三是继续开展建档立卡有培训需求的贫困残疾人培训，做好农村贫困残疾人实用技术、妇女编织、助盲就业脱贫、电商扶贫等培训促就业脱贫工作。四是做好创业带头人、非遗传承人等群体培训。

（三）组织开展雇主等培训，提高残疾人岗位技能培训针对性有效性。

各地要重点对企业规模较大、可提供残疾人就业岗位较多的用人单位开展雇主培训，改善用人观念，指导用工企业开发残疾人岗位，开展残疾人岗位对接培训。

重点针对残疾人支持性就业辅导员开展支持性就业服务专项技能培训。重点针对残疾人就业服务人员开展职业能力测评、职业咨询、职业指导、职业信息分析、职业生涯规划等专项就业服务技能提升培训。开展残疾人家长培训，改善家长观念，强化陪护能力，提高残疾人子女自理能力，塑造职业理念，鼓励残疾人及家属参加职业技能培训。

三、保障措施

（一）统筹规划纳入大局，确保实效。

各地要积极协调，将残疾人职业技能提升行动全面纳入当地各级政府职业技能提升行动的重要民生工程、实施方案和重大项目中，确保残疾人职业技能培训落到实处。

（二）依托实名制数据，合理制定培训规划。

各地要进一步加强实名制数据质量和动态更新管理，及时、准确录入就业年龄段残疾人就业和培训状况。根据中国残联残疾人职业技能提升行动方案（2019—2021年）任务目标及年度培训计划，结合本地残疾人就业培训需求和就业市场情况，制定三年及年度残疾人职业培训计划。

（三）完善培训管理机制，规范开展培训。

各地要规范培训流程，完善残疾人职业培训实名制管理机制。完善政府购买残疾人职业培训机制，面向国家级残疾人职业培训基地和各级各类残疾人职业培训基地，确定其承担的培训项目和工种，并向社会公开发布。探索第三方评价机制，对培训质量、资金使用、培训效果、考核过程、考核结果和证书发放等培训工作全程监管考评，做到培训信息公开、审核结果公示、培训过程透明。建立以赛促训机制，发挥职业技能竞赛引领带动作用，强化赛前选拔培养，为残疾人职业技能人才提供快速成长平台。

（四）创新培训模式，灵活多样开展培训。

根据培训项目特点和残疾人类别化需求，选择适宜的培训方式。鼓励与企业联合，推行"引厂入校、进厂办学"培训模式。鼓励有条件的地区探索推行培训券（卡）等有利于残疾人灵活选择培训项目、培训内容和培训地点的培训方式。大力开展人工智能、电商服务等网络远程培训，满足残疾人足不出户的培训需求。积极探索"现代学徒制"培训模式，实现残疾人人才培养规格高移，适应产业转型升级。推进"职业技能+学历+职业资格鉴定"的培训模式。拓展适宜居家灵活就业的培训项目，依托分享经济和大数据产业，开发培训周期短，轻体力，工作时间弹性，薪资待遇适宜的培训项目。

（五）提高培训质量，注重与就业衔接。

要根据市场需求结合实际情况科学设计培训项目，建立培训项目目录清单，设立培训项目查询及报名平台，扩展培训信息通知渠道。要及时对培训残疾人提供职业指导、职业推介、举办招聘会等就业服务，对接市场需求，开发适宜岗位，使残疾人技能水平与用人单位需求相匹配。培训结束后要对培训对象进行电话回访，了解情况，提供后续服务。

（六）加强基地建设，提供专业服务。

各地要根据《国家级残疾人职业培训基地培训服务规范与培训服务评估指标体系》，制定评估考核标准，建立对基地的准入、评估考核和退出机制，实行动态管理。各地要协调财政、人力资源社会保障等部门制定扶持政策，培育定点机构，规范基地运行，加大资金投入。帮助改善无障碍设备实施、教材和手语教师等教学辅助人员等必备办学条件。要在公共职业技能培训的课程、课时和标准的基础上，充分考虑残疾人群体的特殊性，增加求职技巧、通用职业素质、心理辅导、工匠精神、心理健康、维权意识等培训课程，提升职业技能和职业素质，提高社会适应力。

（七）加强创业培训，促进创业带动就业。

各地要加大残疾人创业培训力度，依托残联、人力资源社会保障、教育、共青团等部门建设的创业孵化基地，开展残疾人创业孵化。要加大对残疾人创业的政策扶持力度，为残疾人创业者提供低租金、低费率的创业环境，并引入政策咨询、项目推介、创业培训、创业指导、融资服务、跟踪服务、技术支持、市场开拓、事务代理、法律援助等专业化服务。

（八）完善补贴政策，落实经费保障。

各地要积极协调政府及其业务主管部门，对符合条件参加职业技能培训、在岗培训、创业培训的残疾人，申请人力资源社会保障部门职业培训补贴、生活费补贴等。同时，根据培训项目和残疾等级，通过成本核算，合理分类确定残疾人培训经费标准，原则上应高于当地一般性职业培训费用标准。对就业效果好、具有示范效应的培训项目可提高补贴标准；要增加手语翻译和速录等相关服务费用；增加辅助器具、生活照顾、职业适应、心理适应、社会适应等相关服务费用。各地要加大职业指导师、职业能力评估师、雇主培训师、残疾人家属、残疾人支持性就业辅导员等人员能力提升培训经费投入。有条件的地区要对残疾人职业技能培训教材开发、师资培训等基础工作给予经费支持。

四、工作要求

（一）加强组织领导，提高思想认识。各地要将残疾人职业培训工作纳入地方政府重要民生工程，要在政府统一领导下，建立以残联为主要工作部门，人力资源社会保障部门等多部门积极支持配合，任务明确、分工负责、政策共享、运转协调的工作机制，共同推动残疾人职业技能提升行动计划的组织实施。各地残联要将残疾人职业技能提升行动列为重点工作，明确任务目标，进行任务分解，建立工作情况季报、年报制度，确保工作落实。

（二）加大宣传力度，营造社会氛围。通过多种渠道加大政策宣传力度，广泛调动残疾人、培训机构、用人单位的积极性，共同推进残疾人职业技能培训工作开展。通过开展职业技能竞赛，宣传劳动光荣、匠心筑梦、技能成才的理念，营造全社会支持残疾人通过职业技能培训实现就业增收的良好氛围。

（三）加强资金监管，加强风险防控。加强培训经费专项审计工作，加强廉政风险防控，保障资金安全和效益。

各省（区、市）残联要根据本通知精神，结合地区实际情况，研究制定残疾人职业技能提升具体措施，确保各项工作落实到位。

中国残联办公厅

2019 年 6 月 24 日

地方篇

北京市职业技能提升行动实施方案（2019—2021年）

为深入贯彻落实《国务院办公厅关于印发职业技能提升行动方案（2019—2021年）的通知》（国办发〔2019〕24号）精神，结合本市实际，制定本方案。

一、总体要求

以习近平新时代中国特色社会主义思想为指导，深入贯彻落实党的十九大和十九届二中、三中全会精神，将职业技能培训作为保持就业稳定、缓解结构性就业矛盾的关键举措，立足首都经济社会发展实际，坚持需求导向、结果导向，大力推行终身职业技能培训制度，按照培训信息公开化、培训项目目录化、培训评价即时化、培训资源集成化、资金使用有效化的工作思路，持续开展职业技能提升行动。力争到2021年底，本市技能劳动者占就业人员总量的比例达到30%，高技能人才占技能劳动者的比例达到33%。

二、大力开展企业职工职业技能提升培训

（一）加大企业职工岗前培训力度。推行企业新录用人员先招用、再培训、后上岗的岗前培训制度，开展适应岗位需求和发展需要的技能培训。一是对于企业新招用人员，在员工入职12个月内，培训时间不低于40课时的，按每人500元的标准给予企业补贴。二是实施"招工即招生、入企即入校、企校双师联合培养"的新型学徒培养计划，深化"共建专业、共育人才、共建基地"的培养机制。对于实施1至3年培养计划的新型学徒，根据产业急需程度、职业类型、培养等级以及实施效果，按照每人每年5000元至8000元的标准给予企业补贴。三是实施高危行业企业从业人员安全技能提升行动计划，2019年1月1日以后新取得特种作业操作证和特种设备作业人员证，且在本市缴纳失业保险1年以上的企业职工，按照每人1000元的标准给予个人补贴。

（二）加强企业职工岗位技能提升培训。鼓励企业开展在岗培训、脱产培训、在线学习等职业技能培训，支持企业举办各类职业技能竞赛，提高从业人员素质和服务水平。实施3项岗位技能素质提升培训计划：一是实施岗位培训提升计划，对于2019年1月1日以后新取得初级工、中级工、高级工、技师、高级技师等国家职业资格证书或职业技能等级证书，且在本市缴纳失业保险1年以上的企业职工，分别按照1000元、1500元、2000元、2500元和3000元的标准给予个人技能提升补贴。其中，经认定的困难企业开展国家职业资格培训或职业技能等级培训的，再按照上述标准的50%给予企业补贴；困难企业开展企业职工非等级技能培训且培训时间不少于20课时的，按照每人500元的标准给予企业补贴。二是实施高技能人才培养计划，支持企业组织高技能人才参加技术革新、工艺改造等研修培训项目，按照每人5000元的标准，每年给予每家列入研修培训项目的企业不超过30万元的研修补助。三是实施技能大师工作室创新培训计划，支持企业建立技能大师工作室，承担技艺传承培训、技术技能革新、技能推广交流等项目，每年给予每个申报通过的项目不超过30万元的资助。

三、加强重点产业、重点领域职业技能提升培训

（三）实施重点产业人才培养计划。围绕首都十大高精尖产业以及金融科技、文创等重点产业，将技能提升培训纳入产业服务包，以需求为导向，开发培训项目。对于高精尖产业企业和金融科技企业组织职工开展技能提升培训且经考核合格的，按照每人不超过2万元的标准，给予企业补贴；对于参加培训且培训后在本市相关企业就业3个月以上的，按照不超过上述标准的50%给予个人奖励补贴。针对创意设计、动漫制作、高端民宿、老字号技艺传承等文创产业，开发培训目录，对于相关企业组织职工开展技能提升培训的，按照每人不超过5000元的标准，给予企业补贴。

（四）实施生活服务和城市运行保障等重点领域从业人员培训计划。在养老护理、安保、医疗陪护、托幼、快递等领域，组织开展从业人员技能提升培训，取得相应证书的，根据工作实际，按照每人不超过3000元的标准，给予企业或培训机构补贴。对于城市供水、排水、供热、燃气、园林绿化、公共交通、环境卫生等城市运行保障领域和其他重点领域的企业，组织职工开展技能提升培训的，按照每人不超过4000元的标准给予企业补贴。

此外，北京经济技术开发区作为本市技能培训试点区，除享受市级普惠政策外，还可根据区域实际制定相应培训及奖补政策，市级资金根据开发区资金投入情况予以配套支持。

四、加强重点群体就业创业培训

（五）实施重点群体就业创业免费培训计划。面向失业人员、农村转移就业劳动力（含低收入农户）、城乡未继续升学初高中毕业生、转岗职工、本市高校毕业生、退役军人、残疾人持续实施劳动预备培训、就业技能培训、职业技能提升培训等免费培训。围绕冬奥会冬残奥会筹办、北京城市副中心建设等重点工作或重大项目，持续开展农村劳动力转移就业培训。加强创业培训公共服务，创新创业培训模式，强化创业培训项目开发，以本市高校毕业生为重点，对符合条件且有创业愿望的重点群体开展免费创业培训。

（六）实施就业困难人员培训补助计划。加大就业困难人员帮扶力度，对吸纳就业困难人员就业并开展以工代训的，按照每人每月500元标准，给予企业不超过6个月的职业培训补贴。对就业困难人员和农村劳动力给予培训期间生活费补贴。

（七）实施家政服务提质扩容专项培训计划。对家政服务人员开展岗前培训，每人每年培训时间不低于80课时的，按每人2000元的标准给予企业补贴；开展"回炉"培训，且每人每年培训时间不低于40课时的，按每人500元的标准给予企业补贴，其中，对于开展"回炉"培训的员工制家政企业，按每人1000元的标准给予企业补贴。

（八）实施农民职业素质提升计划。对于观光休闲、乡村旅游、林下经济、农村电商等新业态，重点围绕提升农民职业素质、生产技能和经营管理能力等方面建立培训目录，以政府购买服务方式为主组织实施农民免费培训，加快构建一支有文化、懂技术、善经营、会管理的高素质农民队伍。

五、调动培训主体积极性

（九）支持企业扩大培训规模。支持各类企业特别是规模以上企业或者吸纳就业人数较多的企业设立职工培训中心，面向社会开展职业技能培训，承接补贴性培训项目。加强产教融合、校企合作，积极培育一批产教融合型企业。支持技能人才实训基地组织开展职工技能提升培训，并按照每人不超过4000元的标准给予实训基地补贴。

（十）支持职业院校扩大培训供给。完善学历教育与培训并重的现代职业教育体系，按照育训结合、长短结合、内外结合的思路，面向在校学生和全体社会成员开展职业培训。加快部分市属高校向应用技术型转型发展，开展职业技能教育培训。制定职业院校职业培训管理办法，在核定职业院校绩效工资总量时，可向承担职业技能培训工作的单位倾斜。允许职业院校将一定比例的培训收入纳入学校公用经费，学校培训工作量可按一定比例折算成全日制学生培养工作量。职业院校在内部分配时，应向承担职业技能培训工作的一线教师倾斜，保障其合理待遇。

（十一）支持社会机构参与职业技能培训和评价工作。支持社会力量举办民办职业技能培训机构，加强对培训机构的管理和服务，完善评估奖惩制度，推动规范化、品牌化发展。按照国家要求，建立并推行职业技能等级认定制度，支持用人单位和社会培训评价组织按照有关规定开展职业技能等级认定工作。建立评价工作质量监控体系，定期开展评估检查，提高评价工作水平。

（十二）创新职业技能培训内容和模式。科学设计培训内容，将职业道德、质量意识、法律意识、安全生产、卫生健康及就业创业指导等综合性培训内容贯穿培训全过程。将新技术、新工艺、新规范纳入教学标准和教学内容，强化实习实训。大力发展"互联网+"等现代培训方式，鼓励建设智能化培训平台，运用现代信息技术改进教学方式方法，推进虚拟工厂等网络学习空间建设和普遍应用。推进弹性学制和学分制，加快推进"学分银行"建设，实现学习成果可追溯、可查询、可转换。组建高水平教师教学创新团队，开展前沿技术、知识更新培训，加大远程培训课件开发与更新力度。

（十三）加强职业技能培训基础能力建设。积极推进职业技能培训清单化管理，公布培训和评价机构目录，便于劳动者按需选择。加强职业培训师资培养和专家队伍建设，推进职业技能培训资源共建共享。职业院校和培训机构实行专兼职教师制度，可按规定自主招聘企业技能人才任教。加强职业培训质量评估督导，加快职业培训管理信息化建设。实施职业技能培训实名制管理，对培训全程进行监管，确保补贴资金精准使用。各区可对企业、院校、培训机构的实训设施设备升级改造予以支持。

六、加强组织保障

（十四）健全工作机制。本市职业技能提升行动在市就业工作领导小组的统一领导下，建立小组统筹、市区实施、行业主责、机构参与、财政专账、一网通核的工作机制。市就业工作领导小组负责技能提升行动跨部门、跨层级的统筹协调，制定年度工作计划，分解工作任务，建立完善专项资金发放台账，建立工作报告制度和督促检查制度，抓好任务落实。各行业主管部门、各区要把职业技能提升行动作为重要民生工程，结合实际，严格落实企业职工和重点群体技能提升培训任务。各行业主管部门要牵头组织好本系统、本领域职业技能提升培训工作，制定相关支持政策，组织培训和资金审核工作。工会、共青团、妇联等群团组织、行业协会，以及社会培训和评价机构要共同参与职业技能培训工作。财政部门要加强职业技能培训资金的监管，做到专款专用，分账核算，确保资金及时足额拨付到位。人力资源社会保障部门要依托职业技能提升行动信息平台，加强与各行业主管部门、各区的沟通协调，及时汇总培训人员和补贴数据，实现一网比对、一网归集、一网统计。

（十五）加大资金支持力度。将就业专项资金、人才经费、行业产业发展经费中用于职业技能培训的资金，统筹用于职业技能提升行动，在社会保障基金财政专户中单独建立"职业技能提升行动专账"，相关政策自2019年1月1日起执行，符合相关培训补贴政策的劳动者，每人每年可享受不超过3次，同一职业同一等级不可重复享受。企业要按有关规定足额提取和使用职工教育经费，其中60%以上用于一线职工培训，可用于企业"师带徒"津贴补助。落实将企业职工教育经费税前扣除限额提高至工资薪金总额8%的税收政策。推动企业提取职工教育经费开展自主培训与享受政策开展补贴性培训的有机衔接。对职业技能培训教材开发、师资培训、教学改革以及职业技能竞赛等基础工作给予支持，对培训组织动员工作进行奖补。

（十六）加强质量监督检查。健全职业技能培训绩效评估体系，支持开展第三方评估。各行业主管部门、各区要结合工作分工，切实履行申请材料审核职责，有效甄别资金发放对象及其申请材料的真实性。要加大培训质量监管和监督检查力度，采取日常督导、专项督导和年度考核等方式进行督导评价，定期组织专项审计、绩效考核等工作，加强廉政风险防控，保障资金安全和效益。对以虚假培训等方式套取、骗取资金的行为，依纪依法依规严肃处理。

（十七）做好政策解读和舆论宣传。各行业主管部门、各区要加大对职业技能提升行动的宣传力度，推动培训信息公开，引导企业、培训机构和劳动者积极参与职业技能提升行动，用足用好政策，提高政策的公众知晓度，共同促进职业技能培训工作开展。

附件：北京市职业技能提升补贴性培训2019年任务分解表（略）

天津市职业技能提升行动实施方案（2019—2021年）

为全面提升劳动者职业技能，促进就业创业和经济社会发展，根据《国务院办公厅关于印发职业技能提升行动方案（2019—2021年）的通知》（国办发〔2019〕24号）、《天津市人民政府关于印发天津市中长期职业技能培训规划（2019—2025年）的通知》（津政发〔2019〕5号），结合本市实际，制定本方案。

一、总体要求

以习近平新时代中国特色社会主义思想为指导，全面贯彻党的十九大和十九届二中、三中全会精神，以习近平总书记对天津工作提出的"三个着力"重要要求为元为纲，深入学习贯彻习近平总书记视察天津重要指示和在京津冀协同发展座谈会上重要讲话精神，把职业技能培训作为保持就业稳定、缓解结构性就业矛盾的关键举措，作为经济高质量发展的重要支撑。坚持市场需求导向，适应经济结构转型升级、"一基地三区"建设和人民群众就业创业需要，深化人力资源供给侧结构性改革，推行终身职业技能培训制度，大规模开展职业技能培训，着力提升培训的针对性实效性，建设知识型、技能型、创新型劳动者大军，为实现"五个现代化天津"提供坚实的技能人才支撑。

二、目标任务

建立并推行终身职业技能培训制度，持续开展职业技能提升行动，全面提升劳动者职业技能水平和就业创业能力。三年共开展各类职业技能培训60万人次以上，其中2019年培训18万人次以上；到2021年底技能劳动者占就业人员总量的比例达到28%以上，高技能人才占技能劳动者比例达到31%以上。

三、主要措施

（一）加强重点群体职业技能培训

1. 大力开展企业职工技能培训。完善职业市场需求程度目录，引导企业发挥主体作用，制定职工培训计划，大力开展紧缺职业技能培训。全面推行企业新型学徒制培训，鼓励企业和院校通过"企校双师、工学交替"的方式培养企业后备技能人才，三年培训1.8万新型学徒。实施"师带徒"计划，遴选1000名技能名师，实行师徒结对、一人一策培养。利用津工智慧平台在线学习功能，通过微视频、讲座等方式，开展职工在线教育培训。加强全员安全生产培训，开展高危企业主要负责人和安全管理人员安全生产知识和管理能力考核，开展特种作业人员安全技术考核，严格落实特种作业人员持证上岗要求。（责任部门：市人社局、市国资委、市总工会、市应急局）

2. 加强就业重点群体职业技能培训。面向农村劳动力、城乡未继续升学初高中毕业生（以下称"两后生"）等青年、登记失业人员、转岗职工、退役军人和就业困难人员（含残疾人），持续开展就业技能、职业技能提升等培训。实施农民教育培训工程和高素质农民队伍提升计划，提升农民技能水平，培训高素质农民队伍，实现乡村产业振兴。积极开展退役军人职业技能培训，促进退役军人实现就业。对有创业意愿的高校毕业生、农村富余劳动力开展创业培训，提供创业指导等服务。以高质量完成高职院校百万扩招任务为目标，在优质高职院校、成人学校选取区域经济建设急需、社会民生领域紧缺和就业率高的专业，招收退役军人、在岗职工、下岗失业人员、农民工、新型职业农民，提升职业技能和就业创业能力。（责任部门：市人社局、市教委、市农业农村委、市退役军人局）

3. 加大贫困劳动力和贫困家庭子女技能扶贫工作力度。加强贫困劳动力就业技能培训，通过政府购买服务方式为贫困劳动力提供免费技能培训。对参加培训的就业困难人员和零就业家庭人员，培训期间给予一定生活费补贴。实施技能脱贫千校行动，对在本市接受中等职业教育的农村学生、城市涉农专业学生、贫困家庭学生和建档立卡贫困户学生，按规定落实免学费政策；贫困家庭学生，还可按规定享受助学金政策。（责任部门：市人社局、市教委）

（二）激发培训主体积极性

1. 发挥企业培训中心作用。面向设备先进、设施完善、技术领先的产业领军企业，遴选一批企业培训中心，通过补贴激励等方式，鼓励其开展培训。遴选师资力量雄厚、具有行业影响力的企业培训中心，认定为高技能人才培训基地。对高危企业建设的安全生产和技能实训基地，符合规定的通过安全生产专项资金给予资助。（责任部门：市人社局、市应急局）

2. 扩大职业院校培训规模。职业院校逐步实现学历教育与职业培训并举并重，承担补贴性培训年均达到10万人次以上。在职业院校启动"学历证书+若干职业技能等级证书"制度试点，鼓励获得学历证书同时，积极取得多类职业技能等级证书。对开展职业技能培训的职业院校，实行绩效工资政策倾斜，增加的绩效工资总量，不超过公务员可比收入的1倍，所需资金通过培训收入解决。在绩效工资总量内，职业院校可自主确定基础性绩效和奖励性绩效比例。支持"鲁班工坊"建设，打造国际知名品牌。（责任部门：市人社局、市教委、市财政局）

3. 鼓励优质社会培训机构承担补贴培训。规范社会培训机构和评价鉴定机构发展。对参与补贴培训的社会培训机构实施目录清单管理。各区人社部门对社会培训机构遴选评价合格后，纳入目录，签约后开展补贴培训；并定期对培训效果进行评估，实行动态调整。建立基于互联网的职业技能培训公共服务平台，提升技能培训信息化水平。（责任部门：市人社局）

（三）加强组织保障

1. 落实职业培训补贴政策。对企业职工、高校毕业生、农村劳动力、下岗失业人员、贫困家庭子女、贫困劳动力、"两后生"、退役军人参加职业技能培训，按规定给予职业培训补贴。对参加企业新型学徒制培训的，按规定给予企业新型学徒制培训补贴。（责任部门：市人社局、市财政局）

2. 加大资金支持力度。调整优化就业补助资金支出结构，提高用于职业技能培训的规模和比例。将人才经费、行业产业发展经费中用于职业技能培训的资金，统筹用于职业技能提升行动。从失业保险基金结余中计提资金，在社会保障基金财政专户中单独建立"职业技能提升行动专账"，用于职工等人员职业技能培训，实行分账核算、专款专用，具体筹措办法由市财政局、市人社局按照财政部、人力资源社会保障部有关规定执行。企业发生的职工教育经费支出，不超过工资薪金总额8%的部分，准予在计算企业所得税应纳税所得额时扣除；超过部分，准予在以后纳税年度结转扣除。（责任部门：市人社局、市财政局、市税务局）

3. 强化审计监督。加强资金监管，定期向社会公开资金使用情况，加强监督管理，提高资金使用效益；开展专项审计，加强廉政风险防控，保障资金安全。（责任部门：市人社局、市财政局、市审计局）

4. 加强培训过程管理和监督。各主管部门加强对培训单位的管理；各区人社部门加强培训工作事中、事后的监管；市人社部门加强对职业技能提升行动的指导和整体推进。对以虚假培训等套取、骗取资金的依法依纪严惩。对民办培训机构实行等级制管理，建立科学的评价指标体系，定期开展质量评估。（责任部门：市人社局）

四、工作要求

（一）健全工作机制。市就业工作领导小组统筹推动职业技能提升行动，健全工作协调机制，充分发挥行业主管部门作用，形成市就业工作领导小组统一领导，人社部门统筹协调，教育、财政、国资、应急等部门各司其职，工会等群团组织密切配合、协同推进的职业技能培训工作格局。

（二）落实工作责任。各区人民政府要把职业技能提升行动作为重要民生工程，切实承担主体责任，纳入重要议事日程，统筹做好本区职业技能培训工作的组织推动等工作，确保年度任务顺利完成。建立工作情况季报、年报制度，及时报送工作推动落实中经验做法和存在问题。落实"一制三化"审批制度改革要求，简化流程，提高培训管理服务水平。

（三）加强政策解读和舆论宣传。各区、各有关部门要加大政策宣传力度，提升政策公众知晓度，帮助企业、培训机构和劳动者熟悉了解、用足用好政策，共同促进职业技能培训工作开展。大力弘扬和培育工匠精神，强化技能人才激励，积极开展各类职业技能竞赛活动，营造技能成才良好氛围。

附件：2019年天津市职业技能提升行动分区培训计划（略）

河北省职业技能提升行动实施方案（2019—2021年）

为贯彻落实《国务院办公厅关于印发职业技能提升行动方案（2019—2021年）的通知》（国办发〔2019〕24号）精神，全面实施职业技能提升行动，大力推动技能强省建设，结合我省实际，制定如下方案。

一、总体要求

以习近平新时代中国特色社会主义思想为指导，紧紧围绕"三六八九"工作思路，把职业技能培训作为保持就业稳定、缓解结构性就业矛盾的关键举措，作为经济转型升级和高质量发展的重要支撑，作为提高劳动者素质和建设技能强省的主要抓手，坚持需求导向，服务经济社会发展，适应人民群众就业创业需要，大力推行终身职业技能培训制度，面向职工、就业重点群体、建档立卡贫困劳动力（以下简称贫困劳动力）等城乡各类劳动者，大规模开展职业技能培训，加快建设知识型、技能型、创新型劳动者大军。

二、主要目标

2019年至2021年，开展各类补贴性职业技能培训150万人次以上，其中2019年培训48万人次以上；经过努力，到2021年底技能劳动者占就业人员总量的比例达到25%以上，高技能人才占技能劳动者的比例达到30%以上。

三、重点任务

（一）突出重点群体，开展有针对性的职业技能培训。

1. 针对企业职工开展技能提升和转岗转业培训。企业需制定职工培训计划，广泛组织岗前培训、在岗培训、脱产培训，开展岗位练兵、技能竞赛、在线学习等活动，大力开展高技能人才培训，组织实施高技能领军人才和产业紧缺人才境外培训。发挥行业、龙头企业和培训机构作用，引导帮助中小微企业开展职工培训。组织开展化工、矿山、金属冶炼等高危行业企业从业人员和各类特种作业人员安全技能培训，严格执行培训合格后上岗制度。企业招用符合条件的职工参加岗前培训（含特种作业人员安全作业培训，下同）给予最高不超过50%的职业培训补贴。支持帮助困难企业开展转岗转业培训。对企业职工参加岗前培训、在岗培训和转岗转业培训，取得初、中、高级职业资格证书或职业技能等级证书，以及专项职业能力证书、特种作业操作证书、培训合格证书等的，按照培训成本给予每人最高不超过2200元的职业培训补贴。全面推行企业新型学徒制、现代学徒制培训，三年培训6万名新型学徒，职工参加企业新型学徒制培训的，给予企业每人每年中级工4000元以上、高级工6000元以上的职业培训补贴，由企业自主用于学徒培训工作。累计缴纳失业保险费12个月以上的企业职工取得初、中、高级职业资格证书或职业技能等级证书的，分别给予1000元、1500元、2000元的技能提升补贴。实施技师培训项目，对取得技师、高级技师职业资格证书或职业技能等级证书的分别给予不低于3000元、5000元的培训补贴。推进产教融合、校企合作，实现学校培养与企业用人的有效衔接。鼓励企业与参训职工协商一致灵活调整工作时间，保障职工参训期间应有的工资福利待遇。

2. 针对就业重点群体开展职业技能提升培训和创业培训。面向农村转移就业劳动者特别是新生代农民工、城乡未继续升学初高中毕业生（以下简称"两后生"）等青年、下岗失业人员、退役军人、就业困难人员（含残疾人），开展免费职业技能培训行动，持续实施农民工"春潮行动"、"求学圆梦行动"、新生代农民工职业技能提升计划和返乡创业培训计划以及劳动预备培训、就业技能培训、职业技能提升培训等专项培训。对有创业意愿的开展创业培训，加强创业培训项目开发、创业担保贷款、后续扶持等服务，将创业补贴标准调整为每人最高不超过1500元。"两后生"中的农村学员和城市低保家庭学员在培训期间参照中等职业学校国家助学金标准给予生活费补贴。就业困难人员、零就业家庭成员在培训期间按最高不超过当地失业保险金月最低标准给予生活费补贴。围绕乡村振兴战略，实施农民教育培训三年提质增效行动和农村实用人才带头人示范培训工作。

3. 针对贫困劳动力和贫困家庭子女开展技能扶贫。采取"岗位+技能+贫困劳动力"模式，开展适合市场需求技能培训。聚焦贫困县特别是深度贫困县，通过项目制购买服务等方式为贫困劳动力提供免费职业技能培训，在培训期间按规定通过就业补助资金给予每人每天不超过100元的生活费补贴（含交通费）。持续推进京津与张家口、承德、保定等地的职业教育、职业技能培训帮扶和贫困村创业致富带头人培训。深入推进技能脱贫千校行动和深度贫困地区技能扶贫行动，对接受技工教育的贫困家庭学生，按规定落实中等职业教育国家助学金和免学费等政策；对子女接受技工教育的建档立卡贫困户家庭，按政策给予补助。

（二）调动培训主体积极性，扩大培训供给能力。

4. 发挥企业开展职业技能培训主体作用。支持各类企业特别是规模以上企业或者吸纳就业人数较多的企业设立职工培训中心，鼓励企业与职业院校（含技工院校，下同）共建实训中心、教学工厂等，积极建设培育一批产教融合型企业。鼓励企业与各级地方工会组织合作，利用工会职工服务中心场所设施，开展订单式、定向式的职业技能培训。企业举办或参与举办职业院校的，根据毕业生稳定就业 1 年以上人数，给予院校每人 5000 元补贴。支持企业设立高技能人才培训基地和技能大师工作室、劳模和工匠人才创新工作室，企业可通过职工教育经费提供相应的资金支持，政府按规定给予资金补助。支持高危企业集中的地方建设安全生产和技能实训基地。

5. 发挥职业院校开展职业技能培训基础作用。支持职业院校开展补贴性培训，扩大培训规模。在院校启动"学历证书+若干职业技能等级证书"制度试点工作。在核定绩效工资总量时，可向承担职业技能培训工作的单位倾斜。允许职业院校将一定比例的培训收入纳入学校公用经费，学校培训工作量按 30% 比例折算成全日制学生培养工作量。职业院校在内部分配时，应向承担职业技能培训工作的一线教师倾斜，保障其合理待遇。

6. 发挥社会力量开展职业技能培训重要作用。鼓励支持社会培训和评价机构开展职业技能培训和评价工作。不断培育壮大社会培训和评价机构，支持培训和评价机构建立同业交流平台，促进行业发展，加强行业自律。民办职业培训和评价机构在政府购买服务、校企合作、实训基地建设等方面与公办同类机构享受同等待遇。

7. 创新职业技能培训内容。加强职业技能、通用职业素质和求职能力等综合性培训，将职业道德、职业规范、工匠精神、质量意识、法律意识和相关法律法规、安全环保和健康卫生、就业指导等要求贯穿职业技能培训全过程。围绕家政、养老服务、托幼、保安、电商、汽修、电工、妇女手工等全省急需紧缺职业开展就业技能培训；围绕促进创业开展经营管理、品牌建设、市场拓展、风险防控等创业指导培训；围绕经济社会发展开展先进制造业、战略性新兴产业、现代服务业以及循环农业、智慧农业、智能建筑、智慧城市等新产业培训；加大人工智能、云计算、大数据等新职业新技能培训力度。

8. 提升职业技能培训基础能力。有条件的市、县可对企业、院校、培训机构的实训设备升级改造予以支持。支持各地建设产教融合实训基地和公共实训基地，加强职业训练院建设，积极推进资源共建共享。大力推广"工学一体化""职业培训包""互联网+"等先进培训方式。加强师资建设，职业院校和培训机构实行专兼职教师制度，可按规定自主招聘企业技能人才任教。加快职业技能培训教材开发，规范管理，提高教材质量。建立全省统一的劳动者职业培训电子档案，实施补贴性培训实名制信息管理，实现培训评价信息与就业社保信息联通共享，提供培训就业一体化服务。

（三）完善补贴政策，发挥政府资金引导激励作用。

9. 落实职业培训补贴政策。高校毕业生参加职业技能培训，按规定给予培训补贴。企业、农民专业合作社和扶贫车间等各类生产经营主体吸纳贫困劳动力就业并开展以工代训的，以及参保企业吸纳就业困难人员、零就业家庭成员就业并开展以工代训的，可按每人每月不超过300元标准，给予不超过6个月的职业培训补贴，与一次性吸纳补贴不可重复享受。

10. 支持调整完善职业培训补贴政策。符合条件的劳动者在户籍地、常住地、求职就业地参加培训后取得证书（职业资格证书、职业技能等级证书、专项职业能力证书、特种作业操作证书、培训合格证书等）的，按规定给予职业培训补贴，原则上每人每年可享受不超过3次，但同一职业同一等级不可重复享受。省人力资源社会保障、财政部门可在规定的原则下结合实际调整享受职业培训补贴、生活费补贴人员范围和条件要求，将确有培训需求、不具有按月领取养老金资格的人员纳入政策范围。各市（含定州、辛集市，下同）、省财政直管县人力资源社会保障、财政部门和雄安新区管委会可在规定的原则下结合实际确定职业培训的具体补贴标准。县级以上政府可对有关部门各类培训资金和项目进行整合，解决资金渠道和使用管理分散问题。对企业开展培训或者培训机构开展项目制培训的，可先行拨付不超过60%的培训补贴资金。各地可对贫困劳动力、去产能失业人员、退役军人等群体开展项目制培训。

11. 加大资金支持力度。各级政府要加大资金支持和筹集整合力度，将一定比例的就业补助资金、地方人才经费和行业产业发展经费中用于职业技能培训的资金，以及从全省2018年底失业保险基金滚存结余为基数，按20%的比例计提的资金，统筹用于职业技能提升行动。各地拟用于职业技能提升行动的失业保险基金结余在社会保障基金财政专户中单独建立"职业技能提升行动专账"，用于职工等人员职业技能培训，实行分账核算、专款专用，具体筹集办法由省财政厅、省人力资源社会保障厅另行制定。对于支付能力较弱、所提取资金不能满足职业技能提升行动需要的统筹地区，可通过动用省级调剂金等方式予以解决。企业要按有关规定足额提取和使用职工教育经费，其中60%以上用于一线职工培训，可用于企业"师带徒"津贴补助。落实将企业职工教育经费税前扣除限额提高至工资薪金总额8%的税收政策。推动企业自主培训与补贴性培训有序衔接。省、市、县可安排经费，对职业技能培训教材开发、师资培训、教学改革以及职业技能竞赛等基础工作给予支持，对培训组织动员工作进行奖补。

12. 加强职业培训资金监管。建立完善补贴资金发放台账，把好资金使用各环节，各地要定期向社会公开工作任务完成和各项补贴资金使用情况，加强监督检查和专项审计工作，加强廉政风险防控，保障资金规范安全和使用效益。做好基础管理工作，推动信息共享，有效甄别享受补贴政策人员和单位的真实性。对以虚假培训等套取、骗取资金的依法依纪严惩，对培训工作中出现的失误和问题要区分不同情况对待，保护工作落实层面干事担当的积极性。

（四）深化培训领域放管服改革，促进培训与评价双提升。

13. 提高培训管理服务质量。深化职业技能培训工作"放管服"改革。政府补贴的职业技能培训项目要全部向具备资质的职业院校和培训机构开放，采取公开招投标或专家评审等方式购买培训服务和评价服务。对补贴性职业技能培训实施目录清单管理，公布项目目录、机构目录，方便劳动者按需选择。建立培训补贴网上经办服务平台，简化流程，减少证明材料，提高服务效率。加强对培训机构和培训质量的监管，健全培训绩效评估体系，积极开展第三方评估。

14. 推进培训与评价有机衔接。完善技能人才职业资格评价、职业技能等级认定、专项职业能力考核等多元化评价方式。开展职业技能等级认定工作，为劳动者提供便利的培训与评价服务。支持企业按规定自主开展职业技能等级评价工作，鼓励企业设立首席技师、特级技师等，提升技能人才职业发展空间。从事准入类职业劳动者必须经培训合格后方可上岗。推动工程领域高技能人才与工程技术人才职业发展贯通。

四、推进路径

实施职业技能提升行动每年分为 5 个阶段，各阶段有序衔接，压茬进行，确保取得实效。

（一）开展宣传动员（2019 年 7 月，2020 年起每年 1—2 月）。各责任部门科学编制年度培训计划并逐级下达。组织招生宣传。

（二）确定培训机构（2019 年 7 月，2020 年起每年 1—2 月）。各责任部门按规定确定或调整职业技能培训定点机构，由人力资源社会保障部门统一向社会公布。

（三）组织实施培训（2019 年 7—11 月，2020 年起每年 1—11 月）。职业技能培训定点机构做好招生工作，并按照教学计划开展培训。

（四）加强督导指导（每年 1—12 月）。各责任部门根据分工加强督导指导并贯穿培训全过程，做到事前规划、事中监管、事后考核。

（五）组织绩效评价（每年12月）。省、市、县对职业技能提升行动逐级开展绩效评价。

五、组织领导

（一）加强统筹推进。各级政府要把职业技能提升行动作为重要民生工程，切实承担主体责任，统筹抓好职业技能提升行动，市、县政府要制定具体贯彻落实措施，进行任务分解，明确工作责任，建立工作情况季报、年报制度，形成省级统筹、部门参与、市县实施的工作格局。鼓励各地将财政补助资金与培训工作绩效挂钩，强力推进实施，实现全程高标准、整体高质量。

（二）健全工作机制。在省就业工作领导小组的统一领导下，健全推进工作协调机制。人力资源社会保障部门承担政策制定、标准开发、资源整合、培训机构管理、质量监管等职责，制定年度工作计划，分解工作任务，抓好督促落实。发展改革部门要统筹推进职业技能培训基础能力建设。教育部门要组织职业院校承担职业技能培训任务。工业和信息化、住房城乡建设等部门要发挥行业主管部门作用，积极参与培训工作。财政部门要确保就业补助资金等及时足额拨付到位。农业农村部门负责职业农民培训。退役军人事务部门负责协调组织退役军人职业技能培训。应急管理、市场监管、煤矿安监部门负责指导协调化工、矿山、金属冶炼等高危行业领域安全技能培训和特种作业人员安全作业培训。国资监管部门要指导国有企业开展职业技能培训。其他有关部门和单位要共同做好职业技能培训工作。支持鼓励工会、共青团、妇联等群团组织以及行业协会参与职业技能培训工作。

（三）加强舆论宣传。各级各有关部门要加大政策宣传力度，提升政策公众知晓度，帮助企业、培训机构和劳动者熟悉了解、用足用好政策，共同促进职业技能培训工作开展。大力弘扬和培育工匠精神，落实提高技术工人待遇的政策措施，加强技能人才激励表扬工作，积极开展各类职业技能竞赛活动，营造技能成才的良好环境。

山西省推进职业技能提升培训实施方案

为贯彻落实党中央、国务院及省委、省政府的决策部署,加快推进"人人持证、技能社会"建设,促进更高质量更加充分就业,制定如下实施方案:

一、目标任务

根据《国务院办公厅关于印发职业技能提升行动方案(2019—2021年)的通知》(国办发〔2019〕24号)要求,结合全民技能提升工程实施情况,2019年至2021年,共开展各类补贴性职业技能培训300万人次以上,其中2019年培训100万人的任务不变,2020年、2021年各培训100万人次以上,力争从2019年开始实现每年参加培训学员(不含企业在岗职工)就业率不低于25%。到2021年底全省新增技能劳动者150万人,技能劳动者占就业人员总量的比例达到25%以上;新增高技能人才45万人,高技能人才占技能劳动者的比例达到30%以上。

二、对职工等重点群体开展针对性职业技能培训

(一)重点支持企业开展职工技能提升培训。企业需制定职工培训计划,开展适应岗位需求和发展需要的技能培训,广泛组织岗前培训、在岗培训、脱产培训,开展岗位练兵、技能竞赛、在线学习等活动,大力开展高技能人才培训,组织实施高技能领军人才和产业紧缺人才境外培训。发挥行业、龙头企业和培训机构作用,引导帮助中小微企业开展职工培训。实施高危行业领域安全技能提升行动计划,化工、矿山等高危行业企业要组织从业人员和各类特种作业人员普遍开展安全技能培训,严格执行从业人员安全技能培训合格后上岗制度。支持帮助困难企业开展转岗转业培训。全面推行企业新型学徒制、现代学徒制培训,三年培训3万新型学徒。推进产教融合、校企合作、校校合作,实现学校培养与企业用人有效衔接。企业要与参训职工协商一致,灵活调整工作时间,保障职工参训期间应有的工资福利待遇。(省人社厅、省发展改革委、省教育厅、省科技厅、省工信厅、省住建厅、省应急厅、省国资委、省小企业局、省总工会按职责分工负责。排第一位为牵头单位,下同)

(二)发挥企业培训主体作用。支持企业设立职工培训中心,鼓励企业与职业院校（含技工院校，下同）共建实训中心、教学工厂等，积极建设培育一批产教融合型企业。支持企业建设高技能人才培训基地和技能大师工作室，加强高技能人才的培养和能力提升，企业可通过职工教育经费提供相应的资金支持，政府按规定通过就业补助资金给予补助。支持高危企业集中的地区建设安全生产和技能实训基地。职业院校、培训机构要与企业加强合作，积极承担培训任务，在规定的职业工种范围内开展企业职工技能提升培训。（省人社厅、省发展改革委、省教育厅、省工信厅、省财政厅、省应急厅、省国资委、省总工会按职责分工负责）

（三）落实企业职工技能提升培训补贴政策。企业要落实将企业职工教育经费税前扣除限额提高至工资薪金总额8%的税收政策。要按有关规定足额提取和使用职工教育经费，其中60%以上用于一线职工培训，可用于企业"师带徒"津贴补助。对企业职工参加岗前培训、安全技能培训、转岗转业培训等，财政按照每人300元的标准给予企业补贴。（省国资委、省财政厅、省税务局、省总工会按职责分工负责）

（四）面向广大劳动者开展职业技能培训和创业培训。面向农村转移就业劳动者特别是新生代农民工、城乡未继续升学初高中毕业生、高校毕业生、下岗失业人员、就业困难人员（含残疾人）等持续实施农民工"春潮行动"、"求学圆梦行动"、新生代农民工职业技能提升计划和返乡创业培训计划以及劳动预备培训、就业技能培训、职业技能提升培训等专项培训，全面提升职业技能和就业创业能力。培训补贴标准每人不超过1000元。（省人社厅、省教育厅、省残联按职责分工负责）对有创业愿望的人员按政策开展创业培训，加强创业培训项目开发、创业担保贷款、后续扶持等服务。（省人社厅负责）各有关部门对就业重点群体开展职业技能培训，具体办法会同省人社厅、省财政厅另行制定。

（五）加大贫困劳动力和贫困家庭子女技能扶贫工作力度。聚焦贫困地区特别是深度贫困县，通过项目制购买服务等方式为贫困劳动力提供免费职业技能培训，培训期间按照每人每天15元的标准从就业资金中给予生活费补贴。持续推进职业教育、职业技能培训帮扶和贫困村创业致富带头人培训。深入推进技能脱贫技校行动和深度贫困地区技能扶贫行动，切实按规定落实相关政策。（省人社厅、省教育厅、省财政厅、省农业农村厅、省扶贫办按职责分工负责）

（六）落实取证补贴。符合条件的劳动者参加财政补贴性培训，要按规定取得相应证书，原则上每人每年可参加补贴性培训不超过3次，但同一职业同一等级不可重复参加。企业或培训机构免费组织企业职工、培训学员考取专项职业能力证书、职业资格证书或技能等级证书（从2019年7月1日取得证书开始算起），财政按照取得专项职业能力证书每人150元、初级工每人300元、高级工每人600元的标准给予对应企业或培训机构补贴。（省人社厅、省财政厅、省国资委等按职责分工负责）

三、完善培训评价体系，加强政府引导激励

（一）扩大职业院校培训规模。职业院校要开展补贴性培训，扩大职业培训规模，按规定启动"学历证书+若干职业技能等级证书"制度试点工作。鼓励国家级、省级高技能人才培训基地与企业（含民营企业）加强合作，引导劳动者通过职业培训提升技能等级，实现技能人才的提质上档，扩大高技能人才培训规模，提高高技能人才在技能劳动者中的占比。高技能人才培训不需要办理就业创业证书，以取证为补贴申领依据。允许职业院校将培训收入纳入学校公用经费。在核定职业院校绩效工资总量、职业院校内部分配时，按照我省有关规定执行。（省教育厅、省发展改革委、省财政厅、省人社厅、省市场监管局按职责分工负责）

（二）支持职业技能培训机构开展技能培训和评价工作。鼓励具备职业技能培训职能的各类培训资源，在许可的职业（工种）范围内开展普惠性培训。支持培训和评价机构建立同业交流平台，促进行业发展，加强行业自律。民办职业培训和评价机构在政府购买服务、校企合作、实训基地建设等方面与公办同类机构享受同等待遇。（省人社厅、省教育厅按职责分工负责）

（三）加强职业技能培训能力建设。鼓励企业、培训机构使用培训补贴收入进行实训设施设备升级改造，积极推进职业技能培训资源共建共享。大力推广"工学一体化""职业培训包""互联网+"等先进培训方式，鼓励建设互联网培训平台。加强师资建设，职业院校实行专兼职教师制度，可按规定自主招聘企业技能人才任教。加快职业技能培训教材开发，规范管理，提高教材质量。（省人社厅、省发展改革委、省教育厅、省工信厅、省国资委按职责分工负责）

（四）全面推动职业培训实名制系统使用。2019年底，所有承担补贴性职业技能培训的机构全部纳入职业培训实名制系统管理，培训数据全部录入系统，同时完善培训补贴网上经办服务平台，对项目制培训探索培训服务和补贴申领告知承诺制，简化流程，减少证明材料，提高服务效率。2020年初，建立劳动者职业培训电子档案，全面推行职业培训电子证书，实现培训评价信息与就业社保信息联通共享，提供培训就业一体化服务。通过实名制信息系统，加强对培训机构和培训质量的监管，健全培训绩效评估体系，支持开展第三方评估。（省人社厅负责）

（五）创新培训内容。加强职业技能、通用职业素质和求职能力等综合性培训，将职业道德、职业规范、工匠精神、质量意识、法律意识和相关法律法规、安全环保和健康卫生、就业指导等内容贯穿职业技能培训全过程。坚持需求导向，围绕市场急需紧缺职业开展家政、养老服务、托幼、保安、电商、汽修、电工、妇女手工等就业技能培训；围绕促进创业开展经营管理、品牌建设、市场拓展、风险防控等创业指导培训；围绕经济社会发展开展先进制造业、战略性新兴产业、现代服务业以及循环农业、智慧农业、智能建筑、智慧城市建设等新产业培训；加大人工智能、云计算、大数据等新职业新技能培训力度。（省人社厅、省发展改革委、省教育厅、省工信厅、省住建厅、省商务厅、省应急厅、省国资委、省妇联按职责分工负责）

（六）建立职业培训标准。要制定职业技能培训山西标准。各类培训机构开展职业技能培训，应根据国家及省职业标准，制定培训职业（工种）及相应技能等级教学计划、教学大纲。对尚未颁布国家职业标准的，可参照其相近职业标准开展培训。对于根据企业、行业用人需求和岗位规范开展培训的目录外培训项目，要经当地人社部门审核，积极向省市场监管局申报地方职业标准。（省人社厅、省市场监管局按职责分工负责）

（七）提高培训管理服务水平。深化职业技能培训工作"放管服效"改革。政府补贴的职业技能培训项目全部向具备资质的各类培训机构开放，对补贴性职业技能培训实施目录清单管理，每年公布培训项目目录、培训和评价机构目录，方便劳动者按需选择。企业、职业院校以及政府部门举办的具备培训职能的就业训练中心、培训中心承担政府补贴的职业技能培训项目，向同级人社部门申请审核备案；具备资质的其他培训机构，采取公开招投标、竞争性谈判、竞争性磋商等方式确定培训资格。（省人社厅、省教育厅、省国资委按职责分工负责）

（八）加大资金支持力度。各地要加大资金支持和筹集整合力度，将一定比例的就业补助资金、地方人才经费和行业产业发展经费中用于职业技能培训的资金，以及从失业保险基金结余中拿出的资金，统筹用于职业技能提升。拟用于职业技能提升的失业保险基金结余在社会保障基金财政专户中单独建立"职业技能提升行动专账"，用于职工等人员职业技能培训，实行分账核算、专款专用。现有培训补贴标准、资金分配等可根据培训具体实施情况进行合理调整。县级以上政府可自行安排经费，对职业技能培训教材开发、师资培训、教学改革、培训监管以及职业技能竞赛等基础工作给予支持，对培训组织动员工作进行奖补。（各市人民政府，省财政

厅、省人社厅按职责分工负责)

(九) 强化资金监督管理。各地各部门要依法加强资金监管,建立完善补贴资金发放台账,把好资金使用各环节,定期向社会公开工作任务完成和各项补贴资金使用情况,加强监督检查和专项审计工作,加强廉政风险防控,保障资金安全和效益。做好基础管理工作,推动信息共享,有效甄别享受补贴政策人员和单位的真实性,防止出现造假行为,对以虚假培训等套取、骗取资金的依法依纪严惩,并禁止其再承担政府补贴性培训。对培训工作中出现的失误和问题要区分不同情况对待,保护工作落实层面干事担当的积极性。按照"花钱必有效、无效必问责"的原则,严格落实省委、省政府关于全面实施预算绩效管理工作的要求,实施全程绩效管理。(各市人民政府,省人社厅、省财政厅、省审计厅按职责分工负责)

四、加强组织领导,强化保障措施

(一) 强化政府工作职责。各地各有关部门要把职业技能提升作为重要民生工程,切实承担主体责任,按照省级统筹、部门参与、市县实施的工作格局,强力推进实施,实现全程高标准、整体高质量。要抓紧出台贯彻落实措施,明确任务目标,进行任务分解,建立工作情况月报、季报、年报制度。

(二) 健全工作机制。在省就业工作领导小组框架下,健全职业技能提升行动工作协调机制,充分发挥行业主管部门等各方作用,形成工作合力。人社部门承担政策制定、标准开发、资源整合、培训机构管理、质量监管等职责,制定年度工作计划,分解工作任务,抓好督促落实。发展改革部门要统筹推进职业技能培训基础能力建设。教育部门要组织职业院校承担职业技能培训任务。工信、住建等部门要发挥行业主管部门作用,积极参与培训工作。司法行政部门负责劳动年龄段内具备学习能力、有培训意愿和就业愿望的服刑人员和强制隔离戒毒人员职业技能培训。财政部门要确保就业补助资金等及时足额拨付到位。农业农村部门负责职业农民培训。退役军人部门负责协调组织退役军人职业技能培训。文旅部门负责非物质文化遗产传承人、工艺美术从业人员、乡村旅游服务人员等职业技能培训。卫健部门负责医护、养老、母婴护理人员等职业技能培训。应急管理部门负责指导协调化工、矿山等高危行业领域安全技能培训和特种作业人员安全作业培训。国资监管部门要指导国企开展职业技能培训。其他有关部门和单位要共同做好职业技能培训工作。支持鼓励工会、共青团、妇联等群团组织以及行业协会参与职业技能培训工作。

(三) 推进职业技能培训与评价有机衔接。完善技能人才职业资格评价、职业技能等级认定、专项职业能力考核等多元化评价方式。从事准入类职业的劳动者必须经培训合格并持有相应职业资格证书方可上岗。制定出台山西省工程领域高技能人才与工程技术人才职业发展贯通办法。支持企业按规定自主开展职工职业技能等级评价工作，鼓励企业设立首席技师、特级技师等，提升技能人才职业发展空间。

（四）加强政策解读和舆论宣传。各地各有关部门要加大政策宣传力度，提升政策公众知晓度，帮助企业、培训机构和劳动者熟悉了解、用足用好政策，共同促进职业技能培训工作开展。大力弘扬和培育工匠精神，落实提高技术工人待遇的政策措施，加强技能人才激励表彰工作，积极开展各类职业技能竞赛活动，营造劳动光荣、技能成才的良好环境。

内蒙古自治区职业技能提升行动实施方案
(2019—2021年)

为贯彻落实《国务院办公厅关于印发职业技能提升行动方案（2019—2021年）的通知》（国办发〔2019〕24号）精神，结合我区实际，制定本实施方案。

一、总体要求

实施职业技能提升行动，面向城乡各类劳动者大规模开展职业技能培训，加快建设知识型、技能型、创新型劳动者大军。2019—2021年，全区开展各类补贴性技能培训60万人次以上，每年培训20万人次以上；到2021年底，技能劳动者占就业人员总量的比例达到25%以上，高技能人才占技能劳动者的比例达到30%以上。

二、主要措施

（一）实施"百千万"高技能人才培养计划。每年组织百名以上高技能领军人才、千名以上紧缺急需职业（工种）技师、高级技师和万名以上企业岗位技术能手培养专项行动，提高企业技术革新和创新、创造能力。（自治区人力资源社会保障厅、国有资产监督管理委员会、教育厅、住房和城乡建设厅、总工会、工商联按分工负责，列第一位者为牵头单位，下同）

（二）实施企业职工岗位技能提升和转岗培训计划。发挥企业培训主体和政府政策激励作用，组织企业职工参加岗前培训、安全技能培训、转岗转业培训和岗位技能提升培训。支持困难企业开展转岗转业培训。全面推行企业新型学徒制、现代学徒制培训。组织高危行业企业从业人员和各类特种作业人员安全技能培训，严格执行从业人员先培训后上岗制度。符合条件的企业职工参加岗前培训、安全技能培训、转岗转业培训、新型学徒制培训或初级工、中级工、高级工、技师、高级技师培训，按规定给予职业培训补贴或参保职工技能提升补贴。（自治区人力资源社会保障厅、国有资产监督管理委员会、财政厅、工业和信息化厅、应急管理厅、住房和城乡建设厅、总工会、工商联负责）

（三）实施就业重点群体职业技能提升和创业培训计划。开展农村牧区转移劳动者特别是新生代农牧民工职业技能培训。开展新型职业农牧民和农村牧区经济带头人、实用人才带头人培训。引导城乡未继续升学初高中毕业生（简称"两后生"，下同）参加劳动预备培训、就业技能培训和职业技能提升等专项培训。对有培训愿望的失业人员和就业困难人员，开展适合群体就业特点的职业技能培训。对即将退役军人开展技能储备培训和职业指导，退役后开展就业技能培训。对有创业愿望的劳动者开展创业培训。（自治区人力资源社会保障厅、农牧厅、退役军人事务厅、民政厅、教育厅、文化和旅游厅、商务厅、科技厅、总工会、团委、妇联、残联、工商联负责）

（四）实施技能扶贫计划。鼓励通过项目制购买服务等方式为贫困劳动力提供免费职业技能培训。深入推进技能脱贫千校行动、深度贫困地区技能扶贫行动和京蒙扶贫协作。贫困家庭子女接受职业教育，按政策给予补助。（自治区人力资源社会保障厅、财政厅、扶贫办、教育厅负责）

三、强化政策支持

（五）支持企业兴办职业技能培训。支持各类企业设立职工培训中心，通过补贴激励等方式鼓励其开展培训。符合条件的产教融合型企业按规定享受财税政策支持。支持企业设立高技能人才培训基地和技能大师工作室，政府按规定通过就业补助资金给予支持。在高危企业集中的地区建设安全生产实训基地。企业举办或参与举办职业院校（含技工院校，下同）的，政府可按规定根据毕业生就业人数或培训实训人数给予支持。有条件的地区可对企业院校、培训机构的实训设施设备升级改造予以支持。（自治区人力资源社会保障厅、财政厅、教育厅、应急管理厅负责）

（六）推动职业院校扩大培训规模。支持职业院校开展补贴性培训，对承担职业技能培训任务的职业院校，在核定绩效工资总量时，给予政策倾斜，增加的绩效工资总量，所需资金可通过培训收入解决；在绩效工资总量内，职业院校可自主确定基础性绩效和奖励性绩效比例。允许职业院校将培训后结余资金用于改善培训条件、提高实训能力和学校公用经费。学校培训工作量可按一定比例折算成全日制学生培养工作量。职业院校在内部分配时，应向承担职业技能培训工作的一线教师倾斜。（自治区教育厅、人力资源社会保障厅、财政厅负责）

（七）规范推动社会培训和评价机构开展工作。开展社会培训和评价机构质量评估，支持优质机构承担政府补贴性培训项目。建立退出机制，促进社会培训、评价机构健康发展。民办职业培训和评价机构在政府购买服务、校企合作、实训基地建设等方面与公办同类机构享受同等待遇。（自治区人力资源社会保障厅、教育厅、市场监督管理局负责）

（八）加大资金筹集力度。各地可将一定比例的就业补助资金、人才专项经费、行业产业发展经费中用于职业技能培训的资金，以及从统筹地区失业保险基金结余中按照一定比例计提的资金，统筹用于职业技能提升行动。旗县级以上人民政府可对有关部门各类培训资金和项目进行整合。企业要按规定足额提取和使用职工教育经费，落实将企业职工教育经费税前扣除限额提高至工资薪金总额8%的税收政策。有条件的地方可安排经费，对职业技能培训教材开发、师资培训、教学改革以及职业技能竞赛等基础工作给予支持，对培训组织动员工作进行奖补。（自治区财政厅、人力资源社会保障厅、税务局负责）

（九）完善落实职业培训补贴政策。符合条件的劳动者在户籍地、常住地、求职就业地参加培训后取得职业资格证书（或职业技能等级证书、专项职业能力证书、特种作业操作证书、培训合格证书）的，按规定给予职业培训补贴，每人每年可享受不超过3次，但同一职业同一等级不可重复享受。对确有培训需求、不具有按月领取养老金资格的人员纳入培训补贴政策范围，按规定给予培训补贴。各盟市人力资源社会保障部门、财政部门可在规定的原则下结合实际确定职业培训补贴标准。对贫困家庭子女、贫困劳动力、"两后生"、农村牧区转移劳动者、下岗失业人员和转岗职工、退役军人、残疾人开展免费职业技能培训。对高校毕业生和企业职工按规定给予职业培训补贴。对贫困劳动力、就业困难人员、零就业家庭成员、"两后生"中的农村牧区学员和城市低保家庭成员，在培训期间按规定通过就业补助资金同时给予生活费（含交通费）补贴。企业、农牧民专业合作社和扶贫车间等各类生产经营主体吸纳贫困劳动力就业并开展以工代训、参保企业吸纳就业困难人员和零就业家庭成员就业并开展以工代训的，给予最长不超过6个月的职业培训补贴。对企业开展培训或者培训机构开展项目制培训的可先行拨付60%的培训补贴资金。各地可对贫困劳动力、去产能失业人员、退役军人等群体开展项目制培训。（自治区人力资源社会保障厅、财政厅负责）

（十）支持围绕园区和企业用工需求开展培训。推动建立企业招工、培训、就业一体化工作机制，以园区、企业用工需求为导向，搭建供需对接平台，形成供需对接、信息发布、精准培训、跟踪服务长效机制。各地要定期征集、发布企业岗位用工需求信息和培训信息，组织培训机构深入园区、企业精准对接培训需求，开展订单式、对接式、储备式培训。支持工业园区企业联合建设培训中心、技能实训基地。对培训规模大、培训后就业率高的职业院校和职业技能培训机构，按规定给予创业就业"以奖代补"资金支持。（自治区人力资源社会保障厅、工业和信息化厅、

财政厅、国有资产监督管理委员会、工商联负责）

（十一）加强资金监督管理。要依法加强资金监管，建立定期向社会公开资金使用情况的工作机制，强化资金监督检查和专项审计，防控廉政风险，确保资金安全和效益。对以虚假培训等套取、骗取资金的依法依纪严惩，对培训工作中出现的失误和问题要区分不同情况对待，保护工作落实层面干事担当的积极性。（自治区财政厅、审计厅、人力资源社会保障厅、退役军人事务厅、残联负责）

四、加强组织保障

（十二）强化责任落实。各级政府要切实承担主体责任，形成自治区政府统筹、部门参与、盟市旗县实施，横向到边、纵向到底的工作新格局，确保实施方案明确的目标任务、政策措施不折不扣落到实处。各相关部门要严格按照职责分工，切实履行职责，通力协作，推动实施方案的有效落实。（各盟行政公署、市人民政府，自治区相关厅局）

（十三）加强管理服务。各地要建立企业用工和培训需求预测制度，对补贴性培训实施目录清单管理。完善统计工作，实施补贴性培训实名制信息管理。可采取公开招标等方式购买培训和评价服务。探索实行信用支付等办法优化培训补贴支付方式。加快建立培训补贴网上经办平台。（各盟行政公署、市人民政府，自治区相关厅局）

（十四）加强宣传引导。各地、各有关部门要加大宣传力度，创新宣传方式，提高政策公众知晓度，帮助劳动者、企业、培训机构熟悉了解、用好用足政策，营造良好工作氛围。（各盟行政公署、市人民政府，自治区相关厅局）

附件：2019年全区职业技能提升行动分部门培训计划（略）

辽宁省职业技能提升行动实施方案（2019—2021年）

为贯彻落实《国务院办公厅关于印发职业技能提升行动方案（2019—2021年）的通知》（国办发〔2019〕24号）精神，全面实施我省职业技能提升行动，制定以下实施方案。

一、目标任务

2019至2021年共开展各类职业技能培训75万人次以上，其中2019年培训22万人次以上；经过努力，到2021年底技能劳动者占就业人员总量的比例达到25%以上，高技能人才占技能人才的比例达到30%以上。

二、对重点群体开展职业技能培训，落实补贴政策

（一）开展企业职工技能提升和转岗转业培训

1. 企业应结合自身发展趋势、生产和技术创新需要，制定职工培训计划，通过岗前培训、在岗培训、脱产培训，开展岗位练兵、技能竞赛、业务研修等活动，提升职工适应新技术、新产业、新业态的学习能力、创新能力和发展能力。大力开展高技能人才培训，对符合条件的高技能领军人才出国（境）培训项目优先列入年度出国（境）培训计划。

2. 实施高危行业领域安全技能提升行动计划，化工、矿山等高危行业企业要组织从业人员和各类特种作业人员普遍开展安全技能培训，严格执行从业人员安全技能培训合格后上岗制度，按规定给予一定标准的培训补贴，具体办法由省级人力资源社会保障部门、财政部门会同有关行业主管部门另行制定。

3. 支持帮助困难企业开展转岗转业培训，按规定给予适当补贴，具体补贴比例和办法由各市确定。

4. 全面推行企业新型学徒制，职工参加企业新型学徒制培训的，按规定给予职业培训补贴，学徒期满取得职业资格证书或职业技能等级证书的按照中级工每人每年5000元，高级工每人每年6000元执行；取得专项职业能力证书、培训合格证书、毕业证书之一的按每人每年4000元执行。三年共计培训2.5万名新型学徒，其中2019年培训不少于1万人。

5. 开展企业职工岗位技能提升培训，符合条件的企业职工取得职业资格证书或职业技能等级证书的，按照初级（五级）证书 1500 元、中级（四级）证书 2000 元、高级（三级）证书 2500 元、技师 3500 元、高级技师 5000 元的标准给予职工个人培训补贴，但对于企业出资组织职工开展岗位技能提升培训的，培训补贴按上述标准直补企业。（省人力资源社会保障厅、省教育厅、省科技厅、省工业和信息化厅、省财政厅、省应急厅、省国资委、省总工会、各市人民政府等按职责分工负责。以下均需各市人民政府落实不再列出）

（二）开展就业重点群体职业技能提升和创业培训

1. 开展高校毕业生专业转换及技能提升培训，鼓励具备资质的培训机构，以离校未就业高校毕业生（含技师学院高级工班、预备技师班和特殊教育院校职业教育类毕业生，下同）等新成长劳动力为主体，重点组织开展数据分析、软件编程、工业软件、数据安全等数字领域的专业转换和技能提升培训，对符合条件的高校毕业生按规定给予一定标准的职业培训补贴、职业技能鉴定补贴和生活费补贴。

2. 对贫困家庭子女、城乡未继续升学的初高中毕业生（以下称"两后生"）、退役军人、农村转移就业劳动者、下岗失业人员、残疾人、距刑满释放不足一年的服刑人员、戒毒人员（含强制隔离戒毒人员和社区戒毒社区康复人员），以及确有劳动能力、就业意愿和培训需求、不具有按月领取养老金资格的人员开展免费职业技能培训行动，培训补贴直补培训机构，补贴项目和标准由各市自行确定。持续实施农民工"春潮行动""求学圆梦行动"、新生代农民工职业技能提升计划和返乡创业培训计划。

3. 参保企业吸纳就业困难人员、零就业家庭成员就业并开展以工代训的，给予一定期限的职业培训补贴，最长不超过 6 个月，每月补贴额不超过当地最低工资标准。"两后生"中的农村学员和城市低保家庭学员参加预备制培训的给予每人每月 150 元的生活补助。

4. 实施新型职业农民培育工程和农村实用人才带头人素质提升计划。围绕我省乡村振兴战略，开展职业农民技能培训。对有创业愿望的劳动者开展创业培训，按规定落实创业培训补贴政策，并提供培训项目推荐、创业担保贷款、后续扶持等服务。（省人力资源社会保障厅、省教育厅、省财政厅、省农业农村厅、省退役军人厅、省应急厅、省扶贫办、省总工会、团省委、省妇联、省残联等按职责分工负责）

（三）开展贫困劳动力和贫困家庭子女就业技能培训和创业培训

1. 按照政府购买服务有关规定采取项目制方式为贫困劳动力提供免费职业技能

培训的，应参照当地农村居民最低生活保障标准按实际参加培训天数给予贫困劳动力生活费补贴（含交通费）。对企业、农民专业合作社和扶贫车间等各类生产经营主体吸纳贫困劳动力就业并开展以工代训的，根据吸纳人数，按规定给予一定期限的职业培训补贴，最长不超过6个月。

2. 深入开展技能脱贫千校行动，为贫困家庭学生提供免费技工教育，按规定落实中等职业教育国家助学金和免学费等政策；对接受技工教育的建档立卡贫困家庭子女，按政策给予每人每年3000元补助。

3. 对有创业愿望的贫困劳动力开展创业培训，按规定落实创业培训补贴政策。大力推广网络创业培训、创业模拟实训、大篷车送技能下乡活动，对贫困劳动力开展技能培训，带动更多贫困户增收脱贫。（省人力资源社会保障厅、省教育厅、省财政厅、省农业农村厅、省扶贫办等按职责分工负责）

三、健全职业技能培训机制，提高职业技能培训质量

（四）完善企业培训激励机制。鼓励企业与职业院校（含技工院校，下同）共建实训中心、教学工厂，积极建设培育一批产教融合型企业。支持企业设立高技能人才培训基地、技能大师工作室、劳模和创新工作室，企业可通过职工教育经费提供相应的资金支持，政府按规定通过就业补助资金给予补助。支持高危企业集中的地区建设安全生产和技能实训基地。对有培训需求的小微企业可由行业协会或经济技术开发区（产业园区、科技园区）牵头组织当地培训机构与小微企业对接协商，建立合作机制，积极开展职业技能培训。（省人力资源社会保障厅、省教育厅、省财政厅、省应急厅、省国资委、省总工会等按职责分工负责）

（五）加大职业院校扶持力度。推进职业院校开展补贴性培训，扩大面向企业职工、就业重点群体和贫困劳动力的培训规模。职业院校应在办学许可核定的专业范围内组织开展相关相近职业（工种）的职业技能培训。按照国家有关规定和部署，启动"学历证书+若干职业技能等级证书"制度试点工作。在核定职业院校绩效工资总量时，应向承担职业技能培训工作的单位倾斜。允许省内承担政府补贴职业技能培训项目的职业院校凭与人社部门签订的培训协议领取非税收入票据，并将不低于50%的培训收入纳入学校公用经费，学校培训工作量可折算成全日制学生培养工作量。职业院校在内部分配时应向承担职业技能培训工作的一线教师倾斜，保障其合理待遇。（省教育厅、省人力资源社会保障厅、省财政厅、省退役军人事务厅、省扶贫办等按职责分工负责）

（六）发挥社会培训和评价机构的积极作用。吸纳和支持社会优质培训机构、

评价机构，面向企业职工和社会人员开展培训和职业技能等级评价工作。民办培训机构和评价机构在政府购买服务、校企合作、实训基地建设等方面与公办同类机构享受同等待遇。各级人力资源社会保障部门定期开展社会培训、评价机构质量评估，建立退出机制，促进社会培训、评价机构健康发展。（省人力资源社会保障厅、省教育厅、省民政厅、省财政厅、省退役军人事务厅、省市场监管局等按职责分工负责）

（七）创新培训方式和内容。加强职业素质培育，将职业道德、职业规范、工匠精神、质量意识、法律意识、消防安全、就业指导等内容贯穿职业培训全过程。有条件的地区要从解决现有培训内容老化和共享资源入手，组织开发一批适应当地支柱产业需要和新动能、新产业发展的专业培训视频课件，利用各类平台推送失业人员、贫困劳动力等群体免费收看学习，对有需要的劳动者免费安排集中学习场地和实操指导。紧密聚焦全省区域发展战略、重点产业、重大项目，开展先进制造业、战略性新兴产业、现代服务业以及我省工业新兴产业培训，将人工智能、云计算、大数据等新职业新技能培训纳入补贴性培训范围。围绕市场急需紧缺职业开展家政、养老服务、托幼、保安、电商、汽修、电工、食品加工、妇女手工业等就业技能培训。（省人力资源社会保障厅、省教育厅、省工业和信息化厅、省财政厅、省商务厅、省应急厅、省妇联等按职责分工负责）

（八）加强职业技能培训基础能力建设。推进实施高技能人才振兴计划，每年建设国家级高技能人才培训基地5个、国家级技能大师工作室4个、省级技能大师工作站12个。继续开展省级职业技能培训示范基地建设项目，并给予建设补助资金。每年命名一批辽宁省工会省级职工职业技能培训基地，给予每个培训基地一定资金支持。各市要对企业、院校、培训机构的实训设施设备升级改造予以支持。大力推广"工学一体化""职业培训包""互联网+"等先进培训方式，加强互联网培训平台建设。支持建设产教融合实训基地和公共实训基地，加强职业训练院建设，积极推进职业技能培训资源共建共享。加强师资建设，职业院校和培训机构实行专兼职教师制度，可按规定自主招聘企业技能人才任教。发挥院校、行业企业作用，积极开发符合企业实际、贴近职业现实、体现新技术、新工艺、新设备、新材料等前沿技术的职业技能培训教材。完善培训统计工作，实施补贴性培训实名制信息管理。（省人力资源社会保障厅、省发展改革委、省教育厅、省工业和信息化厅、省财政厅、省应急厅、省国资委等按职责分工负责）

四、完善补贴政策，加强政府引导激励

（九）健全完善职业培训补贴政策。符合条件的劳动者在参保地、户籍地、常住地、求职就业地参加培训后取得证书（职业资格证书、职业技能等级证书、专项职业能力证书、特种作业操作证书、培训合格证书等）的，按规定给予职业培训补贴，原则上每人每年可享受不超过3次，但同一职业同一等级不可重复享受。省级人力资源社会保障部门、财政部门可结合实际按规定及时调整职业培训补贴、生活费补贴人员范围和条件要求。各市可在规定的原则下结合实际确定职业培训补贴标准。县级以上政府要对有关部门各类培训资金和项目进行整合，解决资金渠道和使用管理分散问题。对企业开展培训或者机构开展项目制培训的，各级财政部门可按规定向企业或培训机构预支不超过50%的补贴资金。各市可对退役军人、贫困劳动力、去产能失业人员等群体开展项目制培训。（省人力资源社会保障厅、省教育厅、省财政厅、省退役军人事务厅、省应急厅按职责分工负责）

（十）加大资金投入。加大资金支持和筹集力度，从国家规定的失业保险基金结余、就业补助资金、人才经费、行业产业发展经费中筹集培训资金，统筹用于职业技能提升行动。企业要按有关规定足额提取和使用职工教育经费，其中60%以上用于一线职工培训，可用于企业"师带徒"津贴补助。落实将企业职工教育经费税前扣除限额提高至工资薪金总额8%的税收政策。有条件的地区可安排经费，对职业技能培训教材开发、师资培训、教学改革以及职业技能竞赛等基础工作给予支持，对培训组织动员工作进行奖补。（省人力资源社会保障厅、省财政厅、省税务局、省总工会等按职责分工负责）

（十一）强化资金监督管理。要依法加强资金监管，定期向社会公开资金使用情况，加强监督检查和专项审计工作，加强廉政风险防控，保障资金安全和效益。对以虚假培训等套取、骗取资金的依法依纪严惩，对培训工作中出现的失误和问题要区分不同情况对待，保护工作落实层面干事担当的积极性。（省人力资源社会保障厅、省财政厅、省审计厅等按职责分工负责）

五、加强组织实施

（十二）构建齐抓共管格局。各市要充分认识实施职业技能提升行动的重要意义，纳入重要民生工程，切实承担主体责任。各级人民政府要制定具体贯彻落实措施，加大激励力度，促进扩大培训规模，提升培训质量和层次，确保职业技能提升行动有效开展。各地要在本地区就业工作领导小组框架下，健全职业技能提升行动工作协调机制，充分发挥行业主管部门等各方作用，形成工作合力。人力资源社会保障部门承担政策制定、标准开发、资源整合、培训机构管理、质量监管等职责，制定年度工作计划，分解工作任务，抓好督促落实。发展改革部门要统筹推进公共实训基地建设。教育部门要组织职业院校承担职业技能培训任务。工业和信息化、住房城乡建设等部门要发挥行业主管部门作用，积极参与培训工作。财政部门要确保就业补助资金等及时足额拨付到位。农业农村部门负责职业农民培训。退役军人事务部门负责协调组织退役军人职业技能培训。应急管理、煤矿安监部门负责指导协调化工、矿山等高危行业领域安全技能培训和特种作业人员安全作业培训。国资监管部门要指导国企开展职业技能培训。其他有关部门和单位要共同做好职业技能培训工作。支持鼓励工会、共青团、妇联、残联等群团组织以及行业协会参与职业技能培训工作。（省人力资源社会保障厅、省发展改革委、省教育厅、省工业和信息化厅、省财政厅、省住房城乡建设厅、省农业农村厅、省退役军人厅、省应急厅、省国资委、省总工会、团省委、省妇联、省残联等按职责分工负责）

（十三）提高职业技能培训公共服务能力。深化职业技能培训工作"放管服"改革。各市、县（市、区）政府对补贴性职业技能培训实施目录清单管理，定期公布政府补贴培训目录、培训机构名录和鉴定评价机构名录，引导劳动者按需自主选择。政府补贴的职业技能培训项目要全部面向具备资质的职业院校和培训机构开放。各地可采取公开招投标等方式购买培训服务和评价服务。加强对培训机构和培训质量的监管，完善政府、行业、企业、职业院校等共同参与的质量评价机制，积极支持第三方机构开展评估，将评估结果作为政策支持、绩效考核、表彰奖励的重要依据。（省人力资源社会保障厅、省教育厅、省财政厅、省退役军人事务厅、省国资委等按职责分工负责）

（十四）健全技能人才评价机制。完善技能人才职业资格评价、职业技能等级认定、专项职业能力考核等多元化评价方式。面向企业、行业协会、职业院校等开展职业技能等级认定第三方评价机构遴选工作，支持各类职业技能评价机构承担新业态、新岗位的职业标准开发和技能评价体系建设。加快推进职业技能等级认定试点工作，积极推行企业技能人才自主评价，支持企业依据职业技能标准，自主开展技能人才评定和动态聘用。从事准入类职业的劳动者必须经培训合格后方可上岗。落实工程技术领域高技能人才参加工程技术人才职称评审或认定政策，促进各类评价结果互通互认。（省人力资源社会保障厅、省应急厅、省国资委等按职责分工负责）

（十五）营造良好舆论氛围。各地要充分利用各类新闻媒体，广泛宣传职业技能提升行动的重要意义和政策举措,帮助企业、培训机构和劳动者熟悉了解、用足用好政策。大力弘扬和培育工匠精神,切实落实技能人才待遇,加强技能人才激励表彰工作,积极开展各类职业技能竞赛,营造尊重劳动、崇尚技能的舆论环境和社会氛围。(省委宣传部、省人力资源社会保障厅、省教育厅等按职责分工负责)

本实施方案自印发之日起执行至 2021 年 12 月 31 日。在此期间,我省现行职业技能培训等相关规定,凡与本实施方案不一致的,按本实施方案执行。

附件:各市 2019 年职业技能提升行动培训计划(略)

吉林省职业技能提升行动实施方案（2019—2021年）

为贯彻落实《国务院办公厅关于印发职业技能提升行动方案（2019—2021年）的通知》（国办发〔2019〕24号）精神，结合我省实际，制定以下实施方案。

一、目标任务

服务吉林全面振兴全方位振兴，依托"一主、六双"产业空间布局，围绕汽车、石化、农产品加工传统支柱产业，先进装备制造、医药健康、文化旅游新的支柱产业，以及战略性新兴产业、现代服务业等，开展大规模职业技能培训。2019年至2021年，共开展各类补贴性职业技能培训70万人次，其中2019年培训23万人次。到2021年底，技能劳动者占就业人员总量的比例达到25%左右，高技能人才占技能劳动者的比例达到30%左右。

二、培训对象及内容

（一）企业职工培训。

大力开展企业职工技能提升和转岗转业培训。企业需制定职工培训计划，广泛组织岗前培训、在岗培训、脱产培训。支持困难企业开展转岗转业培训。（省人力资源社会保障厅、省工业和信息化厅、省教育厅、省住房城乡建设厅、省国资委、省总工会等按职责分工负责）

实施技师培训项目。支持企业生产一线的骨干高级工、技师、高级技师学习新技术、新工艺、新知识。（省人力资源社会保障厅负责）

实施高危行业领域安全技能提升行动计划。化工、矿山等高危行业企业要组织从业人员和各类特种作业人员普遍开展安全技能培训。（省应急厅负责）

实施"展翅行动"。支持依法参加失业保险、按规定缴纳失业保险费的企业职工提升职业技能。（省人力资源社会保障厅负责）

全面推行企业新型学徒制。采取"企校双制、工学一体"培训模式，组织企业从事技能岗位工作的新招用和转岗等人员参加培训，三年培训2万名新型学徒。（省人力资源社会保障厅负责）

推行职业教育现代学徒制。引导行业、企业和学校积极开展学徒培养，落实招

生招工一体化、标准体系建设、双导师团队建设、教学资源建设等重点任务。(省教育厅负责)

(二) 就业重点群体培训。

对贫困劳动力、贫困家庭子女、城乡未继续升学的初高中毕业生(以下称"两后生")、农村转移就业劳动者、城镇登记失业人员等群体开展就业技能培训、职业技能提升培训和创业培训,使他们达到上岗要求或掌握初级以上职业技能。(省人力资源社会保障厅、省教育厅、省工业和信息化厅、省民政厅、省商务厅、省农业农村厅、省妇联、省工商联、省残联等按职责分工负责)

对"两后生"开展劳动预备制培训。通过订单、定向培训等方式,组织"两后生"参加1—2个学期的技能储备培训,强化职业技能实训,提升技能水平和就业能力。(省人力资源社会保障厅负责)

开展退役军人职业技能培训。突出提高社会适应能力和就业所需知识及技能,按需要进行实用性培训,推进培训精细化、个性化。(省退役军人厅负责)

开展残疾人职业技能培训。确保有就业愿望和培训需求的残疾人都能接受相应的职业技能培训或创业培训,提高残疾人的职业素养与技能水平,每年培训2万人次左右。(省残联负责)

实施新型职业农民培育工程。主要培育生产经营型、专业技能型、专业服务型、创业创新型四种类型的职业农民,每年培训3万人次左右。(省农业农村厅负责)

(三) 吉林品牌特色培训。

"吉林三姐"品牌培训。从女性就业优势特点出发,持续打造"吉林三姐"品牌,即"吉林大姐"家政服务品牌、"吉林巧姐"手工制作品牌和"吉林网姐"电子商务品牌。(省妇联负责)

"吉林农技工"品牌培训。实施"农民工向农技工转型服务计划",以新生代农民工为主体,深入推进个性化、特色化培训,着力培育一批"吉林农技工"品牌。(省人力资源社会保障厅负责)

冰雪文化和旅游技能人才培训。依托国家冰雪旅游人才培训基地,开展冰雪旅游导游员讲解员、滑雪指导员等技能人才培训。(省文化和旅游厅负责)

电商、家政和境外就业技能培训。开展电子商务人才培训,依托国家电子商务进农村综合示范项目,对有培训意愿的农民开展电子商务知识培训。面向家政行业一线服务员工,开展岗前"回炉再造"培训。实施境外就业劳务人员技能培训,提高外派劳务素质。(省商务厅)

特殊群体培训。对罪犯和刑满释放人员，依托监狱、职业培训机构和"彩虹基地"等，围绕就业形势好、社会需求大的职业，组织其参加职业技能培训。（省司法厅负责）

三、培训主体

（一）发挥企业主体作用。鼓励企业设立职工培训中心。建设培育一批产教融合型企业，按规定落实教育附加费抵免、实训基地项目建设、职业技能等级认定试点等支持政策。支持高危企业集中的地区建设安全生产和技能实训基地。每年在企业建设10个省级首席技师工作室，发挥高技能领军人才在带徒传技、技能攻关等方面的重要作用。探索在技能人才领域建设领军型技能大师工作站模式，推动技能大师在社会更大范围发挥作用。（省人力资源社会保障厅、省发展改革委、省教育厅、省工业和信息化厅、省财政厅、省应急厅、省国资委、省总工会、省工商联负责）

（二）发挥职业院校基础作用。支持职业院校开展补贴性培训，扩大职业技能培训规模。在核定职业院校绩效工资总量时，可向承担职业技能培训工作的单位倾斜。允许职业院校将一定比例的培训收入纳入学校公用经费，学校培训工作量可按一定比例折算成全日制学生培养工作量。职业院校在内部分配时，应向承担职业技能培训工作的一线教师倾斜，保障其合理待遇。支持农民中等职业教育学校开展初中级农民职业技能培训和鉴定工作。支持地方本科高校建设技师学院，加快推动其"转型"。依托技工院校建设一批国家级高技能人才培训基地。（省人力资源社会保障厅、省教育厅、省财政厅、省农业农村厅负责）

（三）发挥社会培训机构重要作用。不断培育发展社会培训机构。完善民办职业培训机构管理办法，依法加强招生、培训、就业等环节的指导与监督，促进民办职业培训健康发展。民办职业培训机构在政府购买服务、校企合作、实训基地建设等方面与公办同类机构享受同等待遇。（省人力资源社会保障厅、省教育厅、省工业和信息化厅、省民政厅、省司法厅、省住房城乡建设厅、省农业农村厅、省商务厅、省文化和旅游厅、省退役军人厅、省应急厅、省市场监管厅、省总工会、省妇联、省工商联、省残联负责）

四、保障措施

（一）加强组织领导。在省农民工和就业工作领导小组框架下，健全职业技能提升行动工作协调机制，形成省级统筹、部门参与、市县实施的工作格局。各地区政府要制定具体贯彻落实措施，分解任务，建立工作情况季报、年报制度。规范职业技能提升行动统计口径，凡是由各有关部门开展的各类补贴性职业技能培训，都要纳入当地人力资源社会保障部门统计范围。（省人力资源社会保障厅、省发展改革委、省教育厅、省工业和信息化厅、省民政厅、省司法厅、省财政厅、省住房城乡建设厅、省农业农村厅、省商务厅、省文化和旅游厅、省退役军人厅、省应急厅、省审计厅、省市场监管厅、省国资委、省总工会、团省委、省妇联、省工商联、省残联等按职责分工负责）

（二）落实资金政策。对贫困家庭子女、贫困劳动力、"两后生"、农村转移就业劳动者、下岗失业人员和转岗职工、退役军人、残疾人开展免费职业技能培训行动，对高校毕业生和企业职工按规定给予职业培训补贴。各市（州）人力资源社会保障部门、财政部门可在规定的原则下结合实际确定职业培训补贴标准。县级以上政府可对有关部门各类培训资金和项目进行整合。对企业开展培训或者培训机构开展项目制培训的，可先行拨付50%的培训补贴资金。要定期向社会公开资金使用情况，加强监督检查和专项审计。（省财政厅、省人力资源社会保障厅、省审计厅负责）

（三）提高服务水平。政府补贴的职业技能培训项目全部向具备资质的职业院校和培训机构开放。对补贴性职业技能培训实施目录清单管理，及时公布培训项目目录、培训和评价机构目录。有条件的地区可对项目制培训探索培训服务和补贴申领告知承诺制。依法依规开展企业职业技能等级认定、"学历证书+若干职业技能等级证书"制度试点。（省人力资源社会保障厅、省教育厅、省农业农村厅、省退役军人厅负责）

（四）加强培训基础工作。开展高技能人才基础情况与促进产业发展情况调查及急需紧缺高技能人才调查。加快职业培训信息化建设，推动建设全省职业技能培训信息管理平台。加强以赛代训，广泛开展岗位练兵、技能竞赛活动，按规定加大对世界技能大赛优秀选手、进入中国集训队选手和对应专家团队的奖励力度。大力推广"互联网+"等先进培训方式，鼓励建设互联网培训平台。加强职业培训师资和教材建设。加大宣传力度，帮助企业、培训机构和劳动者了解用好政策。（省人力资源社会保障厅、省教育厅、省工业和信息化厅、省民政厅、省司法厅、省住房城乡建设厅、省农业农村厅、省商务厅、省文化和旅游厅、省退役军人厅、省应急厅、省国资委、省总工会、团省委、省妇联、省工商联、省残联负责）

黑龙江省职业技能提升行动实施方案
(2019—2021年)

为贯彻落实《国务院办公厅关于印发职业技能提升行动方案（2019—2021年）的通知》（国办发〔2019〕24号）精神，结合我省实际，制定本实施方案。

一、总体要求和目标任务

（一）总体要求。以习近平新时代中国特色社会主义思想为指导，全面贯彻党的十九大精神，进一步贯彻落实习近平总书记在深入推进东北振兴座谈会上的重要讲话和考察黑龙江的重要指示精神，把职业技能培训作为保持就业稳定、缓解结构性就业矛盾的关键举措，作为经济转型升级和高质量发展的重要支撑。坚持需求导向，服务经济社会发展，适应人民群众就业创业需要，大力推行终身职业技能培训制度，面向城乡各类劳动者，大规模开展职业技能培训，加快建设知识型、技能型、创新型劳动者大军，为实现黑龙江全面振兴全方位振兴提供强大人才支撑。

（二）目标任务。2019年至2021年，持续开展职业技能提升行动，提高培训针对性实效性，全面提升劳动者职业技能水平和就业创业能力。三年共开展各类补贴性职业技能培训100万人次以上，其中2019年培训30万人次以上；经过努力，到2021年底全省技能劳动者占就业人员总量的比例达到25%以上，高技能人才占技能劳动者的比例达到30%以上。

二、培训对象和种类

（一）培训对象。各类企业职工，高危行业企业从业人员和各类特种作业人员；农村转移就业劳动者特别是新生代农民工、城乡未继续升学初高中毕业生（以下称"两后生"）等青年、下岗失业人员（含领取失业保险金期间的失业人员，下同）、退役军人、毕业年度高校毕业生（含技师学院高级工班、预备技师班和特殊教育院校职业教育类毕业生，下同）、就业困难人员（含残疾人，下同）、贫困家庭子女、贫困劳动力、距刑满释放不足一年的服刑人员、戒毒人员（含强制戒毒人员、社区戒毒社区康复人员，下同）等就业重点群体；确有培训需求、不具有按月领取养老金资格的人员。

（二）培训种类。

1. 对企业职工广泛组织开展适应岗位需求和发展需要的岗前培训、转岗培训、岗位技能提升培训、高技能人才培训、企业新型学徒制培训、现代学徒制培训。化工、矿山等高危行业企业组织从业人员和各类特种作业人员普遍开展安全技能培训，严格执行从业人员安全技能培训合格后上岗制度。鼓励企业开展岗位练兵、技能竞赛活动。

2. 对"两后生"等青年、退役军人重点开展劳动预备制培训；对就业重点群体、确有培训需求不具有按月领取养老金资格的人员重点开展就业技能培训。

3. 对具备条件拟创办个体工商户或小微企业的就业重点群体，重点开展创业技能培训；对已创办企业的，重点开展创业能力提升培训。面向农民工等群体，实施返乡创业培训计划。大力推广网络创业培训、创业模拟实训等课程。加强创业培训项目开发、创业担保贷款、后续扶持等服务。

4. 对就读技工院校建档立卡贫困家庭学生实行"五免一助"政策，即免学费、免鉴定费、免住宿费、免教材费、免服装费、享受国家助学金。

5. 实施职业技能提升计划——"春潮行动"、新生代农民工职业技能提升计划、农民工学历与能力提升行动计划——"求学圆梦行动"、农民教育培训项目和农村实用人才带头人素质提升计划。

三、培训主体、内容和能力建设

（一）培训主体。

1. 职业技能提升行动培训主体包括具有培训能力的企业；各类职业院校（含技工院校，下同）、职业培训机构；高技能人才培训基地、技能大师工作室；公共实训基地等。

2. 支持企业设立职工培训中心，鼓励企业与职业院校共建实训中心、教学工厂等，积极建设一批产教融合型企业；支持企业设立高技能人才培训基地和技能大师工作室，企业可通过职工教育经费提供相应的资金支持，政府按规定通过就业补助资金给予补助；积极培育社会培训和评价机构，鼓励支持其开展职业技能培训和评价工作，民办职业培训和评价机构在政府购买服务、校企合作、实训基地建设等方面与公办同类机构享受同等待遇。

3. 允许职业院校将不高于当年培训收入总额的50%纳入学校公用经费，学校培训工作量按课时折算成全日制学生培养工作量。职业院校在内部分配时，应向承担职业技能培训工作的一线教师倾斜，保障其合理待遇。

（二）培训内容。

1. 以市场为导向，以满足劳动者就业需求、企业用人需求为目标，开展职业技能培训。加强职业技能、通用职业素质和求职能力等综合性培训，将职业道德、职业规范、工匠精神、质量意识、法律意识和相关法律法规、消防安全、安全环保和健康卫生、就业指导等内容贯穿职业技能培训全过程。

2. 坚持需求导向，围绕市场急需紧缺职业开展农副产品和食品加工、家政、养老服务、托幼、保安、电商、汽修、电工、妇女手工等就业技能培训；围绕促进创业开展经营管理、品牌建设、市场拓展、风险防控等创业指导培训；围绕经济社会发展开展先进制造业、战略性新兴产业、现代服务业以及循环农业、智慧农业、智能建筑、智慧城市建设等新产业培训；加大人工智能、云计算、大数据、新材料等新职业新技能培训力度。

（三）培训能力建设。各地可对企业、职业院校、培训机构的实训设施设备升级改造予以支持。支持建设产教融合实训基地和公共实训基地，加强职业训练院建设，积极推进职业技能培训资源共建共享。鼓励支持各地引进省内优质培训资源开设分校（教学点），吸引战略投资者兴办职业技能培训机构。大力推广"工学一体化""职业培训包""互联网+"等先进培训方式，鼓励建设互联网培训平台。加强师资队伍建设，职业院校和培训机构实行专兼职教师制度，可按规定自主招聘企业技能人才任教。加快职业技能培训教材开发，完善培训统计工作，实施补贴性培训实名制信息管理。

四、培训补贴政策

（一）免费培训。

1. 贫困家庭子女、贫困劳动力、"两后生"、农村转移就业劳动者、下岗失业人员和转岗职工、退役军人、毕业年度高校毕业生、残疾人自主选择培训主体参加职业技能培训或培训主体组织开展职业技能培训的，培训合格后按收费标准给予个人或培训主体补贴。

2. 贫困劳动力、去产能失业人员、退役军人等群体参加项目制培训的，培训费拨付承担项目制培训的主体。

3. 距刑满释放不足一年的服刑人员、戒毒人员职业技能培训由管理部门自主选择培训主体，培训合格后按收费标准给予培训主体补贴。

（二）培训补贴。

1. 对企业职工参加初级工、中级工、高级工、技师、高级技师培训的，分别给予企业 1000 元/人、1500 元/人、2000 元/人、2500 元/人、3000 元/人培训补贴；对企业职工参加急需紧缺职业（工种）初级工、中级工、高级工、技师、高级技师培训的，分别给予企业 1200 元/人、1800 元/人、2500 元/人、3500 元/人、4500 元/人培训补贴；参加企业新型学徒制培训的，给予企业每人每年 4000 元以上的培训补贴。

2. 对符合条件的企业职工参加岗前培训（含安全技能培训）和转岗转业培训的，分别给予企业 1000 元/人、1500 元/人培训补贴。

3. 对企业、农民专业合作社和扶贫车间等各类生产经营主体吸纳贫困劳动力就业并开展以工代训，以及参保企业吸纳就业困难人员、零就业家庭成员就业并开展以工代训的，给予上述生产经营主体和参保企业每人每月 500 元培训补贴，最长不超过 6 个月。

（三）生活费补贴。对贫困劳动力、就业困难人员、零就业家庭成员、"两后生"中的农村学员和城市低保家庭学员，在培训期间给予个人 15 元/天生活费补贴。

（四）完善补贴政策。

1. 符合条件的劳动者（含不具有按月领取养老金资格的人员）在户籍地、常住地、求职就业地参加培训后取得证书（职业资格证书、职业技能等级证书、专项职业能力证书、特种作业操作证书、培训合格证书等）的，原则上每人每年可享受不超过 3 次职业培训补贴，但同一职业同一等级不可重复享受。

2. 对培训主体组织开展职业技能培训或承担项目制培训的，可向其先行拨付不低于 50%的培训补贴资金；对培训主体面向"四煤城"淘汰落后产能和化解过剩产能企业的转岗职工和失业人员组织开展职业技能培训或承担项目制培训的，可向其先行拨付不低于 70%的培训补贴资金。

3. 对就业重点群体参加培训后 6 个月内，由培训主体推荐在省内实现就业的，给予培训主体 200 元/人的就业服务补助。

五、保障措施

（一）组织领导。各级政府要把职业技能提升行动作为重要民生工程，切实承担主体责任，在就业工作领导小组框架下，建立健全职业技能提升行动工作协调机制，形成省级统筹、部门参与、市县实施的工作格局。实行职业技能提升行动工作进展情况季报、年报制度。省政府将各市县政府统筹推进职业技能提升行动纳入政府年度目标绩效考核内容。各级政府要在本方案印发之日起 30 个工作日内，制定具体贯彻落实措施。

（二）资金保障和监管。各级政府要加大资金支持、筹集和培训项目整合力度，将一定比例的就业补助资金、地方人才经费和行业产业发展经费中用于职业技能培训的资金，以及失业保险基金支持职业技能提升行动资金，统筹用于职业技能提升行动，解决资金渠道和使用管理分散问题。企业要按有关规定足额提取和使用职工教育经费，其中60%以上用于一线职工培训，可用于企业"师带徒"津贴补助。落实将企业职工教育经费税前扣除限额提高至工资薪金总额8%的税收政策。制定《黑龙江省职业技能提升行动资金管理办法》，明确资金申领程序、拨付方式等。加强监督检查和专项审计工作，各相关单位要依法依规主动接受配合审计机关的审计监督。加强廉政风险防控，强化责任追究问责，对以虚假培训等套取、骗取资金的行为，一经查实将依法依纪予以严惩，确保资金安全和效益。建立健全容错纠错机制，对先行先试或探索试验开展培训过程中，因缺乏经验、无意过失的行为按规定给予宽容。

（三）培训管理和服务。深化职业技能培训工作"放管服"改革。各市（地）、县（市）政府（行署）对补贴性职业技能培训实施目录清单管理，公布培训项目目录、急需紧缺职业（工种）目录、培训和评价机构目录并实行动态调整。加大培训主体和培训质量监管力度，对培训过程依法实施监管，健全培训绩效评估体系，积极支持开展第三方评估，评估工作所需经费从就业补助资金中列支。各地应坚持市场化运作，可采取公开招投标等方式购买培训和评价服务。依托省"金保工程"平台，通过职业培训补贴实名制管理系统开展培训补贴经办服务。有条件的市（地）、县（市）可对项目制培训探索培训服务和补贴申领告知承诺制，简化流程，减少证明材料，提高服务效率。

（四）政策宣传。各地、各有关部门要加大政策宣传力度，大力弘扬和培育工匠精神，提升政策公众知晓度，帮助企业、培训机构和劳动者熟悉了解、用足用好政策，共同促进职业技能培训工作开展。

附件：1. 黑龙江省职业技能提升行动实施方案（2019—2021年）重点任务分工（略）

2. 2019年职业技能提升行动培训计划（略）

上海市职业技能提升行动实施方案（2019—2021年）

为贯彻落实《国务院办公厅关于印发职业技能提升行动方案（2019—2021年）的通知》（国办发〔2019〕24号）、《中共上海市委办公厅　上海市人民政府办公厅印发〈技能提升行动计划（2018—2021年）〉的通知》（沪委办发〔2018〕24号）精神，全面实施职业技能提升行动，大规模开展职业技能培训，结合上海实际，制定本实施方案。

一、总体要求和目标任务

（一）总体要求。将职业技能培训作为保持就业稳定、缓解结构性就业矛盾的关键举措，作为经济转型升级和高质量发展的重要支撑。坚持需求导向，服务经济社会发展，适应人民群众就业创业需要，大力推行终身职业技能培训制度，大规模开展职业技能培训，全力打造一支知识型、技能型、创新型劳动者大军，为上海加快建设"五个中心"和具有世界影响力的社会主义现代化国际大都市，全力打响"四大品牌"提供坚实的技能人才支撑。

（二）目标任务。2019年至2021年，面向职工、就业重点群体等城乡各类劳动者，持续开展职业技能提升行动，提高培训针对性、实效性，全面提升劳动者职业技能水平和就业创业能力。三年共开展各类补贴性职业技能培训300万人次以上，其中2019年培训100万人次以上；力争到2021年底，高技能人才占技能劳动者比例达到35%以上。

二、面向城乡各类劳动者大规模开展职业技能培训

（三）大力支持企业组织开展职工职业技能培训。实施企业职工培训补贴政策，鼓励有培训能力的企业组织职工开展适应岗位需求和发展需要的技能培训；建立企业职工职业培训公共服务平台，依托院校和社会培训机构等为缺乏培训能力的中小微企业集中提供技能培训服务。对开展职工培训的各类企业给予培训费补贴，每年补贴额度最高可达实际培训费用的80%。经认定有培训需求的困难企业按相关规定开展职工在岗培训的，对培训合格人员按实际培训费用100%给予培训费补贴。其中，对纳入本市职业技能培训补贴目录的培训项目，补贴额度最高可达公布的补贴标准上限。

（四）鼓励就业重点群体参加社会化职业技能培训。实施社会化职业技能培训补贴政策，鼓励各类劳动者根据就业需要，积极参加社会化职业技能培训，全面提升技能素质和就业能力；对有创业愿望的劳动者开展创业培训，提升创业能力。劳动者参加每年公布的培训补贴目录内的培训项目且考核鉴定合格的，在职职工（含外省市户籍从业人员）、本市院校毕业学年学生（含外省市生源学生）可按规定的补贴标准享受60%~80%培训费补贴；本市失业人员、协保人员和原农村富余劳动力、残疾人、退役士兵按规定享受100%培训费补贴。2019—2020年，对本市户籍就业困难人员和零就业家庭成员参加培训期间，按我市当年度城乡居民最低生活保障标准再给予生活费补贴，补贴期限不超过3个月，原则上每人每年享受1次，且不可同时领取失业保险金。

（五）全面落实各类专项职业技能培训项目。全面推广"招工即招生、入企即入校、企校双师联合培养"的企业新型学徒制，鼓励企业联手院校、培训机构对技能岗位新招用和转岗人员开展1~2年（特殊情况可延长至3年，或短期3~6个月）学徒制培养，扩大培养规模。职工参加学徒制培养的，给予企业每人每年4000~8000元培训费补贴。继续深化高技能人才校企合作培养制度，鼓励院校与定向企业对在校全日制学生开展定向培养，对院校培养高级工、中级工的，分别予以2000元、1500元培训费补贴；对提供实训服务的定向企业，按每人每月200元予以运行费补贴。大力开展农民工"春潮行动"，实施农民工技能提升行动计划，提升农民工技能水平和综合素质。着力加强农民职业技能培训，为建档立卡农民提供培训就业服务，促进农村劳动力转移就业。在涉及新技术、新技能、新工艺、新设备的培训项目，以及世界技能大赛、非物质文化遗产技能传承项目中，探索实施新技能培训试点，适应新兴产业发展和传统技艺传承对技能人才的需要。进一步深化职业技能证书与学历证书"双证融通"改革，完善理论知识和动手能力并重的教育培训模式。切实推进养老护理、家政服务、托幼保育等民生领域重点专项培训项目，加大紧缺人力资源供给，提升行业服务质量。开展对服刑、戒毒人员有针对性的就业技能培训，帮助其更好回归社会和实现就业。

三、调动各方主体参与职业技能培训的积极性

（六）充分发挥行业企业在职工培训中的主体作用。支持各类企业根据质量提升和技术进步要求，制定并组织实施本单位职工的职业培训规划和年度计划，发挥企业教育培训机构、职工培训中心、技能大师工作室等作用，积极开展上岗培训、转岗培训、技能提升培训、技能竞赛、技术交流等各类培养培训工作。行业协会等行业组织要在企业职工培训中发挥宣传发动、技术支持和桥梁纽带的作用，开展行业技能人才需求预测，牵头组织行业职工培训。

（七）大力引导职业院校开展技能人才培养培训。职业院校要坚持职业学校教育与职业培训并举，充分利用师资、设备等优势，广泛开展技能人才培养培训工作。对于面向社会积极开展技能人才培养培训工作的职业院校，可在分类调控绩效工资总量框架内，逐步提高工资水平，探索建立职业院校与其承担职业技能培养培训任务相挂钩的绩效考核机制和绩效工资总量调整办法。职业院校在内部分配时，应向承担职业技能培训工作的一线教师倾斜，保障其合理待遇。根据上海高技能人才培养需要，探索在符合条件的应用型本科院校、职业院校设立技师学院。

（八）积极鼓励社会力量共同参与职业技能培训。积极鼓励社会力量兴办民办培训机构，民办培训机构和公办培训机构具有同等法律地位，在政府购买服务、校企合作、培训机构质量评估等方面享受同等待遇。扩大职业技能培训市场对外开放，落实外商投资职业技能培训机构审批设立告知承诺办法，对照国际最高标准、最好水平，加快引进一批具有国际知名度和认可度的国（境）外培训机构、培训课程和认证证书，不断提升上海职业技能培训能级水平。

（九）持续推进高技能人才培养基地建设。按照需求导向、科学规划、开放运作、示范引领原则，在符合条件的大型企业、行业协会、产业园区、重点院校中，持续推进高技能人才培养基地建设。实施专项资助政策，鼓励高技能人才培养基地牵头组织本单位、所属会员单位、驻园单位，或面向上下游和相关行业企业集中开展技能培养、人才评价、竞赛交流、师资培训等工作，深入开展职业技能等级认定和新技能培训评价试点，发挥示范引领和辐射带动作用。

四、提升职业技能培训的针对性和实效性

（十）聚焦重大战略和重点产业实施技能提升计划。以服务科创中心建设为重点，实施高技能领军人才培养选树计划。以服务自贸试验区建设为突破，实施开放型技能人才培养计划。围绕打响上海"四大品牌"，分别实施先进制造业和战略性新兴产业技能提升计划、现代服务业技能提升计划，以及文化创意和非物质文化遗产保护技能提升计划。以持续增进民生福祉为目的，实施社会紧缺继续技能人才培养计划。围绕城市精细化管理要求，实施超大城市社会治理和城市管理技能提升计划。围绕乡村振兴战略，实施农民职业培训和技能提升计划。以重大工程和重点区域建设为载体，实施项目化和区域性技能提升计划。

（十一）完善培训内容，创新培训形式。加强职业技能、通用职业素质和求职能力等综合性培训，将职业道德、职业规范、工匠精神、创新意识、质量意识、环保意识、法律意识和相关法律法规、消防知识、安全生产和健康卫生、就业指导等内容贯穿职业技能培训全过程。对意向创业者，开展经营管理、品牌建设、市场拓展、风险防控等创业指导培训。对农民、在岗职工等培训对象，鼓励采用田间课堂、车间工厂现场教学等培训形式，因地制宜开展职业技能培训，提升培训质量与效果。

（十二）加强职业技能培训基础能力建设。深入探索"互联网+"新型培训模式，引进优质互联网培训资源，突破培训时空限制，创设网上培训课程，搭建职业培训云平台，鼓励各类培训机构开展线上培训和线下实训相结合的职业技能培训。加强师资队伍建设，完善培训机构师资管理办法，鼓励院校、培训机构特聘企业高技能人才兼职任教，持续开展师资进修培训和教学成果评比活动。加强公共实训场所建设，按照公共性、公益性、先进性、开放性原则，合理规划建设公共实训基地等实训场所，面向社会无偿提供公共实训服务。加快职业技能培训教材开发并规范管理，提高教材质量。

五、落实职业技能提升行动资金保障

（十三）加大资金支持力度。进一步加大资金支持和筹集整合力度，统筹用好失业保险基金、就业补助资金、地方教育附加专项资金，以及从失业保险基金结余中安排的专项资金，大力开展职业技能提升行动，各项资金实行分账核算、专款专用。企业要按有关规定足额提取和使用职工教育经费，落实将税前扣除限额提高至工资薪金总额8%的税收政策，职工教育经费60%以上用于一线职工培训，且可用于企业"师带徒"津贴补助。

（十四）强化资金监督管理。建立培训资金支出管理责任制，市人力资源社会保障部门每年委托第三方专业机构进行补贴培训督导抽查和绩效评价；各区应依法加强培训资金的属地监管，加大对补贴培训的飞行检查和专项审计力度，切实履行资金支出管理的主体责任。加大培训补贴信息公开力度，全面及时发布国家和上海的补贴培训政策，公布培训补贴目录和补贴标准，以及承担补贴培训的机构名单，公开培训资金支出情况，广泛接受社会监督。强化廉政风险防控，开展廉政风险排查，对挪用、占用、截留培训资金和以虚假培训等套取、骗取资金的，依法依纪严肃处理。

六、加强组织领导，强化保障措施

（十五）健全工作机制。建立职业技能提升行动工作协调机制，形成市人力资源社会保障部门牵头主抓，各相关部门共同参与，区人力资源社会保障部门会同相关部门组织实施的工作格局。各区要切实履行主体责任,加强组织领导,明确任务目标,研究具体措施,制定年度计划,压实工作责任,做好动态评估,形成职业技能提升行动工作合力。

(十六)优化管理服务。深化职业技能培训工作"放管服"改革。完善全市统一的职业培训信息管理系统,优化培训经费补贴方式,对各类劳动者参加培训享受补贴实行实名制、动态化、全过程网络管理;对劳动者个人申请参加社会化补贴培训实行"一网通办",培训经费直补个人;对企业组织职工培训申请培训补贴实现在线办理,培训经费直补企业,进一步简化操作流程,减少证明材料,提高服务效率;对委托各类培训机构开展培训的,培训经费可补贴到培训机构。加强对培训机构的质量监管,健全绩效评估体系,促进培训市场健康发展。

(十七)加强宣传引导。依托互联网等新媒体和传统媒体、基层公共服务平台等,广泛宣传职业技能提升行动,加大政策推送和解读力度,确保政策进园区、进街道、进乡村、进校园,帮助企业、培训机构和劳动者等及时熟悉了解,提高政策知晓度和受益面。大力弘扬和培育工匠精神,加强技能人才激励表彰和典型宣传工作,广泛开展各类职业技能竞赛活动,营造技能人才成长的良好氛围。

江苏省职业技能提升行动实施方案（2019—2021年）

为贯彻落实《国务院办公厅关于印发职业技能提升行动方案（2019—2021年）》（国办发〔2019〕24号）要求，组织开展我省职业技能提升行动，制定本实施方案。

一、总体要求

以习近平新时代中国特色社会主义思想为指导，全面贯彻党的十九大和十九届二中、三中全会精神，落实省委、省政府工作部署，把职业技能培训作为保持就业稳定、缓解结构性就业矛盾的关键举措，作为经济转型升级和高质量发展的重要支撑，大规模开展职业技能培训。2019年至2021年，共开展各类补贴性职业技能培训450万人次以上，其中2019年培训195万人次以上。到2021年底，全省技能劳动者占就业人员总量的比例达到28%以上，高技能人才占技能劳动者的比例达到32%以上。

（一）突出培训重点。本轮大规模职业技能培训主要针对以下群体：企业职工；农村转移就业劳动者特别是新生代农民工、城乡未继续升学初高中毕业生等青年、下岗失业人员、退役军人、就业困难人员（含残疾人）、建档立卡低收入农户和城乡低保对象中的劳动力、有创业意愿和培训需求的劳动者、职业农民和农村实用人才带头人等就业重点群体；贫困地区的贫困劳动力、贫困家庭子女和贫困村创业致富带头人；高危行业领域从业人员和各类特种作业人员。

（二）明确实施载体。企业是职业技能培训的主体，在职工技能培训中发挥主导作用。职业院校（含技工院校，下同）在职业技能培训中发挥基础作用。依法设立的培训机构、人力资源服务机构、行业组织是职业技能培训的重要力量，发挥支持作用。

（三）创新培训内容。加强职业技能、职业素质和求职能力等综合性培训，将爱国意识、职业道德、职业规范、工匠精神、质量意识、法律意识和相关法律法规、安全环保和健康卫生、就业指导等内容贯穿培训全过程。坚持需求导向，围绕市场急需紧缺职业开展家政、养老服务、托幼、保安、电商、汽修、电工、手工等就业技能培训；围绕我省重点培育的先进制造业集群、战略性新兴产业、现代服务业以及循环农业、智慧农业、智能建筑、智慧城市建设开展新产业培训；围绕促进创业开展创业意识教育、创业素质培养、创业项目指导、开业指导、企业经营管理等培训；开展人工智能、云计算、大数据、工业机器人、物联网等新职业新技能培训。

二、重点举措

（四）加强岗位技能提升培训和转岗转业培训。企业需制定职工培训制度和计划，开展形式多样的技能培训，参与我省百万技能人才技能竞赛岗位练兵活动。支持行业组织、龙头企业、培训机构开展职工培训并帮助中小微企业开展培训。支持符合条件的企业职工参加岗前培训（含特种作业人员安全作业培训），扩大面向职工获证培训的规模，强化紧缺型职业工种获证培训和技师、高级技师获证培训。加强高级技师岗位技能提升培训，组织高技能领军人才和产业紧缺人才参加技能人才海外培养研修。支持符合条件的企业（含劳务派遣企业）职工参加在岗培训和转岗转业培训。全面推行企业新型学徒制、现代学徒制，三年培训 6.6 万名左右新型学徒。保障职工参训期间应有的工资福利待遇。

（五）加强就业重点群体职业技能提升和创业培训。实施离校未就业高校毕业生技能就业、农民工"春潮行动"、新生代农民工职业技能提升、化解过剩产能企业职工、家政专项培训、"求学圆梦行动"、残疾人就业援助行动、劳动预备培训等培训计划。开展重点群体免费接受职业培训行动。对具备条件的劳动者特别是返乡农民工、残疾人开展创业培训，加强创业培训项目开发、创业担保贷款、后续扶持等服务。实施新型职业农民培育工程和农村实用人才带头人素质提升计划，开展农民职业技能培训。

（六）提升高危行业领域和特种作业人员安全技能。将应急管理、市场监管、生态环境、住房城乡建设、交通运输、工业和信息化等部门负责或监管的化工、矿山、电力、金属冶炼、炸药及火工产品制造、环境保护等高危行业企业从业人员和各类特种作业人员安全技能培训纳入补贴培训范围，严格执行安全技能培训合格后上岗制度。

（七）发挥企业培训主体作用。支持企业设立职工培训中心，并将符合条件的优先列入高技能人才培训基地建设范围。鼓励企业与职业院校共建实训中心、教学工厂，建设一批产教融合型企业并按国家规定享受相关税费优惠政策。支持企业设立高技能人才培训基地、专项公共实训基地以及劳模创新工作室和技能大师工作室，企业可通过职工教育经费提供资金支持，政府按规定加大补助力度。企业举办或参与举办职业院校的，县（市、区）人民政府根据全日制学制教育毕业生就业人数、培训实训人数给予适当补助。

（八）扩大职业院校培训规模。支持职业院校大力开展补贴性技能培训。启动"学历证书+若干职业技能等级证书"制度试点工作。职业院校技能培训工作量可按培训实际课时量同比折算成全日制学生培养工作量。各地可将职业院校开展技能培训所得收入的一定比例纳入学校公用经费，作为绩效工资来源。在核定职业院校绩效工资总量时，向额外承担职业技能培训工作的单位倾斜，可根据学校额外承担技能培训的任务和质量适当增核绩效工资总量；学校在内部分配时，应按照多劳多得的原则向承担技能培训工作的一线教师倾斜，保障其合理待遇。

（九）支持社会培训和评价机构开展培训和评价工作。大力发展社会培训和评价机构，将符合条件的纳入政府发布的培训和评价机构目录范围。省人力资源社会保障部门定期发布紧缺型职业工种目录，面向全省开展技能培训的培训机构（含职业院校、国家级省级残疾人职业培训基地）、人力资源服务机构、龙头企业、行业组织目录和技能评价机构目录。各设区市人力资源社会保障部门根据本地实际相应发布政府补贴职业工种、培训机构等目录。支持培训和评价机构建立同业交流平台。民办职业培训和评价机构在政府购买服务、校企合作、实训基地建设等方面与公办同类机构享受同等待遇。

（十）加强培训基础能力建设。各地要根据实际对承担政府补贴培训较多、质效较好的企业、院校和培训机构的实训设施设备升级改造予以支持。支持建设产教融合实训基地和公共实训基地。支持高危企业集中的地区建设安全生产和技能实训基地，将符合条件的纳入省级高技能人才专项公共实训基地建设范围。支持企业、院校和培训机构建设家庭服务职业培训基地。支持国家级、省级残疾人职业培训基地建设，鼓励开发残疾人适宜的培训项目。推进职业技能培训资源共建共享。推进职业训练院建设，支持其增加培训工种（项目）。推广"工学一体化""职业培训包""互联网+"等先进培训方式。规划建设集培训网上学习、信息录入、信息查询和监管、信息统计以及培训补贴申领等功能于一体的全省职业技能培训公共服务平台和网络学习平台，完善实名制管理功能，逐步将全省补贴性技能培训项目全部纳入系统管理。鼓励劳动者在线学习，建立劳动者技能培训电子档案和学分累计制度，学员在线学习课时可按比例计入培训总课时。加强培训师资建设和企业培训师培养。职业院校和培训机构实行专兼职教师制度，可按规定自主招聘企业技能人才任教。

（十一）做好技能扶贫工作。扎实开展建档立卡低收入农户和城乡低保对象中的劳动力免费就业技能培训、经济薄弱村创业致富带头人培训。在东西部扶贫协作框架下，支持我省职业院校面向中西部贫困地区开展职业教育、职业技能培训帮扶和贫困村创业致富带头人培训,招收贫困家庭学生并按规定落实补助政策。

三、政策激励

(十二)加大资金支持力度。将一定比例的就业补助资金、地方人才经费和行业产业发展经费中用于职业技能培训的资金,以及从失业保险基金结余中拿出的87.7亿元,用于职业技能提升行动。各地要统筹使用各类资金,保障职业技能提升各项政策落实。各地要以2018年底失业保险基金滚存结余为基数,按照20%的比例足额计提职业技能提升行动资金。省级调剂金结余将同比例计提资金,支持各地开展职业技能提升行动。用于职业技能提升行动的失业保险基金结余在社会保障基金财政专户中单独建立"职业技能提升行动专账",实现分账核算、专款专用。企业按规定足额提取和使用职工教育经费,其中60%以上用于一线职工培训,可用于企业"师带徒"津贴补助。按规定凡正常支付职工工资的企业,稳岗返还资金主要用于职工技能培训等支出。推动企业提取职工教育经费开展自主培训与享受政策开展补贴性培训的有机衔接。各地可安排经费,对培训教材和培训包开发、复合型培训项目开发、师资培训、教学改革以及职业技能竞赛等基础工作给予支持,对培训组织动员工作进行奖补。

(十三)落实培训补贴政策。将建档立卡低收入农户和城乡低保对象中的劳动力、下岗人员纳入重点群体免费接受职业技能培训。对建档立卡低收入农户和城乡低保对象中的劳动力、就业困难人员、零就业家庭成员、农村未继续升学初高中毕业生和城市低保家庭学员,在培训期间按规定通过就业补助资金给予生活费补贴。按规定对符合条件的高校毕业生给予培训补贴。符合条件的企业职工参加岗前培训、安全技能培训、转岗转业培训、新型学徒制培训或初级工、中级工、高级工、技师、高级技师培训,按规定给予职业培训补贴或参保职工技能提升补贴。企业、农民专业合作社和扶贫车间等生产经营主体吸纳贫困劳动力、我省建档立卡低收入农户和城乡低保对象中的劳动力就业并开展以工代训的,以及参保企业吸纳就业困难人员、零就业家庭成员就业并开展以工代训的,给予一定期限的职业培训补贴,最长不超过6个月。

(十四)调整完善培训补贴政策。符合条件的劳动者在户籍地、常住地、求职就业地参加培训后取得证书(职业资格证书、职业技能等级证书、专项职业能力证书、特种作业操作证书、培训合格证书等)的,按规定给予职业培训补贴,原则上每人每年可享受不超过3次,但同一职业同一等级不可重复享受。将确有培训需求、不具有按月领取养老金资格的人员纳入补贴政策范围。设区市可在国家和省规定的原则和补贴范围内，结合本地实际，确定符合享受政策的企业职工条件和职业培训补贴标准。对贫困和重度残疾人的培训范围可以延伸至其直系亲属，待遇等同于残疾人本人参加培训。县级以上人民政府可对有关部门各类培训资金和项目进行整合。对企业开展培训或者培训机构开展项目制培训的，可先行拨付不高于50%的培训补贴资金。鼓励各地对建档立卡低收入农户劳动力、去产能企业失业人员、退役军人、残疾人和乡土人才等群体开展项目制培训。

（十五）加强资金监督管理。省级每年对各地职业技能提升行动计划执行和资金使用情况进行督查，同时委托第三方机构开展专项审计和绩效评价。各地要落实属地监管责任，加强廉政风险防控，规范资金管理，公开资金使用情况，主动接受社会监督。对挪用、占用、截留培训资金和以虚假培训等套取、骗取资金的，依法依纪严肃处理。落实容错纠错机制要求，突出正向激励，保护培训工作中干事担当的积极性。

四、保障机制

（十六）加强组织领导。发挥省就业工作领导小组职能作用，健全职业技能提升行动工作协调机制，形成省级统筹、部门参与、市县实施的工作格局。省人力资源社会保障厅牵头负责政策制定、标准开发、资源整合、培训机构管理、质量监管、舆论宣传等职责，制定年度工作计划，分解培训工作任务，抓好督促落实。各相关部门和单位加强沟通和信息共享，采取定期会商、联合行动等方式，协调解决职业技能培训工作中的矛盾问题。

（十七）落实任务分工。各地要把职业技能提升行动作为重要民生工程，切实承担主体责任，强化组织领导，明确任务目标，制定出台具体贯彻落实举措，建立工作情况季报、年报制度和重大情况专报制度。支持各地将财政补助资金与培训工作绩效挂钩，加大激励力度，促进扩大培训规模，提升培训质量，确保职业技能提升行动有效开展。省人力资源社会保障厅牵头组织开展专项督察，推动各地工作落实。

（十八）深化职业技能培训工作"放管服"改革。将补贴培训项目和评价机构目录与电子地图、APP培训软件结合，强化培训服务自动化推送力度。大力推动项目制培训，采取公开招投标等方式购买培训和评价服务。探索实行信用支付等办法，推动培训不见面申报申领。建立职业技能培训机构信用等级评定制度，加强对培训机构、培训过程和培训质量的监管，健全培训绩效评估体系，积极支持开展第三方评估。

（十九）加强技能培训与评价有机衔接。完善技能人才职业资格评价、职业技能等级认定、专项职业能力考核等多元化评价体系，统筹做好通用职业工种、行业特有职业工种技能评价工作。准入类职业工种上岗前必须参加技能培训及鉴定。通过政府购买服务方式，支持龙头企业、行业组织、职业院校、人力资源服务机构和评价机构参与开发国家职业技能标准，牵头开发行业企业工种岗位评价规范和培训标准，开发培训教材和急需紧缺职业工种题库。支持培训和评价机构建立同业交流平台。加强考评员和质量督导员队伍建设。建立职业技能评价机构信用管理制度和退出机制。推动在工程技术领域实现高技能人才与工程技术人才职业发展贯通。鼓励企业设立首席技师，探索建立特级技师制度。

（二十）加强政策解读和舆论宣传。各地各有关部门要通过多种渠道和方式开展政策宣传和解读，帮助企业、培训机构和劳动者了解、用好政策。大力弘扬劳模精神和工匠精神，加强技能人才激励表彰和典型事迹宣传，营造技能成才良好环境。

附件：重点任务分工表（略）

浙江省职业技能提升行动实施方案（2019—2021年）

为切实贯彻国务院办公厅《关于印发职业技能提升行动方案（2019—2021年）的通知》（国办发〔2019〕24号）精神，深入推进职业技能培训工作，着力培养一支满足经济社会发展需求的技能人才队伍，现制定本实施方案。

一、总体要求

以习近平新时代中国特色社会主义思想为指导，全面贯彻党的十九大和十九届二中、三中全会，省第十四次党代会及省委历次全会精神，聚焦聚力高质量发展，深化人力资源供给侧结构性改革，突出重点、精准施策，大规模开展职业技能培训，力争通过培训，使没有技能的劳动者具备一技之长，有技能的劳动者提升一个技能等级，劳动者技能素质有显著提高。到2021年，全省培训300万人次，技能劳动者占就业人员的比例达到26%左右，高技能人才占技能劳动者的比例达到31%左右，为我省实现"两个高水平"的奋斗目标提供坚实的技能人才保障。

二、明确职业技能培训对象和类别

职业技能提升行动的重点培训对象：企业职工特别是受经贸摩擦影响的企业职工、农村转移就业劳动者、城乡未继续升学的初高中毕业生（以下简称"两后生"）、失业人员、退役军人、就业困难人员（含残疾人）、有培训需求的高校毕业生、职业农民。

职业技能提升行动的培训类别：面向农村转移就业劳动者、"两后生"、失业人员、退役军人、就业困难人员（含残疾人）、有培训需求的高校毕业生开展的就业技能培训；面向企业职工特别是受经贸摩擦影响的企业职工开展的技能提升培训、转岗转业培训、高技能人才培训、学徒制培训等；面向高危行业企业从业人员开展的安全技能培训；面向新型职业农民、建档立卡低收入农户家庭劳动力开展的技能提升培训；面向有创业意愿的重点培训对象开展的创业培训。

三、进一步发挥职业技能培训主体的作用

（一）支持企业兴办职业技能培训。支持各类企业设立职工培训中心，鼓励企业和社会组织兴办职业技能培训机构。企业要完善职工技能培训制度，着力加强中小微企业职工技能培训。鼓励市县行业协会、龙头骨干企业为中小微企业提供培训支持。市场监管部门要协调组织小微企业职工开展职业技能培训。

（二）进一步激发培训主体积极性。鼓励职业院校（含技工院校，下同）、有条件的高校开展职业技能培训，支持到县（市、区）设立培训点，加大职业技能培训力度。相关主管部门和人力社保部门应加强对职业技能培训工作的指导和管理，承担职业技能培训工作的学校应当把培训收入纳入单位统一核算。对承担职业技能培训工作的学校，在核定绩效工资总量时可以适当倾斜，具体标准和办法由承担职业技能培训工作单位主管部门报当地人力社保、财政部门确定。支持民办培训机构、农民田间学校、农民教育示范基地等各类培训机构积极参与职业技能培训工作，政府补贴的职业技能培训项目全部向具备资质的社会职业培训机构开放。

四、完善职业技能培训的补贴政策

（一）落实职业技能培训补贴政策。各市、县（市、区）应根据人力资源市场职业（工种）紧缺程度、技能复杂程度、等级高低，按照同一工种、同一等级、同一补贴标准，制订职业技能培训补贴目录清单。补贴标准可根据实际适当调整。以获取职业资格证书（职业技能等级证书、专项能力证书，下同）为主要依据，对具有当地户籍、当地常住并办有居住证、在当地就业创业或在当地办理失业登记的城乡劳动者提供普惠同等的培训补贴。对建档立卡低收入农户家庭劳动力、退役军人、对口支援地区建档立卡贫困人员等相关群体以及企业职工，制订项目制（即没有职业资格证书的职业、工种）培训补贴目录清单，由符合规定的购买主体通过政府购买服务形式开展培训。对项目制培训以培训合格证书、特种作业操作证书为依据进行补贴。职业培训补贴原则上每人每年可享受不超过3次，但同一职业（项目）同一等级不可重复享受。享受职业技能培训补贴的企业，按属地原则由失业保险参保地进行管理。

（二）加大对重点群体的支持力度。各地要加大对受经贸摩擦影响的企业职工的培训力度，建立受影响企业目录清单，支持企业开展职工岗位技能提升培训和转岗转业培训。2021年底前，受经贸摩擦影响的企业职工培训补贴标准可参照同类职业（工种）补贴标准适当上浮，上浮幅度不超过30%。对建档立卡低收入农户家庭劳动力、就业困难人员、零就业家庭成员、"两后生"中的农村学员和城市低保家庭学员，在培训期间按规定通过就业补助资金同时给予生活费补贴。

（三）加大资金支持和监管力度。各级政府要加大资金支持和筹集整合力度，要将一定比例的就业补助资金、地方人才经费和行业产业发展经费中用于职业技能培训的资金，以及从失业保险基金结余中筹集一定的经费，统筹用于职业技能提升行动。要依法加强资金监管，定期向社会公开资金使用情况。加强廉政风险防控，强化失业保险基金使用情况的监督检查和审计工作，确保资金安全。对骗取职业培训补贴资金的单位和个人，一经发现，按有关规定严肃查处。

（四）明确职业技能培训补贴政策的管理分工。设区市人力社保部门、财政部门应结合当地实际公布或授权县（市、区）公布当地享受职业技能培训补贴、生活费补贴人员范围和条件，确定职业技能培训补贴标准和生活费标准，也可将确有培训需求、不具有按月领取养老金资格的人员纳入政策范围。县级人力社保部门、财政部门应按"渠道不变、用途不变、统筹安排、各计其功"的原则，对县域内培训项目和资金进行统筹管理、资源整合，解决资金渠道和使用管理分散问题。

五、提高培训管理服务水平

各级人力社保部门要深化职业技能培训工作"最多跑一次"改革，规范职业技能培训补贴流程。开展项目制培训的参考流程如下：发布项目征集计划—公布项目清单—组织培训—结业评估—结果公示—经费核拨。开展职业资格培训的参考流程如下：公布职业资格补贴目录清单—培训机构组织报名—培训开班备案—学员结业—考核鉴定（等级认定）—结果公示—申领培训补贴。要建立完善培训补贴网上经办服务平台，实行职业技能培训补贴申领告知承诺制，提高服务效率。加快建立职业技能培训信息互联互通，对职业技能提升行动实行实名制管理，建立培训全过程台账，确保可追溯，并作为绩效评价的重要内容。完善技能人才职业资格评价、职业技能等级认定、专项职业能力考核等多元化评价方式，及时发布新兴产业的新职业工种岗位名称和岗位规范。

六、加强组织领导

（一）健全工作机制。各级政府要把职业技能提升行动作为重要民生工程，切实承担主体责任。各级政府就业创业工作协调机构负责职业技能提升行动的协调、指导、督促等。省里制订职业技能提升行动年度任务计划，各地各相关部门要层层分解落实计划，明确责任，加快形成省级统筹、部门参与、市县实施的工作格局。

（二）明确部门职责。人力社保部门承担政策制定、标准规范开发、资源整合、培训机构管理、质量监管、统筹协调、督促落实等工作；发展改革部门要支持有条件的院校推进产教融合基地、职业技能培训基地等基础能力建设；经信部门要发挥行业主管部门作用，加强数字经济产业职工的技能培训工作；财政部门要确保就业补助资金及时足额拨付到位；教育部门要组织各类学校承担培训任务，加强"两后生"的技能培训工作；建设、农业农村、退役军人事务、应急管理、民政、卫生健康、国资、市场监管以及残联等部门单位要负责组织本行业本领域职业技能培训工作;其他有关部门和单位要共同做好职业技能培训工作。

(三)建立绩效评价机制。职业技能提升行动实行属地管理,省里将制订绩效评价办法,对各地培训人数、质量和资金使用情况实施绩效评价。承担培训任务的省级相关部门对本系统实施情况进行绩效评价,绩效评价结果报省人力社保厅、省财政厅。各地要加强培训质量管理和监督,建立健全与绩效评价结合相挂钩的激励奖惩机制,确保职业技能提升行动取得实效。

本方案自印发之日起施行。

附件:

1. 2019年全省职业技能提升行动分地区培训计划(略)
2. 2019年全省职业技能提升行动分部门培训计划(略)
3. 国务院办公厅关于印发职业技能提升行动方案(2019—2021年)的通知(略)

安徽省职业技能提升行动实施方案（2019—2021年）

为深入贯彻党的十九大报告提出的大规模开展职业技能培训的要求，落实《国务院办公厅关于印发职业技能提升行动方案（2019—2021年）的通知》（国办发〔2019〕24号）精神，在我省全面实施职业技能提升行动，加快推进技工大省和制造强省建设，制定本实施方案。

一、目标要求

2019—2021年，全省共开展各类补贴性职业技能培训200万人次以上。到2021年底，全省技能劳动者总量达到550万人以上，其中高技能人才总量达到180万人以上，高技能人才占技能劳动者的比例达到30%以上，努力在职业技能培训的体制、模式上闯出新路，在技工培训的数量、质量上走在全国前列，全面提升劳动者素质和全要素生产率。

二、面向企业和重点群体大规模开展职业技能培训

（一）发挥企业培训主体作用。鼓励企业适应生产经营、技术进步需要，制定职工培训计划，组织开展形式多样的职业技能培训活动，政府按规定给予支持。对企业开展的新录用人员岗前技能培训，根据培训合格人数，按不低于人均800元标准给予企业培训补贴。对重点企业（困难企业）开展的职工转岗转业培训，根据培训合格人数，按不低于人均1200元标准给予企业培训补贴。对企业开展的职工岗位技能提升培训，按中级工1500元、高级工2000元、技师3500元、高级技师5000元标准给予企业培训补贴。符合条件的职工取得初、中、高级职业资格证书或职业技能等级证书的，可全额申领失业保险技能提升补贴。职工个人自费参加社会化技师培训（包括高级工晋升技师、技师晋升高级技师的培训），按现行有关政策执行。支持对劳务派遣人员开展企业职工岗位技能培训，按规定给予培训补贴，具体办法由各市制定。企业、农民专业合作社和就业扶贫车间等各类生产经营主体吸纳建档立卡贫困户家庭劳动者（以下称"贫困劳动者"）就业，以及参保企业吸纳就业困难人员、零就业家庭成员就业，并开展以工代训的，按每人每月200元标准给予生产经营主体以工代训补贴，最长可达6个月，以工代训补贴与新录用人员岗前技能培训补贴不可重复享受。经所在地培训行政主管部门同意，行业协会、龙头企业、骨

干培训机构等可围绕本行业领域工种（项目）为省内中小微等各类企业提供技能培训服务，政府按规定给予培训单位培训补贴。实施高危行业领域安全技能提升行动计划，严格执行培训合格后上岗制度，对开展脱产安全技能培训不少于3天的，根据培训合格人数，按每人每年300元标准给予培训补贴。全面推行以企业职工为培养对象的企业新型学徒制，三年培训不少于2万人，按不低于每人每年4000元标准给予企业培训补贴。

（二）调动重点群体参训积极性。围绕全面提升劳动者职业技能水平、有效化解结构性就业矛盾，对贫困劳动者、城乡未继续升学初高中毕业生（以下称"两后生"）、农村转移就业劳动者（含新生代农民工、退捕渔民）、下岗失业人员、退役军人、就业困难人员（含残疾人，下同）等实施免费就业技能培训，并对初次参加技能鉴定的费用予以免除。就业困难人员、零就业家庭成员、"两后生"参加培训期间，按每人每天50元标准给予生活费补贴。对退役士兵技能培训，按人均2400元标准从就业补助资金中给予支持。对司法行政部门组织的余刑不满1年监狱服刑人员、强制隔离余期不满1年戒毒人员就业技能培训，省级财政根据年度培训合格人数，按人均1200元标准（含技能鉴定费）给予支持。对司法行政部门组织的社区服刑人员就业技能培训给予经费支持，具体操作办法由省司法厅、省人力资源社会保障厅另行制定。贫困劳动者参加技能脱贫培训、毕业年度高校毕业生参加就业技能培训，按现行有关政策执行。对招收建档立卡贫困户家庭学生并开展新技工系统培养的技工院校，按每生每年5000元标准给予培养经费补助。对子女接受技工教育的建档立卡贫困户家庭，按每生每年3000元标准给予补助。对有创业愿望的劳动者开展创业培训，按规定落实创业培训补贴政策，并提供培训项目推荐、创业担保贷款、后续扶持等服务。鼓励各地围绕乡村振兴战略及美丽乡村建设，实施新型职业农民培育工程和农村实用人才带头人素质提升计划，开展职业农民技能培训。

（三）提高培训管理服务水平。建立"线上""线下"相结合的用工单位培训需求收集制度，大规模开展精准职业技能培训。实行补贴性职业技能培训目录清单管理，向社会公布培训项目目录、培训和评价机构目录。国家动态公布的新职业，由各市自主确定培训课时及补贴标准。支持各市在省级就业技能培训工种目录基础上制定地方补充工种目录。各市可在省级培训工种（项目）补贴标准基础上适当提高标准，重点支持本地急需紧缺工种（项目）培训。企业新录用人员岗前技能培训工种（项目）不受补贴性职业技能培训目录限制，由企业自主确定后报所在地人力资源社会保障部门审核。企业职工岗位技能提升培训由《国家职业资格目录》中技能人员类职业（工种）扩大到可实施职业技能等级认定以及技能人才自主评价的所有职业（工种）。劳动者在省内参加职业技能培训后取得证书（职业资格证书、职业技能等级证书、专项职业能力证书、特种作业操作证书、特种设备作业人员资格证书、培训合格证书等）的，由培训机构所在地培训行政主管部门按规定给予培训补贴，原则上每人每年可享受各类培训补贴最多3次，但同一职业同一等级不可重复享受。鼓励各地对贫困劳动者、去产能失业人员、退役军人、残疾人等群体开展项目制培训。减少职业技能培训纸质申报材料，逐步推行电子证照、电子证明和电子签章，依托现代信息化手段进行审核。

三、推进公共培训支持政策供给侧改革

（四）加大政策供给力度。支持各类企业特别是规模以上企业或者吸纳就业人数较多的企业设立职工培训中心，鼓励企业与职业院校、技工院校共建实训中心、教学工厂，培育建设一批省级示范产教融合型企业。企业举办或参与举办职业院校的，市县人民政府可根据全日制学制教育毕业生人数或培训实训人数给予支持。推行以职业院校在校生为培养对象的现代学徒制培训，三年培训不少于2万人。公办职业院校、技工院校承担社会化职业技能培训获得的可支配业务收入，由学校自主分配，可将一定比例的业务收入作为增量部分纳入绩效工资总额管理，对培训人数超过在校生人数一倍以上的，在核定绩效工资总额时予以重点倾斜，按劳分配给承担职业技能培训工作的一线教职工。根据信用等级评定等情况，采取以奖代补、购买服务等方式给予承担补贴性技能培训的各类职业培训机构激励支持。

（五）加强载体平台建设。支持企业设立高技能人才培训基地和技能大师工作室，政府按规定给予补助，每年认定省级技能大师工作室40个。支持技工院校建设职业技能提升训练基地，实训设施设备向参与培训的企业、职业院校、社会培训机构全面开放，仅收取实训耗材成本费用，政府给予实训设施设备升级改造补助，具体补助政策另行制定。支持职业训练院结合实训条件自主调整补贴性技能培训工种（项目），报所在地市级人力资源社会保障部门同意后组织实施。支持高危企业集中的地区建设安全生产和技能实训基地，对符合省级认定建设标准的，省级在分配下达就业补助资金时予以倾斜支持，每年认定数量不超过4家。

四、提高培训与评价工作的针对性有效性

（六）创新培训内容方式。加强职业技能、通用职业素质和求职能力等综合性培训，将爱国意识、职业道德、职业规范、工匠精神、质量意识、法律意识、安全环保、健康卫生、信用建设、就业指导等内容贯穿职业技能培训全过程，纳入培训结业考核内容范围。要在各工种（项目）规定的总课时内，安排4—8个课时开展消防、安全、保密、艾滋病预防、非法集资防范等专题教育培训。鼓励行业协会、龙头企业、职业院校、技工院校等开展职业技能培训标准化建设，开发培训教材，政府通过购买服务方式予以支持。加强创业指导师资队伍建设和教材开发，围绕促进创业开展经营管理、品牌建设、市场拓展、风险防控等创业指导培训。适应产业结构调整升级要求，大力开展先进制造业、战略性新兴产业、现代服务业等新产业培训，将人工智能、云计算、大数据、电子商务等新职业新技能培训纳入补贴性培训范围，具体工种（项目）及补贴标准由各市确定。推行"互联网+职业培训"，充分运用现代信息技术，加强优质培训资源供给，依托安徽职业培训网络大学建立培训电子档案和学分累计制度，建设职业技能培训师资库，推行国家级、省级技能大师线上授课，在线课时按比例计入培训总课时，促进技能培训与岗位使用精准对接。

（七）完善技能评价体系。完善技能人才职业资格评价、职业技能等级认定、专项职业能力考核等多元化评价体系，严格执行国家职业资格目录制度，统筹做好通用工种、行业特有工种职业技能鉴定工作，落实国家对于准入类职业（工种）上岗前必须参加技能培训及鉴定的要求。支持符合条件的企业开展技能人才自主评价和职业技能等级认定工作。按照国家部署，适时开展职业院校"学历证书+若干职业技能等级证书"制度试点工作。面向行业协会、企业、院校等开展职业技能等级认定第三方评价机构遴选工作。加强社会化考评员队伍建设，开发一批急需紧缺职业（工种）题库，逐步向社会公布题库资源。建立职业技能鉴定信用档案制度，加强对技能评价机构、评价对象等信用监管，完善技能评价机构退出机制。在工程技术领域实现高技能人才与工程技术人才职业发展贯通，开展建筑工人技能考核评价，推动提高技术工人待遇。

五、加强职业技能提升行动组织保障工作

（八）加大资金保障力度。完善政府、企业、社会多元投入机制，统筹发挥失业保险基金、就业补助资金、企业职工教育经费等作用，使用失业保险基金滚存结余设立职业技能提升行动专项资金，支持各地开展职业技能提升行动，具体筹集使用办法由省财政厅、省人力资源社会保障厅另行制定。各市县可从就业补助资金中安排专门经费，对职业技能培训教材开发、师资培训、技能竞赛等基础工作给予补助。鼓励县级人民政府整合各类培训资金，建立职业技能提升培训专户。企业要按有关规定足额提取和使用职工教育经费，其中60%以上用于一线职工培训。

各级税务部门依照税法相关规定，认真落实将企业职工教育经费税前扣除限额提高至工资薪金总额8%的税收政策和公益性捐赠税前扣除政策。

（九）严格培训资金监管。依托安徽职业培训信息管理系统，建立职业培训机构信用等级评定制度，确保全省所有补贴性技能培训项目全部纳入系统管理，并实现与就业社保、公共信用等信息的共享比对。优化补贴发放服务，将补贴资金直接拨入劳动者的社会保障卡或银行卡，以及企业、培训机构等在银行设立的基本账户。加强专项审计和第三方绩效评价，推动第三方线上线下对培训资金的监管。各市县人民政府应切实履行主体责任，加强培训资金属地监管。各级人力资源社会保障部门要在门户网站设立"职业技能提升行动"专栏，及时发布国家和我省培训政策，公开培训资金支出情况。强化廉政风险防控，对挪用、占用、截留培训资金和以虚假培训等套取、骗取资金的，依法依纪严肃处理。

（十）加强培训组织领导。依托省就业工作领导小组建立省级职业技能提升行动工作协调机制，形成省人民政府统一领导，省人力资源社会保障厅牵头主抓，省直行业主管部门、群团组织等共同参与，市县人民政府组织实施的工作机制，建立工作情况季报、年报和重大情况专报制度。加强舆论宣传引导，依托互联网、基层公共服务平台等，广泛宣传职业技能提升行动，加大政策推送和解读力度，帮助企业、培训机构和劳动者等及时了解熟悉，提高政策知晓度和惠及面。

本实施方案自印发之日起执行，至2021年12月31日终止，由省人力资源社会保障厅负责解释。我省现行职业技能培训等相关规定，凡与本实施方案规定不一致的，按本实施方案执行。各地在执行过程中如有问题，请及时向省人力资源社会保障厅、省财政厅报告。

重点任务分解表（略）

福建省职业技能提升行动实施方案（2019—2021年）

为贯彻落实《国务院办公厅关于印发职业技能提升行动方案（2019—2021年）的通知》（国办发〔2019〕24号）精神，结合我省实际，制定本实施方案。

一、总体要求和目标任务

（一）总体要求。以习近平新时代中国特色社会主义思想为指导，全面贯彻党的十九大和十九届二中、三中全会精神，深入贯彻落实习近平总书记对福建工作的重要批示指示精神，把职业技能培训作为保持就业稳定、缓解结构性就业矛盾的关键举措，紧紧围绕推进经济转型升级和服务高质量发展，推行终身职业技能培训制度，面向职工、就业重点群体、建档立卡贫困劳动力（以下简称贫困劳动力）等各类劳动者，大规模开展职业技能培训，加快建设知识型、技能型、创新型劳动者大军。

（二）目标任务。2019年至2021年，全省开展各类补贴性职业技能培训75万人次，其中2019年培训25万人次。力争到2021年底，全省技能劳动者占就业人员的比例达到25%以上，高技能人才占技能劳动者的比例有较大提高。

二、开展有针对性的职业技能培训

（三）大力开展企业职工技能培训。企业需制定职工培训计划，开展岗前培训、在岗培训、脱产培训、岗位练兵、技能竞赛、在线学习等活动，大力开展高技能人才培训。发挥龙头企业、规模以上企业和行业组织、培训机构的作用，引导帮助中小微企业开展职工培训。实施高危行业领域安全技能提升行动计划，化工、矿山、金属冶炼、烟花爆竹等高危行业企业，每年至少要组织开展一次从业人员和各类特种作业人员安全技能培训，并严格执行从业人员安全技能培训合格后上岗制度。推进产教融合和校企合作，大力推行现代学徒制和企业新型学徒制。

责任单位：省国资委、工信厅、人社厅、教育厅、应急厅、住建厅、交通运输厅、市场监管局，省总工会等，各市、县（区）人民政府，平潭综合实验区管委会

（四）推进重点群体职业技能提升培训。面向农村转移就业劳动者特别是新生代农民工、城乡未升学初高中毕业生（以下简称"两后生"）、退役军人、下岗失

业人员、就业困难人员（含残疾人），持续实施农民工"春潮行动""求学圆梦行动"、农村建筑工匠培训等各类专项培训。围绕乡村振兴，实施新型职业农民培训工程和职业农民素质提升工程，开展职业农民技能培训，遴选一批新型职业农民示范培训基地和实训基地。加强适合残疾人特点的盲人保健按摩、电子商务等领域技能培训。对有创业愿望的劳动者开展创业培训，按规定落实培训补贴政策，并提供后续公共服务。积极开展对服刑人员、强制隔离戒毒人员的就业技能培训，促使他们顺利回归社会。

责任单位：省人社厅、教育厅、农业农村厅、住建厅、商务厅、退役军人厅、司法厅、监狱管理局，省总工会、妇联、残联等，各市、县（区）人民政府，平潭综合实验区管委会

（五）加大贫困劳动力技能帮扶力度。鼓励各地通过项目制购买服务和依托科技特派员培训等方式为贫困劳动力开展职业技能培训，在培训期间按规定通过就业补助资金给予生活费（含交通费，下同）补贴。支持中等职业学校（含技工院校，下同）积极招收贫困家庭学生入读，对贫困家庭学生按规定落实助学金和免学费等资助政策，优先安排勤工俭学、实习实训、推荐就业。

责任单位：省农业农村厅、人社厅、教育厅、科技厅等，各市、县（区）人民政府，平潭综合实验区管委会

三、有效增加职业技能培训供给

（六）支持企业兴办职业技能培训。激发企业主体作用，支持各类企业特别是规模以上企业或者吸纳就业人数较多的企业设立职工培训中心，鼓励企业与职业院校共建实训中心、教学工厂。支持企业设立高技能人才培训基地和技能大师工作室，企业可通过职工教育经费提供相应的资金支持，政府按规定给予补助。支持高危企业集中的地区建设安全生产和技能实训基地。

责任单位：省教育厅、人社厅、财政厅、应急厅等，各市、县（区）人民政府，平潭综合实验区管委会

（七）推动职业院校扩大培训规模。支持职业院校承担补贴性培训，扩大面向职工、就业重点群体和贫困劳动力的培训规模。落实国家职业教育改革措施，启动"学历证书+若干职业技能等级证书"制度试点工作。推广高职教育"二元制"培养模式改革试点经验，扩大面向企业在职员工的招生规模。完善职业院校开展培训的激励政策，学校培训工作量可按一定比例折算成全日制学生培养工作量。探索职业院校培训量与绩效工资总量增长挂钩，在核定绩效工资总量时，向承担职业技能培

训工作的单位倾斜，允许职业院校将一定比例的培训收入纳入公用经费，一定比例的培训收入作为增量部分纳入绩效工资总额。学校在内部分配时，应向承担职业技能培训工作的一线教师倾斜。

责任单位：省教育厅、人社厅、财政厅等，各市、县（区）人民政府，平潭综合实验区管委会

（八）创新职业培训内容。加强职业技能、通用职业素质和求职能力等综合性培训，将职业道德、职业规范、质量意识、相关法律法规、安全环保和健康卫生、就业指导等内容贯穿职业技能培训全过程。围绕市场需求，发布急需紧缺职业（工种）指导目录。大力开展家政、养老服务、托幼、保安、电商等就业技能培训。推进创业培训，探索拓展新产业、新职业、新技能等培训。

责任单位：省人社厅、教育厅、工信厅、国资委、商务厅、民政厅、公安厅、应急厅、卫健委、生态环境厅、农业农村厅、住建厅、交通运输厅、市场监管局，省总工会、团省委、妇联等，各市、县（区）人民政府，平潭综合实验区管委会

（九）加强职业技能培训基础能力建设。有条件的地区可对实训基地和企业、院校、培训机构的设施设备升级改造予以支持。鼓励各地建设产教融合实训基地和公共实训基地。加强师资队伍建设，职业院校和培训机构实行专兼职教师制度，可按规定自主招聘企业技能人才任教。创新培训方式，健全完善公共就业培训服务平台，推广"互联网+职业培训"方式。深化职业技能培训工作"放管服"改革，各地应对补贴性职业技能培训实施目录清单管理，公布培训项目和培训机构目录，健全培训补贴网上经办服务平台。各地可采取公开招投标等方式购买培训服务和评价服务。完善培训档案管理和统计工作，开展技能培训的企业、院校、培训机构应建立健全职业技能培训人员档案管理制度，实施补贴性培训实名制信息管理。

责任单位：省人社厅、教育厅、工信厅、商务厅、国资委、民政厅、应急厅、卫健委、生态环境厅、农业农村厅、住建厅、交通运输厅，省总工会、团省委、妇联等，各市、县（区）人民政府，平潭综合实验区管委会

四、完善政府引导激励机制

（十）加大资金支持力度。从失业保险基金、就业补助资金、地方人才经费、行业产业发展经费等多种渠道筹集培训资金。以各统筹区2018年底失业保险基金滚存结余为基数，按照20%的比例计提资金统筹用于职业技能提升行动，由各地在社会保障基金财政专户中单独建立"职业技能提升行动专账"，实行分账核算、专款专用，具体筹集使用办法由省财政厅、省人社厅另行制定。企业要按有关规定足额提

取和使用职工教育经费，其中60%以上用于一线职工培训。落实企业职工教育经费税前扣除政策，企业发生的职工教育经费支出，不超过工资薪金总额8%的部分，准予在计算企业所得税应纳税所得额时扣除，超过部分准予在以后纳税年度结转扣除。

责任单位：省人社厅、财政厅，省总工会，福建省税务局、厦门市税务局等，各市、县（区）人民政府，平潭综合实验区管委会

（十一）落实职业培训补贴政策。在我省各级公共就业人才服务机构办理求职、失业、就业等实名制登记的城乡劳动者（含外省来闽务工人员），参加培训后取得证书（职业资格证书、职业技能等级证书、专项职业能力证书、特种作业操作证书、培训合格证书等）的，按规定给予职业培训补贴。支持各地对退役军人、贫困家庭子女、贫困劳动力、"两后生"、农村转移就业劳动者、下岗失业人员和转岗职工、残疾人开展免费职业技能培训。对贫困劳动力、就业困难人员、零就业家庭成员、"两后生"中的农村学员和城市低保家庭学员，在培训期间按规定给予生活费补贴。符合条件的企业职工参加岗前培训、安全技能培训、转岗转业培训或岗位技能提升培训，按规定给予职业培训补贴或参保职工技能提升补贴。职工参加企业新型学徒制培训的，给予企业每人每年4000元以上的职业培训补贴，由企业自主用于学徒培训工作。

责任单位：省人社厅、财政厅、教育厅、农业农村厅、国资委、应急厅、退役军人厅、省残联等，各市、县（区）人民政府，平潭综合实验区管委会

（十二）支持地方政府调整完善职业培训补贴政策。省人社、财政部门可结合实际调整享受职业培训补贴、生活费补贴人员范围和条件要求，可将确有培训需求、不具有按月领取养老金资格的人员纳入政策范围。各设区市、平潭综合实验区可在规定的原则下结合实际确定职业培训补贴标准。县级以上政府可对有关部门各类培训资金和项目进行整合，解决资金渠道和使用管理分散问题。对企业开展培训或者培训机构开展项目制培训的，各地可先行拨付一定比例的培训补贴资金。各地可对退役军人、贫困劳动力、去产能失业人员等群体开展项目制培训。

责任单位：省人社厅、财政厅、农业农村厅、退役军人厅等，各市、县（区）人民政府，平潭综合实验区管委会

（十三）强化资金监督管理。资金使用部门要定期向社会公开资金使用情况，有关部门要加强监督检查和专项审计工作，加强廉政风险防控，保障资金安全和效益，对以虚假培训等套取、骗取资金的依法依纪严惩。对培训工作中出现的失误和问题要区分不同情况对待，保护工作落实层面干事担当的积极性。

责任单位：省审计厅、财政厅、人社厅等，各市、县（区）人民政府，平潭综合实验区管委会

五、加强组织领导强化保障措施

（十四）强化组织领导。在省就业工作领导小组框架下，健全工作协调机制，充分发挥行业主管部门等各方作用。人社部门承担政策制定、职业标准实施、培训机构管理、质量监管、任务分解等职责，并承担就业工作领导小组办公室日常工作。发改部门负责协调推进职业技能培训基础能力建设。教育部门负责组织职业院校承担职业技能培训任务。工信、住建、交通运输等部门要发挥行业主管部门作用，积极参与培训工作。财政部门要确保就业补助资金等及时足额拨付到位。农业农村部门负责职业农民培训。退役军人部门负责组织协调退役军人职业技能培训。应急管理、煤矿监管、市场监管部门分别负责指导协调化工、矿山等高危行业领域安全技能培训和特种作业人员安全作业培训。民政部门负责养老服务从业人员职业技能培训。商务部门负责指导协调家政、电子商务从业人员职业技能培训。国资监管部门要指导国企开展职业技能培训。残疾人联合会负责协调组织开展残疾人职业技能培训。支持鼓励工会、共青团、妇联等群团组织以及行业协会参与职业技能培训工作。强化地方政府工作职责，各市、县（区）政府要切实承担主体责任，抓紧制定具体贯彻落实措施，明确目标任务，压实工作责任，用好财政补助资金，扩大培训规模，提升培训质量，确保职业技能提升行动有效开展。

责任单位：省直各有关部门，各市、县（区）人民政府，平潭综合实验区管委会

（十五）推进职业技能培训与评价有机衔接。完善技能人才职业资格评价、职业技能等级认定、专项职业能力考核等多元化评价方式。严格执行国家职业资格目录制度，准入类职业劳动者必须经培训合格后方可上岗。实施职业技能等级认定制度，支持符合条件的企业、院校和第三方评价机构按规定开展职业技能等级评价。支持工程领域高技能人才与专业技术人才发展贯通，符合条件可互通申报职称和职业技能资格（等级）。支持用人单位特别是国有企业建立职业技能提升与岗位聘用、待遇落实挂钩机制。

责任单位：省人社厅、省级相关行业主管部门，各市、县（区）人民政府，平潭综合实验区管委会

（十六）加强政策宣传引导。各地各有关部门要加大政策宣传力度，提高企业、培训机构和劳动者的知晓度，用足用好政策，大力推进职业技能培训工作。

责任单位：省人社厅、教育厅等，各市、县（区）人民政府，平潭综合实验区管委会

建立职业技能提升行动工作情况季报、年报制度。各设区市政府、平潭综合实验区管委会和省直各有关部门应及时将工作任务落实情况报送省就业工作领导小组办公室（设在省人社厅）。

附件：2019年职业技能提升行动分地区培训计划（略）

江西省职业技能提升行动实施方案（2019—2021年）

为贯彻落实《国务院办公厅关于印发职业技能提升行动方案（2019—2021年）的通知》（国办发〔2019〕24号），全面实施职业技能提升行动，大力推进技能强省建设，制定如下实施方案。

一、主要目标

持续开展职业技能提升行动，提高培训针对性、实效性，全面提升劳动者职业技能水平和就业创业能力。2019年至2021年，全省共开展各类补贴性职业技能培训165万人次以上，其中2019年培训70万人次以上；经过努力，到2021年底技能劳动者占就业人员总量的比例达到25%以上，高技能人才占技能劳动者的比例达到32%以上。

二、工作任务

（一）突出职工等重点群体，开展有针对性的职业技能培训

1. 针对企业职工开展技能提升和转岗转业培训。将企业职工培训作为职业技能培训工作的重点，支持企业大规模开展职业技能培训。支持用工企业组织劳务派遣人员参加岗位技能培训，按规定给予用工企业技能培训补贴，同时给予符合条件的劳务派遣人员技能提升补贴。实施高危行业领域安全技能提升行动计划，化工、矿山等高危行业企业要组织从业人员和各类特种作业人员普遍开展安全技能培训，严格执行从业人员安全技能培训合格后上岗制度。支持帮助困难企业开展转岗转业培训，对职工教育经费不足的按有关规定给予补助。全面推行企业新型学徒制、现代学徒制培训，三年力争培训2.65万名新型学徒，国有企业要发挥带头示范作用。鼓励企业与参训职工协商一致灵活调整工作时间，保障职工参训期间应有的工资福利待遇。

2. 针对就业重点群体开展职业技能提升培训和创业培训。面向农村转移就业劳动者特别是新生代农民工、城乡未继续升学初高中毕业生（以下称"两后生"）等青年、下岗失业人员、退役军人、就业困难人员（含残疾人），持续实施农民工"春潮行动""求学圆梦行动"、新生代农民工职业技能提升计划和返乡创业培训计划以及劳动预备培训、就业技能培训、职业技能提升培训等专项培训，全面提升职业技

能和就业创业能力。对有创业愿望的开展创业培训，加强创业培训项目开发、创业担保贷款、后续扶持等服务。围绕乡村振兴战略，实施新型职业农民培育工程和农村实用人才带头人素质提升计划，开展职业农民技能培训。

3. 针对贫困劳动力和贫困家庭子女开展技能扶贫。深入推进技能脱贫千校行动和深度贫困地区技能扶贫专项行动，对接受技工教育的贫困家庭学生，按规定落实中等职业教育国家助学金和免学费等政策；对子女接受技工教育的贫困家庭，按政策给予补助。企业、农民专业合作社和扶贫车间等各类生产经营主体吸纳建档立卡贫困劳动力就业并开展以工代训，以及企业吸纳就业困难人员、零就业家庭成员就业并为其依法缴纳社会保险后开展以工代训的，给予一定期限的职业培训补贴，最长不超过6个月。

（二）调动培训主体积极性，扩大培训供给能力

4. 支持企业兴办职业技能培训。鼓励规模以上企业以独资、合资、合作等方式依法参与举办职业培训机构和实训基地，并积极面向中小企业和社会承担培训任务，降低企业兴办职业培训机构成本，提高企业积极性。支持企业设立高技能人才培训基地和技能大师工作室，企业可通过职工教育经费提供相应的资金支持。纳入高技能人才培训基地和技能大师工作室建设项目的，按规定通过就业补助资金给予高技能人才建设补助。支持高危企业集中的地区建设安全生产和技能实训基地，各地可按政府购买服务相关规定，根据实训基地实际承担的基本就业创业服务工作量和完成效果进行补助，所需资金从就业资金中列支。

5. 发挥职业院校开展职业技能培训基础作用。支持职业院校开展补贴性培训，扩大面向职工、就业重点群体和城乡贫困劳动力的培训规模。按照国家和省职业教育改革相关规定，在职业院校启动"学历证书+若干职业技能等级证书"制度试点工作。在核定绩效工资总量时，可向承担职业技能培训工作的单位倾斜。职业院校通过校企合作、技术服务、社会培训、自办企业等项目所得扣除必要成本外的净收入，可提取最高不超过60%的比例追加单位绩效工资总量。学校培训工作量可按一定比例折算成全日制学生培养工作量。职业院校在内部分配时，应向承担职业技能培训工作的一线教师倾斜，保障其合理待遇。允许职业院校将一定比例的培训收入纳入学校公用经费。

6. 发挥社会力量开展职业技能培训重要作用。广泛发动社会力量，大力发展民办职业技能培训。通过购买服务、委托管理等，支持企业参与公办职业院校办学。面向企业、行业协会、院校等开展职业技能等级认定第三方评价机构遴选工作，支

持各类社会评价机构面向企业职工和社会人员开展职业技能等级评价工作。落实国家对于准入类职业（工种）上岗前必须参加技能培训及鉴定的要求。不断培育发展壮大社会培训和评价机构，支持培训和评价机构建立同业交流平台，促进行业发展，加强行业自律。民办职业培训和评价机构在政府购买服务、校企合作、实训基地建设等方面与公办同类机构享受同等待遇。

7. 创新职业技能培训内容。加强职业技能、通用职业素质和求职能力等综合性培训，将职业道德、职业规范、工匠精神、质量意识、法律意识和相关法律法规、安全环保和健康卫生、就业指导等内容贯穿职业技能培训全过程。坚持需求导向，围绕市场急需紧缺职业开展家政、养老服务、托幼、保安、电商、汽修、电工、妇女手工等就业技能培训；围绕促进创业开展经营管理、品牌建设、市场拓展、风险防控等创业指导培训；围绕经济社会发展开展先进制造业、战略性新兴产业、现代服务业以及循环农业、智慧农业、智能建筑、智慧城市等新产业培训；加大人工智能、云计算、大数据等新职业新技能培训力度。

8. 加强职业技能培训基础能力建设。有条件的市、县（区）可对企业、职业院校、培训机构的实训设备升级改造予以支持。支持在中心城市建设一批以高级技能培训、新技能开发为主的大型公共实训基地，在设区市建设一批以中、高级技能培训为主的公共实训基地，在县（市、区）建设一批以初、中级技能培训为主的公共实训基地。支持培训机构在规定范围内自主招用企业技能人才任教，职业院校可考核招聘中华技能大奖、全国技术能手和获得国家级职业技能竞赛活动前3名的优秀高技能人才。加强职业技能培训教材开发，提高教材质量，规范教材使用。鼓励社会力量加大对职业培训数字资源和互联网课程体系的开发投入。紧跟新技术、新职业发展变化，组织开发一批专项职业能力考核规范，满足培训需要。完善培训统计工作，实施补贴性培训实名制信息管理，探索建立全省统一的劳动者职业培训电子档案，实现培训评价信息和就业社保信息联通共享，提高培训就业一体化服务。

（三）完善职业培训补贴政策，加强政府引导激励

9. 落实职业培训补贴政策。对贫困家庭子女、贫困劳动力、"两后生"、农村转移就业劳动者、城镇登记失业人员和转岗职工、退役军人、残疾人开展免费职业技能培训行动，对高校毕业生和企业职工按规定给予职业培训补贴。对建档立卡贫困劳动力、就业困难人员、零就业家庭成员、"两后生"中的农村学员和城市低保家庭学员，在培训期间按规定通过就业补助资金同时给予生活费补贴。符合条件的企业职工参加岗前培训、安全技能培训、转岗转业培训或初级工、中级工、高级工、技

师、高级技师培训，按规定给予职业培训补贴或参保职工技能提升补贴。职工参加企业新型学徒制培训的，给予企业每人每年4000元以上的职业培训补贴，由企业自主用于学徒培训工作。

10. 完善职业培训补贴政策。符合条件的劳动者在户籍地、常住地、求职就业地参加培训后取得相应证书（职业资格证书、职业技能等级证书、专项职业能力证书、特种作业操作证书、培训合格证书等，下同）的，按规定给予职业培训补贴，原则上每人每年可享受不超过3次，但同一职业同一等级不可重复享受。省人力资源社会保障厅、省财政厅结合实际调整享受职业培训补贴、生活费补贴人员范围和条件要求，可将确有培训需求、不具有按月领取养老金资格的人员纳入政策范围。设区市、省直管试点县和国家级经济开发区应当精准对接产业发展需求和市场需求，定期发布当地重点产业职业培训需求指导目录，对各类人群参加指导目录内的职业培训并取得证书的，补贴标准在就业技能培训补贴标准基础上上浮20%。城乡贫困劳动力和残疾人参加职业培训并取得证书的，职业培训补贴标准在就业技能培训和创业培训补贴标准基础上分别上浮10%和20%。职业培训补贴标准上浮政策不可叠加享受，最高上浮20%。县级以上政府可对有关部门各类培训资金和项目进行整合，解决资金渠道和使用管理分散问题。对企业开展培训或者培训机构开展项目制培训的，可先行拨付40%的培训补贴资金。

11. 加大资金支持力度。各级政府要加大资金支持和筹集整合力度，通过就业补助资金、地方人才经费、行业产业发展经费、企业职工教育经费等多种渠道筹集培训资金。自2019至2021年期间，从失业保险基金结余中拿出17.3亿元，统筹用于全省职业技能提升行动。拟用于职业技能提升行动的失业保险基金结余在社会保障基金财政专户中单独建立"职业技能提升行动专账"，用于职工等人员职业技能培训，实行分账核算、专款专用，具体筹集办法按财政部、人力资源社会保障部规定执行。企业要按有关规定足额提取和使用职工教育经费，其中60%以上用于一线职工培训，可用于企业"师带徒"津贴补助。落实将企业职工教育经费税前扣除限额提高至工资薪金总额8%的税收政策。各级税务部门应按年度将企业职工教育经费提取情况告知同级人力资源社会保障部门，推动企业提取职工教育经费开展自主培训与享受政策开展补贴性培训的有机衔接。各地可安排经费，对职业技能培训教材开发、师资培训、教学改革以及职业技能竞赛等基础工作给予支持，对培训组织动员工作进行奖补。

12. 加强职业培训资金监管。建立完善补贴资金发放台账，把好资金使用各环节,加强监督检查和专项审计工作,加强廉政风险防控,保障资金规范安全和使用效益。做好基础管理工作,推动信息共享,有效甄别享受补贴政策人员和单位的真实性,防止出现造假行为,强化廉政风险防控,开展廉政风险排查,加大监察执纪力度,对挪用、占用、截留培训资金和以虚假培训等套取、骗取资金的依法依纪严肃处理,追究相关责任人和相关人员的责任。对培训工作中出现的失误和问题要区分不同情况对待,保护工作落实层面干事担当的积极性。

三、保障措施

(一)加强统筹推进。各级政府要把职业技能提升行动作为重要民生工程,切实承担主体责任,统筹抓好职业技能提升行动,形成省级统筹,部门参与,市、县(区)实施的工作格局,实现全程高标准、整体高质量。

(二)健全工作机制。在省就业工作领导小组框架下,建立职业技能提升行动工作协调机制,充分发挥行业主管部门等各方作用,形成工作合力。人力资源社会保障部门承担政策制定、标准开发、资源整合、培训机构管理、质量监管等职责,制定年度工作计划,分解工作任务,建立工作情况季报、年报制度,抓好督促落实。发展改革部门要统筹推进职业技能培训基础能力建设。教育部门要组织职业院校承担职业技能培训任务。工业和信息化、住房城乡建设等部门要发挥行业主管部门作用积极参与培训工作。财政部门要确保就业补助资金等及时足额拨付到位。农业农村部门负责职业农民培训。退役军人事务部门负责协调组织退役军人职业技能培训。应急管理、煤矿安监部门负责指导协调化工等高危行业领域安全技能培训和特种作业人员安全作业培训。国资监管部门要指导国企开展职业技能培训。其他有关部门和单位要共同做好职业技能培训工作。支持鼓励工会、共青团、妇联等群团组织以及行业协会参与职业技能培训工作。

(三)细化任务分解。各级政府要按照国家和省职业技能提升行动的总体部署,强化责任,狠抓落实。2019年全省完成各类补贴性培训任务的指标,要按照省人力资源社会保障部门下达给各设区市的计划任务执行。各市、县(区)政府要研究制定本实施方案的具体贯彻落实措施和推进方案,各设区市要对指标进行细化分解,落实到县(市、区),压实责任,加强工作调度,确保目标任务完成。各地在开展三年职业技能提升行动时,要规范各类补贴性职业技能培训统计口径,凡是由政府各有关部门开展的劳动力职业技能培训补贴的项目,都要纳入当地人力资源社会保障部门统计范围。

(四)提高服务水平。深化职业技能培训工作"放管服"改革,实施职业技能培训公共服务项目目录清单管理制度，方便劳动者按需选择。地方可采取公开招投标等方式购买培训服务和评价服务。加强对培训机构和培训质量的监管，健全培训绩效评估体系，积极支持开展第三方评估。

（五）强化舆论宣传。各级各有关部门要加大实施职业技能提升行动、推进技能强省建设的宣传力度，引导企业、培训机构和劳动者积极参与，提高职业技能培训吸引力。加强培训政策宣传力度，提升政策公众知晓度，帮助企业、培训机构和劳动者熟悉了解、用足用好政策，共同促进职业技能培训工作开展。

附件：江西省职业技能提升行动实施方案（2019—2021年）重点任务分工（略）

山东省职业技能提升行动实施方案（2019—2021年）

为认真贯彻落实《国务院办公厅关于印发职业技能提升行动方案（2019—2021年）的通知》（国办发〔2019〕24号）精神，促进稳就业、经济转型升级和高质量发展，制定本方案。

一、目标任务

大力开展职业技能提升行动，着力提高培训的针对性和实效性，全面提升劳动者职业技能水平和就业创业能力。2019—2021年，开展补贴性职业技能培训300万人次以上。其中，2019年培训77万人次以上。力争到2021年，全省技能劳动者占就业人员总量的比例达到25%以上，高技能人才占技能劳动者的比例达到30%以上。

二、工作重点

（一）广泛开展职业技能培训。坚持需求导向，重点面向企业职工、就业重点群体、建档立卡贫困劳动力（以下简称贫困劳动力），梯次实施大规模职业技能培训。

做到"应培尽培"。对企业新录用职工岗前培训、困难企业职工转岗转业培训、企业失业人员就业创业培训、退役军人前置性和适应性培训、贫困劳动力及贫困家庭子女职业技能培训实现全覆盖，努力实现"就业一人、培训一人"和"培训一人、就业一人"。

做到"愿培则培"。对具有培训意愿的各类群体，积极开展职业技能培训，重点实施好农民教育培育和农村实用人才带头人素质提升计划、农民工"求学圆梦行动"、劳动预备制登记学习、在校大学生"三个一"（一次职业技能培训、一次创业能力培训、一次就业能力实训）能力培养、返乡下乡创业培训、企业负责人辅导培训等项目。

做到"需培就培"。针对我省产业升级、结构优化急需紧缺的职业（工种），开展技能人才培训和技师、高级技师等高技能人才培训，打造"金蓝领"培训品牌。推进企业新型学徒制、现代学徒制培训。引导帮助中小微企业开展职工培训。对化工、矿山等高危行业企业职工普遍开展安全技能培训，实施高危行业领域安全技能提升行动。实施预防规模性失业风险特别职业技能培训。

（二）构建多元职业技能培训载体。政府补贴的职业培训项目全部向具备资质的职业院校（含技工院校，下同）和培训机构开放，充分发挥行业、企业、培训机构等培训主体的积极性。

支持企业开展职业技能培训。鼓励企业设立或共建培训中心、实训中心、教学工厂、高技能人才培养基地、技能大师工作室、劳模和工匠人才创新工作室，支持企业举办或参与举办职业院校，各级政府可按规定根据培训实训人数或毕业生就业人数给予扶持。

扩大职业院校开展职业技能培训规模。支持职业院校面向职工、就业重点群体和贫困劳动力扩大培训规模，按规定享受政府补贴政策。承担政府补贴性培训的职业院校，按照规定兑现学校和一线教师的相关激励政策。

鼓励民办机构参与职业技能培训。发展民办职业培训和评价机构，保障其与公办同类机构享受同等待遇。业务主管部门要加强行业监管，建立评估和退出机制。

（三）加强职业技能培训基础能力建设。完善职业技能培训服务机制，提升职业技能培训基础能力，增加培训有效供给。

进行示范引领。省级业务主管部门要结合实际，根据产业行业和社会需要，推出有特色的示范培训项目，引领本部门本行业广泛开展职业技能培训，提升培训质效。

发布培训目录。对接产业发展和就业需求，设区的市统一制定发布重点产业职业技能培训指导目录、一般性职业技能培训目录、劳动者培训需求目录和职业技能培训机构目录"四个目录"，方便和指导劳动者按需选择。

征选培训师资。面向省内外征集和选拔一批"三优"资源——优质培训教材、优选网络课件、优秀培训教师，建立我省职业技能培训师资库。

丰富培训模式。全面推行"劳动者（企业）提单、政府列单、劳动者选单、机构接单、政府买单"五单式培训模式，搭建"互联网+"职业技能培训平台，推行PC端、手机APP和微信公众号"三端"同步学习模式，满足各类群体不同培训需求。

支持培训设施设备升级改造。每个设区的市根据产业发展需要，重点打造一至两个示范性公共实训基地。对开展职业技能培训成绩突出的企业、院校、培训机构、公共实训基地，有条件的地方可对其培训设施设备升级和无障碍改造给予支持。

（四）落实职业培训补贴政策。加大对不同群体的免费职业培训、职业培训补贴、生活费补贴等政策落实力度。

各市、各部门要结合实际，统一职业培训补贴标准，实行同类工种、同一等级、同等补贴。在我省参加职业技能培训的劳动者取得证书（职业资格证书、职业技能等级证书、专项职业能力证书、特种作业操作证书、培训合格证书等）后，按规定给予每人每年不超过3次的职业培训补贴，同一职业同一等级不可重复享受。可将确有培训需求不具有按月领取养老金资格的人员纳入职业培训补贴范围。对开展项目制培训的，培训实施后可先行拨付60%的培训补贴资金，培训后就业率达到85%以上的，全额拨付项目补贴资金。加大职业技能鉴定补贴、创业担保贷款贴息等与职业培训补贴政策衔接，发挥政策综合效力。

三、保障措施

（一）加强组织领导。各级政府要把职业技能提升行动作为重要民生工程，切实承担主体责任，建立省级统筹、部门协作、市县实施的工作格局。省就业和农民工工作联席会议负责职业技能提升行动的统筹协调，各成员单位要发挥行业主管部门作用，立足职能职责，制定本部门本行业具体工作方案。支持群团组织及行业协会共同参与职业技能培训工作。各市、县（市、区）政府要结合实际制定具体贯彻落实措施。省里建立工作情况季报、年报制度。省就业和农民工工作联席会议成员单位和设区的市政府制定的工作方案报省就业和农民工工作联席会议办公室备存。

（二）加强资金保障。统筹使用就业补助资金、创业带动就业扶持资金、失业保险基金、专项培训资金、职工教育经费，县级以上政府可对各部门培训资金和项目进行整合，解决资金渠道和使用管理分散问题。各级政府按规定从失业保险基金结余中计提一定比例的资金，个别市计提资金后不足24个月失业保险待遇支付能力的，省级通过调剂金给予适当支持。在社会保障基金财政专户中单独建立"职业技能提升行动专账"，实行分账核算、专款专用。鼓励支持欠发达地区特别是深度贫困地区大力开展职业技能培训，省级就业补助资金给予一定的资金倾斜。

（三）加强质效监督。建立职业技能培训工作绩效考核制度，实行培训人员实名制管理。将各市、各有关部门工作开展情况和培训任务完成情况纳入省政府就业与保障农民工工资支付工作考核范围。通过向社会公开、专项审计等方式，加强资金监管，对套取、骗取资金的单位和个人依纪依规依法严惩。对工作中出现的失误和问题区分不同情况对待，保护工作落实层面干部职工干事担当的积极性。

（四）加强服务供给。各市、各部门要持续深化"放管服"改革，推进"一次办好"提质、提速、提效。优化服务流程，推进网上申报、网上审核、联网核查。依托信息化管理系统，与相关单位实现信息共享、业务协同，简化资金申领环节。

（五）加强宣传解读。各市、各有关部门要加大职业技能培训政策宣传力度，帮助企业、培训机构和劳动者解疑释惑，提升政策知晓度。要结合"不忘初心、牢记使命"主题教育，开展"三进三送"活动（政策宣讲进企业、进学校、进乡村，提升行动送政策、送技能、送服务），不断提升人民群众的获得感、幸福感，营造崇尚技能、鼓励创造的社会氛围。

附件：

1. 山东省职业技能提升行动2019年培训任务分解表（略）
2. 山东省职业技能提升行动实施方案（2019—2021年）重点任务分工（略）

河南省职业技能提升行动方案（2019—2021年）

为贯彻落实《国务院办公厅关于印发职业技能提升行动方案（2019—2021年）的通知》（国办发〔2019〕24号）精神，实施我省职业技能提升行动，制定本方案。

一、目标任务

3年开展各类职业技能培训1000万人次以上，其中补贴性职业技能培训500万人次以上；到2021年年底技能劳动者占全省就业人员总量的比例达到25%以上，高技能人才占技能劳动者的比例达到30%以上。

二、重点工作

（一）实施专项计划，开展高质量职业技能提升培训。

1. 实施先进制造业和战略性新兴产业技能提升计划。围绕新一代信息技术、智能装备制造等先进制造业和战略性新兴产业发展，实施高技能人才振兴计划、技师培训项目和"金蓝领"技能提升培训，组织高技能领军人才和产业紧缺人才开展境外培训。3年培训120万人次以上，其中技能提升培训占比80%以上，新培养高技能人才15万人以上。（责任单位：省工业和信息化厅、省政府国资委、省人力资源社会保障厅）

2. 实施就业重点群体技能提升计划。面向农村转移就业劳动者特别是新生代农民工，城乡未继续升学的初高中毕业生（以下简称"两后生"）等青年，下岗失业人员、退役军人、就业困难人员（含残疾人），开展形式多样的技能培训。3年培训农村转移就业劳动者180万人次、"两后生"6万人、离校未就业普通高校毕业生15万人次、退役军人7.5万人、"巧媳妇"工程从业人员30万人次、城镇登记失业人员75万人次、残疾人9万人次，其中技能提升培训占比50%以上。（责任单位：省人力资源社会保障厅、教育厅、退役军人厅、扶贫办、妇联、残联）

3. 实施贫困劳动力技能提升计划。深入开展技能脱贫千校行动，为贫困劳动力提供免费职业技能培训。对接受技工教育的贫困家庭学生，按规定落实助学金和免学费等政策；对子女接受技工教育的贫困家庭，按政策给予补助。3年培训75万人次以上，其中技能提升培训占比60%以上。（责任单位：省人力资源社会保障厅、

教育厅、扶贫办)

4. 实施现代服务业技能提升计划。加大养老服务、家政、托幼、快递等从业人员技能培训力度,提升其岗位适应和职业转换能力。3年培训75万人次以上,其中技能提升培训占比50%以上,新培养高技能人才10万人以上。(责任单位:省民政厅、商务厅、教育厅、人力资源社会保障厅)

5. 实施建设行业技能提升计划。实施建设行业"333"人才工程(培育30 000名装配式生产施工技能型产业工人、3000名一线专业技术管理人员、300名装配式高层次专业人才),开展智能建筑等新产业培训和具有建设行业特点的专项职业技能培训。3年培训30万人次以上,其中技能提升培训占比50%以上。(责任单位:省住房城乡建设厅、总工会、团省委)

6. 实施高危行业安全技能提升计划。严格执行从业人员安全技能培训合格后上岗制度,加强化工、矿山等高危行业从业人员和各类特种作业人员安全技能培训。3年培训18万人次以上,其中技能提升培训占比80%以上。(责任单位:省应急厅)

7. 实施高素质农民技能提升计划。建设一批乡村振兴新型农民培育基地和农业农村类高技能人才培训基地,依托农业广播电视学校、涉农院校、科研单位、农技推广机构,培养一批爱农业、懂技术、会经营的新型农民。3年培训18万人次以上,其中技能提升培训占比40%以上。(责任单位:省农业农村厅)

8. 实施大众创业培训计划。对有创业愿望的人员和开业5年以内的小微企业主开展创业培训,对普通高校、职业院校(含技工院校)在校生和毕业生开展创业意识等培训。3年培训75万人次以上。(责任单位:省人力资源社会保障厅、教育厅)

9. 实施"中原丝路"技能提升计划。深度融入"一带一路",加强航空物流、电子商务、导游导购、理财规划等技能人才培训。3年培训85万人次以上,其中技能提升培训占比60%以上,新培养高技能人才8万人以上。(责任分工:省商务厅、交通运输厅、文化和旅游厅、人行郑州中心支行)

10. 实施"文化河南"技能提升计划。聚焦创意设计、动漫游戏等重点领域,文化旅游、文化创造等延伸领域,"镇平玉雕""信阳毛尖茶采制技艺"等非物质文化遗产领域,建设一批技能人才实训基地和技能大师工作室,培养一批文化创意类技能人才。3年培训15万人次以上,其中技能提升培训占比50%以上,新培养高技能人才3万人以上。(责任单位:省文化和旅游厅、人力资源社会保障厅、教育厅、商务厅)

11. 实施城市管理从业人员技能提升计划。对接百城建设提质工程，加强特种作业、公共交通等城市从业人员技能培训，提升城市精细化管理服务水平。3年培训60万人次以上，其中技能提升培训占比80%以上，新培养高技能人才6万人以上。（责任单位：省住房城乡建设厅、交通运输厅、自然资源厅、应急厅）

12. 实施服刑人员、强制隔离戒毒人员技能提升计划。对在押服刑人员、强制隔离戒毒人员，组织开展思想政治、工匠精神、法律知识等教育和职业技能、创业培训。3年培训17.8万人次以上。（责任单位：省司法厅）

13. 实施技能人才竞赛成长计划。统筹做好我省第46届世界技能大赛选拔赛组织等工作，推进世界技能大赛标准应用和成果转化。每年确定50个以上职业（工种）省级职业技能竞赛项目，推动100万人次参加。积极参与承办国家级一类职业技能竞赛。（责任单位：省全民技能振兴工程领导小组各成员单位）

（二）激发培训主体活力，深化职业培训供给侧改革。

1. 发挥企业主体作用。支持企业设立职工培训中心，培育一批产教融合型企业。企业举办或参与举办职业院校的，可根据毕业生就业人数或培训实训人数给予支持，具体标准由省辖市、济源示范区、县（市、区）制定。企业依法提取职工教育经费并按规定用于高技能人才培训基地、技能大师工作室建设的，省辖市、济源示范区、省直管县（市）可按企业新购置实训设备总值的20%从就业补助资金中给予一次性补助，最高分别不超过50万元、10万元。高危企业集中的地方，可依托1—2家龙头企业建设安全生产和技能实训基地。全面推行企业新型学徒制和现代学徒制，3年培养10万名新型学徒。[责任单位：各省辖市政府、济源示范区管委会、各省直管县（市）政府，省人力资源社会保障厅、教育厅、工业和信息化厅、省政府国资委、省财政厅]

2. 发挥职业院校基础作用。支持职业院校开展补贴性培训。在核定职业院校绩效工资总量时，可向承担职业技能培训工作的院校倾斜。允许职业院校将不超过培训收入的50%纳入学校公用经费，学校培训工作量可按一定比例折算成全日制学生培养工作量。职业院校在职称评定、绩效工资分配等方面，应向承担职业技能培训工作的一线教师倾斜。（责任单位：省教育厅、人力资源社会保障厅、财政厅）

3. 发挥社会培训和评价机构支持作用。培育发展壮大一批社会培训机构和评价机构。开展职业技能等级第三方评价机构遴选工作，支持各类技能评价机构承担新业态、新岗位的职业标准开发和技能评价体系建设工作。民办职业培训和评价机构与公办同类机构享受同等待遇。（责任单位：省人力资源社会保障厅、教育厅、财

政厅)

4. 创新培训内容。将职业道德、安全环保等内容贯穿职业技能培训全过程。开展家政、养老服务等就业技能培训，经营管理、品牌建设等创业指导培训，循环农业、智慧农业等新产业培训，人工智能、云计算等新职业新技能培训。(责任单位：省全民技能振兴工程领导小组各成员单位)

5. 提升职业技能培训基础能力。推进公共职业技能培训基础平台建设，支持企业、院校、培训机构实训设施设备升级改造。加强职业训练院建设，大力推广"互联网+"等先进培训方式。实施职业院校教师素质提升工程，建立劳动就业训练机构和民办职业培训机构师资全员培训制度。探索建立劳动者职业培训电子档案，提供培训就业一体化服务。(责任单位：省发展改革委、人力资源社会保障厅、教育厅)

(三) 完善培训补贴政策，提升补贴资金实效。

1. 落实完善职业培训补贴政策。企业、农民专业合作社和扶贫车间等各类生产经营主体吸纳贫困劳动力就业6个月以上并开展以工代训的，以及参保企业吸纳就业困难人员、零就业家庭成员就业并开展以工代训的，按每人每月200元的标准给予生产经营主体以工代训补贴，最长不超过6个月，以工代训补贴和新录用人员岗前技能培训补贴不得重复享受；对企业开展培训或者培训机构开展项目制培训的，可先行拨付50%的培训补贴资金；省辖市、济源示范区、县（市、区）可对贫困劳动力、去产能失业人员、退役军人等群体开展项目制培训。[责任单位：各省辖市政府、济源示范区管委会、各省直管县（市）政府，省财政厅、人力资源社会保障厅]

2. 加大资金多元投入力度。从省失业保险基金结余中安排40.8亿元专项用于职业技能提升行动。县级以上政府要对各类培训资金和项目进行整合，统筹用于职业技能提升行动。企业应足额提取和使用职工教育经费，其中60%以上用于一线职工培训，也可用于企业"师带徒"津贴补助。落实将企业职工教育经费税前扣除限额提高至工资薪金总额8%的税收政策。有条件的地方可对教学改革等基础工作给予支持，对培训组织动员工作进行奖补。[责任单位：各省辖市政府、济源示范区管委会、各省直管县（市）政府，省全民技能振兴工程领导小组各成员单位]

3. 严格资金监督管理。定期公开资金使用情况，加强监督和专项审计。承担补贴性培训任务的培训机构和评价机构须使用河南省职业培训信息管理服务系统和就业创业实名制管理系统，做到"补贴培训进系统、系统之外零补贴"。严肃查处虚假培训等套取、骗取补贴资金行为。对培训工作中出现的失误和问题要区分不同情况对待，保护工作落实层面干事担当的积极性。（责任单位：省审计厅、财政厅、人力资源社会保障厅）

三、保障措施

（一）强化责任落实。省政府将职业技能提升行动纳入全民技能振兴工程管理，建立工作情况月报等制度。人力资源社会保障等部门要切实履行培训职责，工会等群团组织和行业协会要积极参与培训工作，发展改革部门要统筹推进职业技能培训基础能力建设，财政部门要确保就业补助资金等及时足额拨付到位，审计部门要加强审计监督。省辖市、济源示范区、县（市、区）要制定具体贯彻落实措施，确保职业技能提升行动有效开展。[责任单位：各省辖市政府、济源示范区管委会、各省直管县（市）政府，省全民技能振兴工程领导小组各成员单位，省司法厅、自然资源厅、文化和旅游厅、应急厅、审计厅]

（二）强化管理服务。实施清单管理，公布补贴性培训项目目录、培训机构目录和评价机构目录，方便劳动者按需选择。省辖市、济源示范区、省直管县（市）可再确定不超过10个职业（工种）作为补充目录，自主确定补贴标准。国家公布的新职业中涉及技能人才类的，自公布之日起一并纳入我省补贴目录，省辖市、济源示范区、省直管县（市）可自主确定培训课时及补贴标准。省辖市、济源示范区、县（市、区）可采取公开招投标等方式购买培训服务和评价服务。[责任单位：各省辖市政府、济源示范区管委会、各省直管县（市）政府，省人力资源社会保障厅、财政厅]

（三）强化舆论宣传。加大政策宣传力度，提升政策公众知晓度。大力弘扬和培育工匠精神，落实提高技术工人待遇的政策措施，加强激励表彰，营造技能成才良好环境。（责任单位：省全民技能振兴工程领导小组各成员单位）

湖北省职业技能提升行动实施方案（2019—2021年）

为贯彻落实《国务院办公厅关于印发职业技能提升行动方案（2019—2021年）的通知》（国办发〔2019〕24号）精神，全面落实终身职业技能培训制度，实施职业技能提升行动，大力推进技能强省建设，制定以下实施方案。

一、总体要求和目标任务

坚持以习近平新时代中国特色社会主义思想为指导，紧紧围绕"一芯两带三区"区域和产业发展布局，面向职工、就业重点群体和建档立卡贫困劳动力（以下简称贫困劳动力）等城乡各类劳动者，大规模开展职业技能培训。2019年至2021年，持续开展职业技能提升行动，三年共开展各类补贴性职业技能培训180万人次以上，其中2019年培训58万人次以上。到2021年底，技能劳动者占就业人员总量的比例达到26%以上，高技能人才占技能劳动者总量的比例达到31%以上，加快建设知识型、技能型、创新型劳动者大军。

二、突出重点应培尽培

（一）大力开展企业职工技能提升和转岗转业培训。围绕集成电路、地球空间信息、新一代信息技术、智能制造等十大重点产业开展职工培训，继续实施新技师培养项目，着力培养企业急需的优秀技能人才。企业需制定职工培训计划，广泛组织开展岗前培训、在岗培训、脱产培训、岗位练兵、技能竞赛等活动。鼓励行业、龙头企业联合具备资质的培训机构，对中小微企业开展职工培训。支持重点行业、企业以项目制培训方式开展高精尖缺技能人才培训。实施高危行业领域安全技能提升行动计划，对化工、矿山等高危行业企业从业人员和各类特种作业人员普遍开展安全技能培训。支持帮助困难企业开展转岗转业培训。全面推行企业新型学徒制、现代学徒制培训，三年培训3万名新型学徒。（责任单位：省人社厅、省教育厅、省科技厅、省经信厅、省民政厅、省住建厅、省农业农村厅、省应急管理厅、省国资委、省总工会等。列第一者为牵头单位，下同）

（二）积极开展就业重点群体技能提升和创业培训。面向农村转移就业劳动者特别是新生代农民工、城乡未继续升学初高中毕业生（以下称"两后生"）等青年、下岗失业人员、退役军人、就业困难人员（含残疾人），持续实施农民工"春潮行动""求学圆梦行动"、新生代农民工职业技能提升计划和返乡创业培训计划以及劳动预备培训、就业技能培训、职业技能提升培训等，全面提升职业技能和就业创业能力。对有创业愿望的劳动者开展经营管理、品牌建设、市场拓展、风险防控等创业指导培训，加强创业培训项目开发、创业担保贷款、后续扶持等服务。围绕乡村振兴战略，实施新型职业农民培育工程和农村实用人才带头人素质提升计划，开展职业农民技能培训。（责任单位：省人社厅、省教育厅、省民政厅、省农业农村厅、省退役军人事务厅、省扶贫办、省总工会、团省委、省妇联、省工商联、省残联等）

（三）加大贫困劳动力和贫困家庭子女技能扶贫工作力度。深入实施"技工院校技能脱贫专项行动"，对接受技工教育的贫困家庭学生，按规定落实中等职业教育国家助学金和免学费等政策；对子女接受技工教育的贫困家庭，按政策给予补助；鼓励通过项目制等方式为贫困劳动力提供免费职业技能培训。落实东西部扶贫协作框架下相关职业技能培训，促进贫困劳动力（含"两后生"）按需培训。支持各地开发专项职业能力考核项目，让贫困劳动力凭一技之长充分就业。（责任单位：省人社厅、省教育厅、省民政厅、省农业农村厅、省扶贫办、省总工会、团省委、省妇联、省残联等）

三、充分激发各类培训主体积极性

（一）发挥企业的主体作用。支持企业设立职工培训中心，鼓励企业与职业院校（含技工院校，下同）共建实训中心、教学工厂等，建设培育一批产教融合型企业。企业举办或参与举办职业院校的，各级政府可按规定根据毕业生就业人数或培训实训人数给予支持。支持企业建设高技能人才培训基地和技能大师工作室，承担培训任务，企业可通过职工教育经费提供相应资金支持，政府按规定通过就业补助资金给予补助。（责任单位：省人社厅、省发展改革委、省教育厅、省经信厅、省财政厅、省国资委、省总工会、省工商联等）

（二）发挥职业院校的基础作用。支持职业院校开展补贴性培训，扩大培训规模。积极推进"学历证书+若干职业技能等级证书"试点。在核定职业院校绩效工资总量时，可向承担职业技能培训工作的单位倾斜。允许职业院校将一定比例的培训收入纳入学校公用经费，培训工作量可按一定比例折算成全日制学生培养工作量，在内部分配时，应向承担职业技能培训工作的一线教师倾斜。（责任单位：省人社厅、省发展改革委、省教育厅、省财政厅等）

（三）发挥社会培训机构的重要作用。鼓励引导社会力量开展职业培训，政府补贴培训项目向具备资质条件的职业院校和培训机构开放。鼓励发展非营利性民办职业培训学校，在设置审批、土地划拨出让、规划建设、金融扶持、项目申报和奖励评定等方面，与公办学校同等对待，按规定落实税费减免政策。建立民办职业培训学校办学质量评估体系，经评估符合技工院校设置标准的民办职业培训学校可转为技工院校。（责任单位：省人社厅、省发展改革委、省教育厅、省民政厅、省自然资源厅、省住建厅、省退役军人事务厅、省市场监管局、省地方金融监管局、省税务局、人行武汉分行、湖北银保监局等）

（四）加强职业技能培训基础能力建设。各市（州）要统筹区域内职业技能培训资源，支持企业、职业院校、培训机构对实训设施设备进行升级改造，支持高危企业集中的地区建设安全生产和技能实训基地，加强产教融合实训基地、公共实训基地以及职业训练院建设。加大就业补助资金对公共实训基地设施设备支持力度。大力推广"工学一体化""职业培训包""互联网+"等培训方式，鼓励建设互联网培训平台。加强职业院校、培训机构师资队伍建设，实行专兼职教师制度，可按规定自主招聘企业技能人才任教。继续实施品牌专业、精品课程建设项目，加大教师培训和教材开发力度。（责任单位：省人社厅、省发展改革委、省教育厅、省经信厅、省退役军人事务厅、省应急管理厅、省国资委、省总工会、省妇联、省工商联等）

四、完善职业技能培训补贴政策

（一）落实职业技能培训补贴政策。对贫困家庭子女、贫困劳动力、"两后生"、农村转移就业劳动者、下岗失业人员和转岗职工、退役军人、残疾人开展免费职业技能培训，对高校毕业生和企业职工按规定给予职业培训补贴。对贫困劳动力、就业困难人员、零就业家庭成员、"两后生"中的农村学员和城市低保家庭学员，培训期间按规定通过就业补助资金同时给予生活费（含交通费）补贴。参加新技师培训的，按高级技师5000元/人、技师3500元/人、高级工2000元/人标准给予补助。职工参加企业新型学徒制培训的，给予企业每人每年4000元以上的培训补贴，由企业自主用于学徒培训。企业、农民专业合作社和扶贫车间等各类生产经营主体吸纳贫困劳动力就业并开展以工代训，以及参保企业吸纳就业困难人员、零就业家庭成员就业并开展以工代训的，给予职业培训补贴，最长不超过6个月。（责任单位：省财政厅、省教育厅、省科技厅、省经信厅、省民政厅、省人社厅、省住建厅、省农业农村厅、省退役军人事务厅、省应急管理厅、省国资委、省扶贫办、省总

工会、团省委、省工商联、省残联等)

（二）调整完善相关补贴政策。符合条件的劳动者在户籍地、常住地、求职就业地参加培训后取得证书（职业资格证书、职业技能等级证书、专项职业能力证书、特种作业操作证书、培训合格证书等）的，按规定给予职业培训补贴，原则上每人每年可享受不超过3次，同一职业同一等级不可重复享受。各地可加大项目制培训力度，以政府购买服务的形式开展培训。对企业开展培训或者培训机构开展项目制培训的，可先行拨付不超过50%的补贴资金。对不裁员、少裁员企业继续按规定给予稳岗返还，重点用于支持企业职工技能培训。各市（州）人社、财政部门可按规定结合实际确定职业培训补贴标准。各市（州）、县（市、区）人民政府可对有关部门各类培训资金和项目进行整合，解决资金渠道和使用管理分散问题。（责任单位：省人社厅、省教育厅、省科技厅、省经信厅、省民政厅、省财政厅、省农业农村厅、省退役军人事务厅、省应急管理厅、省国资委、省扶贫办、省总工会、团省委、省工商联、省残联等)

（三）加大资金支持力度。各市（州）、县（市、区）人民政府要加大资金支持和筹集整合力度，将一定比例的就业补助资金、地方人才经费和行业产业发展经费中用于职业技能培训的资金，以及从失业保险基金结余中计提的提升行动资金，统筹用于职业技能提升行动。各地按照2018年底失业保险基金滚存结余的20%计提提升行动资金，并在社会保障基金财政专户中单独建立"职业技能提升行动专账"，用于职业技能培训，实行分账核算、专款专用，具体筹集、使用、管理办法按照财政、人社部门有关规定执行。对于支付能力较弱的统筹地区，省级将通过失业保险调剂金等予以支持。（责任单位：省财政厅、省人社厅等)

（四）强化资金监督管理。建立完善补贴资金发放台账，定期向社会公开资金使用情况，加强审计和监督检查，保障资金安全和效益。对骗取、套取培训资金的依法依纪严惩，取消培训资格，追回补贴资金，列入信用体系"黑名单"。（责任单位：省财政厅、省发展改革委、省人社厅、省审计厅等)

五、切实提高职业技能培训质量

（一）创新培训内容。强化职业素养培训，将职业道德、职业规范、工匠精神、质量意识、法律意识和相关法律法规、安全环保和健康卫生、就业指导等内容贯穿培训全过程。紧盯市场需求，加大新产业新职业新技能培训力度，开展家政、养老服务、托幼、保安、电商、民间工艺等技能培训。（责任单位：省人社厅、省教育厅、省科技厅、省经信厅、省民政厅、省住建厅、省农业农村厅、省退役军人事

务厅、省应急管理厅、省国资委、省总工会、团省委、省妇联、省工商联、省残联等)

(二)改进培训补贴经办服务。建立补贴类培训经办服务指南,规范补贴资金来源渠道、考核标准以及领取方式。加快建立全省统一的职业培训补贴网上经办平台,探索实行培训服务和补贴申领告知承诺制,简化流程,提高效率。开展职业技能培训补贴信用支付试点。实施目录清单管理,各级人社部门会同有关部门每年2月底前向社会公布补贴性培训项目目录、培训机构目录、鉴定评价机构目录、鉴定评价职业目录,并实行动态调整。2019年相关目录应于9月底前公布。(责任单位:省人社厅、省教育厅、省科技厅、省经信厅、省民政厅、省住建厅、省农业农村厅、省退役军人事务厅、省应急管理厅、省国资委、省扶贫办、省总工会、团省委、省妇联、省工商联、省残联等)

(三)加强培训质量评估监管。实施补贴性培训实名制信息管理,建立劳动者职业培训电子档案,实现培训评价信息与就业社保信息联通共享。建立健全绩效评估体系,探索开展第三方评估。规范各类补贴性培训统计口径,凡是由政府各有关部门开展的培训补贴项目,均纳入当地人社部门统计范围。(责任单位:省人社厅、省教育厅、省科技厅、省经信厅、省民政厅、省住建厅、省农业农村厅、省退役军人事务厅、省应急管理厅、省国资委、省市场监管局、省总工会、团省委、省妇联、省工商联、省残联等)

六、强化保障措施

(一)加强组织领导。在省就业工作领导小组框架下,建立职业技能提升行动协调机制,形成省级统筹、人社协调、部门参与、市县实施的工作格局。各市(州)、县(市、区)人民政府要制定具体措施,分解任务,明确责任,抓好落实。各有关部门要及时将开展培训情况报同级人社部门汇总,实行年初报计划、半年报进度、年终报总结。(责任单位:省有关部门,各市、州、县人民政府)

(二)明确部门职责。人社部门要承担政策制定、标准开发、资源整合、培训机构管理、质量监管等职责。发展改革部门要统筹推进职业技能培训基础能力建设。教育部门要组织职业院校承担职业技能培训任务。经信、住建等部门要发挥行业主管部门作用,积极参与培训工作。财政部门要确保就业补助资金等及时足额拨付到位。农业农村部门负责职业农民培训。退役军人事务部门负责协调组织退役军人职业技能培训。应急管理、煤矿安监部门负责指导协调化工、矿山等高危行业领域安全技能培训和特种作业人员安全作业培训。国资监管部门要指导国企开展职业技能培训。其他有关部门和单位要共同做好职业技能培训工作。支持鼓励工会、共青团、妇联等群团组织以及行业协会参与职业技能培训工作。(责任单位：省有关部门)

(三)加大宣传力度。要充分发挥各类媒体作用,加强政策解读,及时总结经验,宣传先进典型,弘扬工匠精神,营造共同推进职业技能提升行动的良好氛围。(责任单位：省委宣传部、省人社厅等)

湖南省职业技能提升行动实施方案（2019—2021年）

为贯彻落实党中央、国务院决策部署，实施职业技能提升行动，根据《国务院办公厅关于印发职业技能提升行动方案（2019—2021年）的通知》（国办发〔2019〕24号）精神，结合我省实际，制定本实施方案。

一、目标任务

从2019年到2021年，全省每年开展各类补贴性职业技能培训55万人次以上，三年共培训165万人次以上；经过努力，力争到2021年底技能劳动者占就业人员总量的比例达到25%以上，高技能人才占技能劳动者的比例达到30%以上。

二、培训对象

将企业职工、农村转移就业劳动者、城乡未继续升学初高中毕业生（以下简称"两后生"）、城镇登记失业人员、退役军人、就业困难人员（含残疾人）、即将刑满释放人员、强制戒毒人员及社区服刑人员和贫困劳动力、贫困家庭子女作为培训重点。

三、培训类型

（一）企业职工培训。与企业签订1年以上期限劳动合同的企业在职职工，参加岗位技能提升培训。企业可按规定组织符合条件的在职职工，按照"企校双制、工学一体"的模式开展企业新型学徒制培训，并按规定享受新型学徒制培训补贴；同时可按规定开展现代学徒制培训。企业可按规定依托具有办学资质的职业院校（含技工院校，下同）和各类职业培训机构开展技师、高级技师培训，并按规定享受技师培训补贴。实施高危行业领域安全技能提升行动计划，化工、矿山、炸药、烟花爆竹等高危行业企业及安全生产责任较重的行业企业要组织从业人员和各类特种作业人员普遍开展安全技能培训，严格执行从业人员安全技能培训合格后上岗制度。鼓励企业与参训职工协商调整工作时间，保障参训期间应有的工资福利待遇。

（二）就业重点群体培训。面向农村转移就业劳动者特别是新生代农民工、"两后生"、城镇登记失业人员、退役军人、就业困难人员（含残疾人），持续实施农民工"春潮行动"、新生代农民工职业技能提升计划和返乡创业培训计划、就业技能培训、职业技能提升培训等专项培训。对有创业愿望的劳动者开展创业培训。

（三）贫困劳动力和贫困家庭子女技能扶贫。针对贫困劳动力开展差异化培训。对有外出转移就业意愿人员，开展引导性培训和专项技能培训、初级技能培训，帮助其掌握就业的一技之长。对订单、定向、定岗就业人员，开展岗位技能培训，帮助其培训后直接上岗。对在乡镇扶贫车间、村社代工点等居家就业人员，开展就地就近技能培训，促进就业增收。在培训期间按规定从就业补助资金中给予生活费补贴。深入推进职业院校技能脱贫行动，对接受技工教育的贫困家庭学生，按规定落实中等职业教育国家助学金和免学费等政策。

四、培训主体

有效增加培训供给，广泛调动企业、职业院校和社会培训机构等各类培训主体的积极性。

（一）有效发挥企业职工培训中心的主体作用。鼓励企业与职业院校共建实训中心、教学工厂等，积极建设培育一批产教融合型企业。支持各类企业特别是规模以上企业建设职工培训中心，广泛开展企业职工技能培训，提升产业工人素质和整体技能水平。企业内设的职工培训中心原则上按照属地管理原则，由当地人力资源社会保障部门组织专家进行评估，对具备相应师资条件和教学设施设备条件的，可按规定开展企业内部职工职业技能培训。支持企业设立高技能人才培训基地和技能大师工作室，企业可通过职工教育经费提供相应的资金支持。鼓励高危企业集中的地区建设安全生产和技能实训基地。

（二）充分发挥职业院校的基础作用。支持职业院校开展补贴性培训，扩大面向职工、就业重点群体和贫困劳动力的培训规模。职业院校应在办学许可核定的专业范围内组织开展相关或相近职业（工种）的职业技能培训。

在核定职业院校绩效工资总量时，可向承担职业技能培训工作的单位倾斜。允许职业院校将一定比例的培训收入纳入学校公用经费，学校培训工作量可按一定比例折算成全日制学生培养工作量。职业院校在内部分配时，应向承担职业技能培训工作的一线教师倾斜。

（三）发挥各类社会培训机构的重要作用。发挥社会培训机构的市场化培训作用，促进行业发展，加强行业自律。对申请举办高级及以上职业培训的民办职业培训机构（含统一鉴定职业工种）的审批，由办学所在市州人力资源社会保障部门根据行政区域内的总量规划进行审批；对申请举办中级职业培训的民办职业培训机构（含统一鉴定职业工种）的审批权限，由各市州依法自主确定。

五、培训补贴

（一）关于免费职业技能培训补贴。对贫困家庭子女、贫困劳动力、"两后生"、农村转移就业劳动者、城镇登记失业人员、退役军人、残疾人开展免费职业技能培训，凭取得的职业资格证书（职业技能等级证书、专项职业能力证书）或经当地人力资源社会保障部门办班备案并统一编码的《培训合格证书》，按现行职业技能培训补贴标准目录规定的补贴标准享受培训补贴。

（二）关于企业职工岗位技能提升培训补贴。与企业签订1年以上期限劳动合同的企业在职职工，参加岗位技能提升培训，在职业技能培训补贴标准目录内的职业（工种），取得初、中、高级职业资格证书（或职业技能等级证书、专项职业能力证书、培训合格证书）的，按现行职业技能培训补贴标准目录规定的补贴标准享受培训补贴。其中，51个贫困县园区内企业的贫困劳动力按现行职业技能培训补贴标准目录规定的补贴标准上浮70%给予补贴，湘南湘西承接产业转移企业的在职职工按现行职业技能培训补贴标准目录规定的补贴标准上浮50%给予补贴；困难企业组织职工开展职业技能培训补贴标准目录以外的职业（工种）培训的，由企业或职业培训机构或大中专院校自行组织开展理论考试和实际操作考核，考核合格凭经当地人力资源社会保障部门办班备案并统一编码的《培训合格证书》享受职业技能培训补贴，补贴标准为初级工（五级）550元、中级工（四级）990元、高级工（三级）1320元。企业职工岗位技能提升培训补贴和失业保险参保职工技能提升补贴不得重复享受。

（三）关于高危行业企业职工安全技能培训补贴。对企业组织开展专项安全技能培训的，给予企业职业技能培训补贴。按照参加培训并取得《特种作业操作证书》的从业人员和特种作业人员人数，给予每人每课时5元的补贴，补贴总额每人最高不超过300元。

（四）关于享受职业培训补贴次数。符合条件的补贴对象，参加培训后取得证书（职业资格证书、职业技能等级证书、专项职业能力证书、特种作业操作证书、培训合格证书等）的，按规定享受职业培训补贴，原则上享受培训补贴项目每人每年不超过3次（含3次），但同一职业同一等级不可重复享受。

（五）关于培训补贴方式。贫困家庭子女、贫困劳动力、"两后生"、农村转移就业劳动者、城镇登记失业人员、退役军人、残疾人参加职业技能培训和创业培训，可由培训机构代为申请培训补贴。即将刑满释放人员、强制戒毒人员、社区服刑人员的培训补贴，按现行有关文件规定执行。创业培训和就业扶贫车间开展以工代训的，按现行有关文件规定执行。

六、生活费补贴

对贫困劳动力、就业困难人员（含残疾人）、零就业家庭成员、"两后生"中的农村学员和城市低保家庭学员，在参加就业技能培训和创业培训期间按照培训天数给予每人每天 20 元生活费补贴，从就业补助资金中列支。生活费补贴由培训机构先行垫付，培训结束后与培训补贴同时申领。

七、组织实施

（一）落实主体责任。在省就业和农民工工作领导小组框架内，建立职业技能提升行动工作协调机制，统筹推进职业技能提升行动。各级人民政府要切实承担职业技能提升行动主体责任，形成省级统筹、部门参与、市县实施的工作格局。

（二）健全工作机制。各有关部门要形成工作合力，狠抓落实。人力资源社会保障部门负责政策制定、标准开发、资源整合、培训机构管理、质量监管等职责，制定年度工作计划、分解工作任务，抓好督促落实。发展改革部门负责统筹推进职业技能培训基础能力建设。教育部门负责组织职业院校承担职业技能培训任务。工业和信息化、住房城乡建设等部门负责发挥行业主管部门作用，积极参与培训工作。财政部门负责确保就业补助资金等及时足额拨付到位。农业农村部门负责职业农民培训。退役军人事务部门负责协调组织退役军人职业技能培训。应急管理部门负责指导协调化工、矿山、炸药、烟花爆竹等高危行业领域安全技能培训和特种作业人员安全作业培训。国资监管部门负责指导国企开展职业技能培训。其他有关部门和单位要共同做好职业技能培训工作。支持鼓励工会、共青团、妇联、残联等群团组织以及行业协会参与职业技能培训工作。

（三）加大资金支持力度。各级人民政府要加大资金支持和筹集整合力度，将一定比例的就业补助资金、地方人才经费和行业产业发展经费中用于职业技能培训的资金，以及按照国家统一规定从失业保险基金结余中筹集的专项资金，统筹用于职业技能提升行动。从失业保险基金结余中筹集的专项资金，单独建立"职业技能提升行动专账"，用于职工等人员职业技能培训，专款专用。企业要按规定足额提取和使用职工教育经费，其中 60%以上用于一线职工培训，可用于企业"师带徒"津贴补助。落实将企业职工教育经费税前扣除限额提高至工资薪金总额 8%的税收政策。

（四）加强资金监管。各级各有关部门要依法加强资金监管，定期向社会公开资金使用情况，加强监督检查和专项审计工作。要建立和完善培训信息化系统建设，加强数据比对工作。要依托湖南省公共就业服务信息管理平台实现从开班申请、结业考核、补贴申请、审核等过程网上经办。市县两级要依法加强培训资金的属地监管，切实履行资金支出管理的主体责任。定期委托第三方机构进行资金支出绩效评价，其评价结果与就业补助资金的分配挂钩。要加强廉政风险防控，保障资金安全和效益，对以虚假培训等套取、骗取资金以及以权谋私的行为要依法依纪严惩，对培训工作中出现的失误和问题要区分不同情况对待，保护工作落实层面干事担当的积极性。

职业技能培训的组织管理、资金申请、审核及拨付等按现行有关规定执行。凡未按规定办理开班备案手续的，一律不予享受培训补贴。其中，技师培训补贴由企业凭相关材料向所在市州人力资源社会保障部门申请，由所在市州财政部门按规定向企业拨付补贴资金。企业、职业院校和民办培训机构等承担政府补贴培训任务的培训机构要对培训的真实性、有效性及培训质量负责；申请补贴资金的个人或单位对申报材料的真实性、合法性负责。

（五）创新培训内容方式。推动从单纯的职业技能培训向职业技能、职业素质、就业创业能力等综合性培训转变，将职业道德、职业规范、工匠精神、质量意识、法律意识和相关法律法规、安全环保和健康卫生（消防、艾滋病预防、毒品预防）、就业指导等内容纳入职业技能培训全过程。坚持需求导向，围绕市场急需紧缺职业开展家政、养老服务、托幼等就业技能培训；围绕经济社会发展开展先进制造业、战略性新兴产业、现代服务业以及我省工业新兴优势产业链等新产业培训。加强创业培训师资队伍建设和教材开发，围绕促进创业开展经营管理、品牌建设、市场拓展、风险防控等创业指导培训。大力推广"互联网+"等先进培训方式，在"百人百堂"创业微课的基础上，打造全天候的学习平台。

（六）细化任务分解。各级人民政府要按照国家和省职业技能提升行动的总体部署，强化责任，狠抓落实。2019年全省完成各类补贴性培训任务的指标，按照年初省人力资源社会保障部门已下达给各市州的计划任务执行。各市州要对指标进行细化分解，落实到县市区，确保目标任务完成。各地在开展三年职业技能提升行动时，要规范各类补贴性职业技能培训统计口径，凡是由政府各有关部门开展的劳动力职业技能培训补贴的项目，都要纳入当地人力资源社会保障部门统计范围。

（七）加大宣传力度。各级各有关部门要依托互联网、基层公共服务平台等，广泛宣传职业技能提升行动，加大政策宣传和解读力度，确保政策进园区、进街道、进乡村、进校园帮助企业、培训机构和劳动者等及时熟悉了解，提高政策知晓度和惠及面。

本实施方案从2019年7月6日起执行至2021年12月31日。在此期间，我省现行职业技能培训等相关政策规定，凡与本实施方案不一致的，按本实施方案执行。

广东省职业技能提升行动实施方案（2019—2021年）

为深入贯彻习近平新时代中国特色社会主义思想和党的十九大精神，深入贯彻习近平总书记对广东重要讲话和重要指示批示精神，全面提升我省劳动者职业技能水平和就业创业能力，根据《国务院办公厅关于印发职业技能提升行动方案（2019—2021年）的通知》（国办发〔2019〕24号），结合我省实际，制定本方案。

一、工作目标

2019—2021年全省共开展各类补贴性职业技能培训260万人次以上，其中2019年培训70万人次以上。到2021年底，全省技能劳动者占就业人员总量的比例达25%以上，高技能人才占技能人才的比例达35%以上，基本建立覆盖城乡劳动者的终身职业技能培训制度，劳动者整体技能素质明显提升，技能人才待遇明显提高，技能人才政策环境明显改善，为广东实现"四个走在全国前列"、当好"两个重要窗口"提供坚实的技能人才支撑。

二、实施重点群体职业技能提升工程

（一）实施新生代产业工人培养工程。结合新一代信息技术、高端装备制造、绿色低碳、人工智能、生物医药、数字经济、新材料、海洋经济等战略性新兴产业、先进制造业发展和现代化经济体系建设需求，大力培养复合型高素质技能人才，全面提升新生代产业工人的综合素质和技能水平。积极引导帮助中小微企业开展职工技能提升培训，深入实施新生代产业工人（含港澳青年）"圆梦计划"，建设适应现代产业发展需要的南粤工匠队伍。（省人力资源社会保障厅、工业和信息化厅，团省委分工负责，省教育厅、科技厅、国资委、总工会等参与）

（二）实施"粤菜师傅"工程。以广府菜、客家菜、潮汕菜等粤菜系列为重点，大规模开展"粤菜师傅"职业技能培训，提升粤菜烹饪技能人才培养能力和质量，打造"粤菜师傅"文化品牌。到2021年，全省开展"粤菜师傅"培训5万人次以上，直接带动30万人实现就业创业。（省人力资源社会保障厅负责，省委宣传部，省教育厅、农业农村厅、商务厅、文化和旅游厅、市场监管局、供销合作社

等参与）

（三）实施"南粤家政"工程。围绕新形势下"一老一小"对家政服务的迫切需求，以母婴服务、居家服务、养老服务、医疗护理服务等领域为重点，突出标准制定、技能培训、职业评价、促进就业、诚信建设、品牌创建等，推动我省家政服务业提质扩容，努力实现家政服务从业人员素质有提升、就业有渠道、权益有保障。到2021年，全省开展家政服务类培训60万人次以上。（省人力资源社会保障厅、商务厅分工负责，省发展改革委、民政厅、农业农村厅、卫生健康委、总工会、妇联等参与）

（四）实施企业学徒培养工程。全面推行企业新型学徒制和现代学徒制，推动企业与职业院校（含技工院校，下同）深入合作，联合培养与粤港澳大湾区产业发展相适应的技能人才。到2021年，全省开展企业新型学徒制培训8万人次。（省人力资源社会保障厅、教育厅分工负责，省发展改革委等参与）

（五）实施企业职工转岗转业培训工程。发挥行业协会、龙头企业等培训主体作用，对受经济环境等影响的困难企业职工开展提升职业技能和转岗转业能力的各类培训，帮助困难企业稳定职工队伍，促进再就业。对有就业意愿和培训需求的失业人员开展针对性的职业技能培训。（省人力资源社会保障厅、工业和信息化厅、国资委分工负责，省发展改革委、商务厅等参与）

（六）实施农村劳动力精准培训工程。继续实施农民工"春潮行动""求学圆梦行动""新生代农民工职业技能提升计划""返乡创业培训计划""领头雁农村青年致富带头人培育计划"和乡村工匠培训等专项培训。实施"新型职业农民培育工程"和"农村实用人才带头人素质提升计划"。完善省内省际结对帮扶机制和贫困劳动力建档立卡信息系统，对农村贫困劳动力（含贫困家庭子女）开展适应就业需求的职业教育、技工教育和职业技能培训，按规定给予补助。积极培养贫困村产业发展带头人和创业致富带头人。广泛开展各类农村电商培训。（省人力资源社会保障厅、教育厅、农业农村厅、团省委分工负责，省民政厅、省供销合作社、省总工会、人民银行广州分行等参与）

（七）实施退役军人职业技能培训工程。大力实施退役军人全员适应性培训与就业创业技能培训，制定技能培训具体专业（工种）目录，鼓励退役军人参加职业技能鉴定并考取相关技能证书，探索建立退役军人定点培训基地。到2021年，退役军人参训人员职业技能证书获取率达到90%以上。（省退役军人事务厅负责，省教

育厅、人力资源社会保障厅等参与)

(八)实施城乡未继续升学初高中毕业生教育培训工程。全面摸清城乡未继续升学初高中毕业生(以下称"两后生")生源情况,根据地区就业市场需求和"两后生"的教育培训意愿,分类组织"两后生"精准对接职业院校,采取长、中、短相结合的教育培训模式,提高"两后生"职业素质和技能水平,基本消除"两后生"无技能从业现象。(省人力资源社会保障厅、教育厅分工负责)

(九)实施安全技能提升工程。以大力推进高危行业领域安全技能提升行动计划为重点,开展化工、矿山等高危行业领域的企业全员安全技能培训,特别是企业经营者和新工人的安全技能培训及各类特种作业人员安全操作资格培训。鼓励高危企业集中的地区建设安全生产和技能实训基地。持续开展安全培训专项执法监察,确保全省高危行业企业从业人员的安全技能培训覆盖率达到100%,从业人员安全生产意识和技能得到全面提高。(省应急管理厅负责,省工业和信息化厅、人力资源社会保障厅、住房城乡建设厅、市场监管局等参与)

(十)实施残疾人职业技能提升工程。以实施推进残疾人职业技能提升计划为重点,针对各类残疾人开展职业技能培训、雇主培训等专项培训。到2021年,全省新增培训3.6万人,各类残疾人接受培训的机会明显增加。(省残联负责,省人力资源社会保障厅、总工会、妇联等参与)

三、有效提升培训主体供给能力

(十一)推动企业扩大培训规模。各类企业要制定实施企业新录用员工和转岗转业职工的适岗能力培训计划、岗位技能提升培训计划,大力开展高技能人才培训,组织实施高技能领军人才和产业紧缺人才境外培训。支持企业设立职工培训中心、高技能人才培训基地和技能大师工作室,企业可通过职工教育经费提供相应的资金支持,并按规定享受就业补助资金。深化产教融合,支持企业与职业院校共建实训中心、教学工厂等,建成一批产教融合型企业。鼓励企业与参训职工协商一致灵活调整工作时间,保障职工参训期间应有的工资福利待遇。(省国资委、工业和信息化厅、人力资源社会保障厅分工负责,省发展改革委、教育厅、财政厅、住房城乡建设厅、市场监管局、总工会等参与)

(十二)支持院校扩大培训供给。支持职业院校以职工、就业重点群体和贫困劳动力为重点对象开展补贴性培训。职业院校承担面向社会职业技能培训的收入在合理扣除直接成本后,可按不超过60%的比例提取补充单位绩效工资,在核定的绩效工资总量之外单列管理。允许职业院校将一定比例的培训收入纳入学校公用经费,学校培训工作量可按一定比例折算成全日制学生培养工作量，具体比例由各地结合实际确定。职业院校在内部分配时，应向承担职业技能培训工作的一线教师倾斜并予以奖补。（省人力资源社会保障厅、教育厅分工负责，省财政厅、总工会等参与）

（十三）拓展职业技能培训内容。各地根据本地产业发展和市场需求，制定并定期发布企业紧缺急需职业（工种）目录，对获得目录中职业（工种）高级工以上职业资格、职业技能等级人员，劳动力职业技能提升补贴和失业保险技能提升补贴均可在规定标准基础上提高30%。将通用职业素质、质量意识、法律意识、安全环保、健康卫生、求职能力及就业创业指导等综合性培训内容贯穿培训全过程。（省人力资源社会保障厅负责，省财政厅等参与）

（十四）大力发展互联网职业技能培训。大力推广"工学一体化""职业培训包""互联网+"等先进培训方式，推动云计算、大数据、移动智能终端等在职业技能培训领域的应用，提高培训便利度和可及性。以远程职业培训网建设为重点，支持建设互联网培训平台，开展前沿技术知识更新培训和行业信息人才培训，搭建行业信息领军人才交流平台。（省人力资源社会保障厅、教育厅分工负责，省政务服务数据管理局等参与）

（十五）完善职业技能培训考核评价体系。加快完善职业资格评价、职业技能等级评价与认定、专项职业能力考核及国家认可的特种作业培训等考核评价方式。加强安全生产资格考试体系建设。建立职业技能培训合格证书制度，成立省、市两级职业技能培训课程标准技术委员会；制订职业技能培训课程标准，经委员会备案后纳入培训补贴范围，具体办法由省人力资源社会保障厅另行制定。（省人力资源社会保障厅、住房城乡建设厅、应急管理厅分工负责，省教育厅等参与）

（十六）提升职业技能培训基础能力。各地要对公共职业技能培训基础平台建设及其合作方式加强引导。有条件的地区要对企业、院校、培训机构的实训设施设备升级改造予以支持。支持社会培训和评价机构发展，建立同业交流平台。完善专兼职教师制度，职业院校和培训机构可按规定自主招聘企业技能人才任教。完善补贴性培训实名制信息管理系统，加快建立劳动者职业培训电子档案，实现培训评价信息与就业社保信息联通共享。推进网上全流程办理，简化补贴申领程序，及时提供各类技能培训服务。（省人力资源社会保障厅、教育厅分工负责，省发展改革委、财政厅、住房城乡建设厅、应急管理厅等参与）

四、完善职业培训补贴政策

（十七）落实和完善职业技能培训补贴政策。全面梳理现有职业技能培训补贴政策，确保按规定给予各类重点群体免费职业培训或职业培训补贴，并按规定给予生活费补贴（含交通费）。对企业自主开展或职业院校、培训机构受委托开展项目制培训的，可先行拨付50%的培训补贴资金。各地要重点对受经济环境等影响的企业职工、去产能失业人员、退役军人、贫困劳动力等群体开展项目制培训。劳动者在户籍地、常住地、求职就业地参加培训（或自学）后取得相应证书的，按规定给予职业培训补贴，原则上每人每年可享受不超过3次，同一职业同一等级不可重复享受。鼓励各地对退役军人在享受普惠性就业创业扶持政策和公共服务基础上再给予特殊优待。有条件的地方可建立残疾人创业帮扶基金。对各地组织的专项职业能力考核不收取考核费，组织机构可按规定申请考核补贴。（省人力资源社会保障厅、财政厅分工负责，省发展改革委、教育厅、住房城乡建设厅、农业农村厅、退役军人事务厅、应急管理厅、残联等参与）

（十八）加大资金支持和监管力度。各级政府要加大对就业补助资金、地方人才经费、行业产业发展经费和失业保险基金结余提取资金的筹集整合力度，对有关部门各类培训资金和项目进行优化整合，统筹用于职业技能提升行动。企业要按有关规定足额提取和使用职工教育经费，其中60%以上用于一线职工培训，可用于企业"师带徒"津贴补助。各地要落实将企业职工教育经费税前扣除限额提高至工资薪金总额8%的税收政策。推动企业提取职工教育经费开展自主培训与享受政策开展补贴性培训有效衔接，探索完善相关机制。各地可安排经费或通过政府购买服务方式，对职业技能提升组织实施、培训课程标准及教材开发、师资培训、教学改革、考核认定及督导、职业技能竞赛及其他相关基础工作给予支持，对培训组织动员工作进行奖补。鼓励各地将财政补助资金与培训工作绩效挂钩，加大激励力度。加强资金监督检查、专项审计和风险防控，定期向社会公开资金使用情况。（省人力资源社会保障厅、财政厅、审计厅分工负责）

五、加强组织保障

（十九）强化组织领导。各级政府要把职业技能提升行动作为重要民生工程，纳入当地经济社会发展总体布局。在省就业工作领导小组框架下，建立健全职业技能提升行动工作协调机制，加强统筹协调，推动工作落实。十项重点群体职业技能提升工程排第一位的责任部门，要牵头制定具体实施方案，细化工作措施；相关责任部门要积极配合，分工协作，形成工作合力。建立工作季报和年报制度，加强统计分析和监测研判,及时推动政策完善。

(二十)加强宣传引导。各地各有关部门要依托互联网、基层公共服务平台等,广泛宣传职业技能提升行动各项政策和实践成果,加强宣传解读,提高政策知晓度和惠及面。各地要大力弘扬劳模精神和工匠精神,进一步提高技术工人待遇,加强技能人才激励表彰,总结推广典型经验做法,带动整体工作取得新进展。

广西职业技能提升行动实施方案（2019—2021年）

为贯彻落实《国务院办公厅关于印发职业技能提升行动方案（2019—2021年）的通知》（国办发〔2019〕24号）精神，结合我区实际，现制定本方案。

一、目标任务

2019—2021年，持续开展职业技能提升行动，提高培训针对性实效性，全面提升劳动者职业技能水平和就业创业能力。三年共开展各类补贴性职业技能培训150万人次以上，其中企业职工培训75万人次、其他就业群体培训75万人次。经过努力，到2021年底技能劳动者占就业人员的比例达到25%以上，高技能人才占技能劳动者的比例达到25%以上，为推动我区经济高质量发展提供强有力的人才保障。

二、加大对职工等重点群体的职业技能培训力度

（一）大力开展企业职工技能提升和转岗转业培训。三年组织企业职工技能提升和转岗转业培训75万人次。指导督促规模以上企业制定年度职工培训计划，开展适应岗位需求和发展需要的技能培训，广泛组织岗前培训、学徒培训、在岗培训、脱产培训、业务研修、岗位练兵、技术比武、技能竞赛、在线学习等活动。大力开展高技能人才培训，组织实施高技能领军人才和产业紧缺人才境外培训。开展关键岗位骨干培训和高技能人才研修，选派高技能人才到区内理工类高等院校、研发制造类科研机构开展新知识、新技术、新工艺等方面的培训和研修。发挥主管部门、行业、龙头企业和培训机构作用，引导帮助中小微企业开展职工培训。实施高危行业领域安全技能提升行动计划，组织化工、矿山等高危行业企业从业人员和各类特种作业人员普遍开展安全技能培训，严格执行从业人员安全技能培训合格后上岗制度。支持帮助困难企业开展转岗转业培训。完善推广职业培训券制度，统筹并全面推行企业新型学徒制和现代学徒制培训，通过产教融合、校企合作方式，进行系统职业技能培训，三年培训4万名新型学徒，实现学校培养与企业用人有效衔接。鼓励企业与参训职工协商一致灵活调整工作时间，保障职工参训期间应有的工资福利待遇。

（二）对就业重点群体开展职业技能提升培训和创业培训。三年组织就业重点群体开展职业技能提升培训和创业培训60万人次。面向高校毕业生、农村转移就

业劳动者特别是新生代农民工、城乡未继续升学初高中毕业生（以下称"两后生"）等青年、下岗失业人员、退役军人、就业困难人员（含残疾人），持续实施农民工"春潮行动""求学圆梦行动"，新生代农民工职业技能提升计划和返乡创业培训计划以及劳动预备培训、就业技能培训、职业技能提升培训等专项培训，全面提升职业技能和就业创业能力。对有创业愿望的开展创业培训，加强创业培训项目开发、创业担保贷款、后续扶持等服务。围绕乡村振兴战略，全面开展农民教育培训工作和实施农村实用人才带头人素质提升计划，开展职业农民技能培训。加大养老服务机构（含公建公营、公建民营、民建民营养老机构）从业人员的培训力度，落实养老服务从业人员培训费补贴、职业技能鉴定补贴以及就业创业服务补贴等相关政策。对服刑人员、强制隔离戒毒人员和社区矫正人员开展以顺利回归社会为目的的就业技能培训。

（三）加大贫困劳动力和贫困家庭子女技能扶贫工作力度。三年组织贫困劳动力和贫困家庭子女开展职业技能提升培训和创业培训 15 万人次。聚焦贫困地区特别是深度贫困地区，鼓励通过项目制培训等方式为贫困劳动力、农村创业致富带头人提供免费职业技能培训、创业培训，并在培训期间给予 50 元/人·天的生活费（含交通费，下同）补贴，培训补贴及生活费补贴从就业补助资金中列支。深入推进技能脱贫千校行动和深度贫困地区技能扶贫行动；对接受技工教育的贫困家庭学生，按规定落实中等职业教育国家助学金和免学费等政策；对子女接受技工教育的贫困家庭，按政策给予补助。加大粤桂扶贫协作培训力度，引入结对帮扶地区优质培训机构在我区开展职业技能培训，组织在粤就业的重点群体开展职业技能培训及职业技能评价，并给予培训企业、机构或个人相应的补贴，相应资金从就业补助资金中列支。

三、激发培训主体积极性，有效增加培训供给

（一）支持企业兴办职业技能培训。支持各类企业特别是规模以上企业或者吸纳就业人数较多的企业设立职工培训中心，企业举办或参与举办职业院校的，各级政府可按规定根据毕业生就业人数或培训实训人数给予补助。积极建设培育一批产教融合型企业。引导和鼓励企业建设高技能人才培训基地和技能大师工作室，符合条件的，按相关规定从就业补助资金中给予支持。支持高危企业集中的地区建设安全生产和技能实训基地。

（二）推动职业院校扩大培训规模。支持职业院校开展补贴性培训，扩大面向职工、就业重点群体和贫困劳动力的培训规模。开展各类职业技能培训和鉴定所获得的收入，可动态调整增加绩效工资总量，所增加的总量不计入下一年度单位工资核定基数。允许职业院校将一定比例的培训收入纳入学校公用经费，学校培训工作量可按一定比例折算成全日制学生培养工作量。职业院校在内部分配时，应向承担职业技能培训工作的一线教师倾斜，保障其合理待遇。推动产教融合、校企合作，支持职业院校主动对接企业，共同培训符合企业需求的全日制毕业生，对与符合条件的企业共同培养初级工、中级工、高级工、预备技师（技师），且用工双方签订6个月以上劳动合同并缴纳3个月以上社会保险的职业院校，按规定给予相应补贴。

（三）鼓励支持社会培训和评价机构开展职业技能培训和评价工作。完善人力资源社会保障部门统一管理、各行业部门和企业自主开展的职业技能评价管理体制。扩大职业技能等级认定试点范围，依托企业等用人单位和第三方评价机构开展职业技能等级认定。指导推动企业、行业协会自主评价技能人才并落实待遇，对符合条件的给予职业技能培训补贴和职业技能鉴定补贴，广泛调动企业、培训机构及培训对象参与职业技能培训和评价工作的积极性。进一步优化营商环境，完善民办职业技能培训机构审批制度，大力发展民办职业技能培训。不断培育发展壮大社会培训和评价机构，支持社会培训和评价机构参与实施职业技能等级认定和专项职业能力开发。民办职业技能培训和评价机构在政府购买服务、校企合作、实训基地建设等方面与公办同类机构享受同等待遇。打破技能人才评价中年龄、学历、资历、身份和比例等限制，在企业生产一线工作并掌握高超技能、业绩突出的技术工人，可破格或越级参加职业资格、职业技能等级考评。

（四）创新培训形式和内容。加强职业技能、通用职业素质、求职能力、就业适应能力等综合性培训，将职业道德、职业规范、工匠精神、质量意识、法律意识和相关法律法规、安全环保和健康卫生、就业指导等内容贯穿职业技能培训全过程。坚持需求导向，围绕市场急需紧缺职业开展家政、养老服务、托幼、保安、电商、汽修、电工、妇女手工、婴幼儿（0—3岁）照护等就业技能培训；组织有创业意愿和培训需求的人员参加创业创新培训，着重开展创业意识教育、创新素质培养、创业项目指导、就业指导、企业经营管理等培训。将高等院校、职业院校学生在校期间开展"试创业"实践活动纳入政策支持范围。实施技能人才培养国际交流专项研修计划，选拔高技能人才和应用型本科院校、职业院校、职业技能培训机构骨干教师赴制造强国、职教大国开展技能研修。加大对各类培训机构师资培养扶持力度，提升师资队伍整体素质。支持分层次、分类别组织培训养老护理员、老年人能力评估师、营养师、社会工作师以及养老服务机构管理人员等。

（五）加强职业技能培训基础能力建设。持续支持各类公共实训基地建设，积极争取中央预算内投资资金，落实自治区乡村振兴三年行动计划补助资金，加大公共实训基地项目投入，推动实训培训资源整合，提高实训能力和水平。有条件的地方可对各级公共实训基地购买、升级设备予以支持。建设互联网培训平台。大力推广"工学一体化""职业培训包""互联网+"等先进培训方式，增强培训效果。加强师资建设，职业院校和培训机构实行专兼职教师制度，可按规定自主招聘企业技能人才任教。完善培训统计工作，推行补贴性培训实名制信息管理，探索建立劳动者职业培训电子档案，实现培训评价信息与就业社保信息联通共享，提供培训就业一体化服务。

四、完善职业培训补贴政策，加强政府引导激励

（一）落实职业培训补贴政策。对贫困家庭子女、贫困劳动力、"两后生"、农村转移就业劳动者、下岗失业人员和转岗职工、退役军人、残疾人开展免费职业技能培训行动，对高校毕业生和企业职工按规定给予职业培训补贴。对贫困劳动力、就业困难人员、零就业家庭成员、"两后生"中的农村学员和城市低保家庭学员，从就业补助资金中给予生活费补贴。符合条件的企业职工参加岗前培训、安全技能培训、转岗转业培训或初级工、中级工、高级工、技师、高级技师培训，按规定给予职业培训补贴或参保职工技能提升补贴。企业、农民专业合作社和扶贫车间等各类生产经营主体吸纳贫困劳动力就业并开展以工代训，以及参保企业吸纳就业困难人员、零就业家庭成员就业并开展以工代训的，给予一定期限的职业培训补贴，最长不超过6个月。

（二）调整完善职业培训补贴政策。符合条件的劳动者在户籍地、常住地、求职就业地参加培训后取得证书（职业资格证书、职业技能等级证书、专项职业能力证书、特种作业操作证书、培训合格证书等）的，按规定给予职业培训补贴和职业技能鉴定补贴，原则上每人每年可享受不超过3次，但同一职业同一等级不可重复享受。全区县级以上政府可对有关部门各类培训资金和项目进行整合，解决资金渠道和使用管理分散问题。对企业开展培训或者培训机构开展项目制培训的，可先行拨付60%的培训补贴资金。全区设区市以上人力资源社会保障部门、财政部门可按规定结合实际确定职业培训补贴标准。适时调整各类补助资金使用结构，扩大职业技能培训补贴对象和培训职业（工种）范围，实现政府补贴的职业技能培训项目全部向具备相关职业（工种）培训资质的高等院校、职业院校、职业培训机构、行业协会、大型企业内部培训机构开放。将退役军人等群体纳入项目制培训对象范围。

（三）加大资金支持力度。各级政府统筹使用就业补助资金、失业保险基金、扶贫资金、部门预算等各类涉及职业培训补贴资金，提高资金使用效益。各设区市拟用于职业技能提升行动的失业保险基金结余，应按规定提取，在社会保险基金财政专户中单独设立"职业技能提升行动专账"，用于职工等人员职业技能培训，实行分账核算、专款专用。各类企业要按有关规定足额提取和使用职工教育经费，其中60%以上用于一线职工培训，可用于企业"师带徒"津贴补助。落实将企业职工教育经费税前扣除限额提高至工资薪金总额8%的税收政策。推动企业提取职工教育经费开展自主培训与享受政策开展补贴性培训的有机衔接，探索完善相关机制。有条件的地方可安排经费，对职业技能培训教材开发、师资培训、教学改革以及职业技能竞赛等基础工作给予支持，对培训组织动员工作进行奖补。

（四）强化资金监督管理。依法加强资金监管，定期向社会公开资金使用情况，加强监督检查和专项审计工作，加强廉政风险防控，保障资金安全和效益。对以虚假培训等套取、骗取资金的依法依纪严惩，对培训工作中出现的失误和问题要区分不同情况对待，保护工作落实层面干事担当的积极性。转变培训监督管理方式，从过程监督转变为结果考核，切实提高培训的灵活性和有效性。

五、加强组织领导，强化保障措施

（一）强化政府工作职责。各级政府要把职业技能提升行动作为重要民生工程，切实承担主体责任，结合本地区实际统筹推进。要明确任务目标，进行任务分解，建立工作情况季报、年报制度。各市、县（市、区）政府要制定具体贯彻落实措施。

（二）健全工作机制。在自治区就业工作领导小组框架下，自治区建立职业技能提升行动工作协调机制，形成人力资源社会保障部门统筹、各有关部门参与、市县实施的工作格局，充分发挥行业主管部门等各方作用，形成工作合力。人力资源社会保障部门承担政策制定、标准开发、资源整合、培训机构管理、质量监管、技能人才评价机构管理、职业技能培训统筹等职责，制定年度工作计划，分解工作任务，抓好督促落实。发展改革部门要统筹推进职业技能培训基础能力建设。教育部门要组织职业院校承担职业技能培训任务。工业和信息化、住房城乡建设等部门要发挥行业主管部门作用，积极参与培训工作。财政部门要确保就业补助资金等及时足额拨付到位。农业农村部门负责职业农民培训。退役军人事务部门负责协调组织退役军人职业技能培训。应急管理、煤矿安监部门负责指导协调化工、矿山等高危行业领域安全技能培训和特种作业人员安全作业培训。国资监管部门要指导国企开展职业技能培训。其他有关部门和单位要共同做好职业技能培训工作。工会要监督企业足额提取职工培训经费及制定年度职工培训计划。共青团、妇联、残联等群团组织以及行业协会参与职业技能培训工作。

（三）提高培训管理服务水平。深化职业技能培训工作"放管服"改革。建立目录清单制，对补贴性职业技能培训实施目录清单管理，自治区制定全区培训机构目录和评价机构目录，各设区市可结合实际调整制定本地培训机构目录和培训项目目录，各县（市、区）可结合实际调整制定本地培训项目目录，方便劳动者按需选择。加快建立培训补贴网上经办服务平台，对项目制培训探索培训服务和补贴申领告知承诺制，简化流程，减少证明材料，提高服务效率。加强对培训机构和培训质量的监管，健全培训绩效评估体系，积极支持开展第三方评估。

（四）推进职业技能培训与评价有机衔接。大力组织实施专项职业能力考核，推进职业技能等级认定试点工作，为劳动者提供便利的培训与评价服务。从事准入类职业的劳动者必须经培训合格后方可上岗。推动工程领域高技能人才与工程技术人才职业发展贯通。鼓励企业设立首席技师、特级技师等，提升技能人才职业发展空间。

（五）加强政策解读和舆论宣传。加大政策宣传力度，帮助企业、培训机构和劳动者熟悉了解、用足用好政策，共同促进职业技能培训工作开展。广泛开展"大国工匠进校园"和"技能大师传帮带"活动，持续开展"世界青年技能日"宣传活动和技能竞赛优秀选手先进事迹巡回报告活动，大力弘扬和培育工匠精神，落实提高技术工人待遇的政策措施，加强技能人才激励表彰工作，积极开展各类职业技能竞赛活动，营造技能成才良好环境。

海南省职业技能提升行动实施方案（2019—2021年）

为贯彻落实《国务院办公厅关于印发职业技能提升行动方案（2019—2021年）的通知》（国办发〔2019〕24号），全面实施职业技能提升行动，结合我省实际，制定本实施方案。

一、目标任务

2019年至2021年，围绕旅游业、现代服务业、高新技术三大产业类型、十个重点领域、十二大重点产业发展需要，面向城乡各类劳动者大规模开展职业培训，全面提升劳动者职业技能水平和就业创业能力，为海南自由贸易试验区和中国特色自由贸易港［以下简称自贸区（港）］建设提供有力支撑。三年共开展各类补贴性职业技能培训30万人次以上，其中2019年培训10万人次以上；力争到2021年底，全省新增技能劳动者7.5万人以上，其中新增高技能人才2.25万人以上。

二、主要政策

（一）围绕重点行业加大对就业重点群体的培训力度。

1. 对就业重点群体加大职业技能培训和创业培训力度。继续面向贫困家庭成员、高校毕业生、城乡未继续升学的初高中毕业生（以下简称"两后生"）、农村转移就业劳动者、城镇登记失业人员、随军家属、退役军人、就业困难人员（含残疾人）以及职业农民等群体，实施就业技能培训和创业培训，按规定给予补贴。对贫困劳动力、就业困难人员、零就业家庭成员、"两后生"和城市低保家庭学员，在培训期间同时给予50元/天·人的生活费补贴。对贫困劳动力、退役军人、残疾人等群体开展项目制培训的，项目委托单位可先行拨付一定比例的培训补贴资金给项目实施单位，最高不超过30%。

2. 支持旅游业、现代金融服务业、热带特色高效农业等行业企业组织职工开展职业技能培训。对企业组织开展职工岗位技能培训（含用工企业组织劳务派遣人员开展岗位技能培训）、职工取得职业资格证书或职业技能等级证书（以下统称证书）的，按初级工1500元、中级工1800元、高级工2200元、技师3500元、高级技师5000元的标准给予企业补贴。全面推行企业新型学徒制、现代学徒制。参加企业新型学徒制培训并取得中级工、高级工证书的，按不低于每人每年5000元、7000元标准给予企业补贴。企业新型学徒制实施方案由省人力资源社会保障厅会同省财政厅另行制定。严格执行安全技能培训合格后上岗制度，化工、矿山等高危或安全生产责任较重的行业企业，每年至少要开展1次从业人员和各类特种作业人员安全技能培训。

3. 重点支持自贸区（港）三大产业类型、十个重点领域、十二个重点产业急需紧缺技能人才培养。对我省新取得急需紧缺职业（工种）目录内高级工以上（含高级工）证书的企业职工，按高级技师6000元/人、技师4000元/人、高级工2000元/人的标准，给予职工急需紧缺技能人才补助。急需紧缺职业（工种）目录由人力资源社会保障部门牵头发布并定期调整。从省外引进急需紧缺职业（工种）目录内技能人才且签订1年以上劳动合同、缴纳3个月以上社保的，按高级技师1200元/人、技师800元/人、高级工400元/人的标准给予企业补贴。鼓励我省职业院校围绕自贸区（港）需要培养高技能人才，其中高级工以上全日制毕业生留在我省就业的，并与我省用人单位签订1年以上劳动合同、缴纳3个月以上社保的，按每生1000元的标准给予院校奖励。

4. 加大对就业特殊群体的培训支持。加大对司法等部门组织的余刑不满1年服刑人员、强制隔离余期不满1年戒毒人员以及社区矫正人员职业技能培训支持力度，参照就业技能培训补贴标准给予补助。对易地扶贫搬迁群众开展免费就业技能和创业培训，由市县政府自行确定具体培训项目和补贴标准，并可结合实际需要和财力水平，对培训中增加城市生活常识、国家通用语言等内容的项目适当上调补贴标准，最高可达到20%。

5. 调整完善职业培训补贴政策。在户籍地、常住地、求职就业地参加培训后取得证书（职业资格证书、职业技能等级证书、专项职业能力证书、特种作业操作证书等）的，均可按规定给予职业培训补贴、职业技能鉴定补贴，原则上每人每年分别享受不超过3次，同一职业同一等级不可重复享受。确有培训需求，不具备按月领取养老金的人员，可参加就业技能培训，按规定给予补贴。

（二）加强职业院校等培训主体的能力建设。

6. 鼓励职业院校（含技工院校，下同）积极参与社会化职业技能培训。职业院校可将实训设施设备向社会全面开放，收取实训耗材和管理服务等基本费用。主管部门在核定职业院校绩效工资总量时，将其本年度补贴性培训和鉴定收入的20%计入次年绩效工资总量，但不受总量限制，不纳入总量基数。职业院校在进行内部分配时，向承担培训和鉴定工作的一线教师和工作人员给予倾斜。允许职业院校按不高于30%的比例将培训收入纳入学校公用经费。

7. 支持技工院校建设职业训练院，纳入国家级、省级试点的不受补贴性职业技能培训工种目录限制，允许其结合实训条件自主增加培训工种（项目），报人力资源社会保障部门备案后组织培训，并给予补贴。

8. 支持民办职业培训机构和评价机构积极参与职业技能培训工作，民办职业培训和评价机构在政府购买服务、校企合作等方面与公办同类机构享受同等待遇。

（三）创新培训评价的形式和内容。

9. 将职业道德、职业规范、工匠精神、质量意识、法律意识和相关法律法规、安全环保和健康卫生、就业指导等纳入职业技能培训课程内容。围绕我省三大产业类型、十个重点领域、十二大重点产业需求和创业需要开展培训，大力开展酒店餐饮、信息通信、物流、药物制剂、家政、托幼和婴幼儿照护、黎锦制作等就业技能培训，推进人工智能、云计算、大数据、新能源等新职业新技能培训。

10. 推行"互联网+"等培训形式，按照全省"大集中"建设模式，依托职业院校建设覆盖全省各类培训机构的互联网培训平台，推进"共享培训"，扩大优质培训资源覆盖面。开发职业（工种）题库，整合并向社会公布部分题库资源，提高劳动者学习培训的针对性。

11. 完善人力资源社会保障部门统一管理、各行业部门和企业自主开展的职业技能评价管理体制。依托企业、行业协会、第三方评价机构等开展职业技能等级认定，按规定给予职业技能鉴定补贴。

12. 建立以企业岗位练兵和技术比武为基础，以院校和行业竞赛为主体、省内竞赛与国家级竞赛和国际竞赛备战相衔接的职业技能竞赛体系，培养选拔高技能人才。对纳入年度计划的省级竞赛给予补助，对参与国际和国家一级技能赛事并取得优异成绩的给予奖励，具体办法由省人力资源社会保障厅、省财政厅另行制定。

（四）加强资金支持和监管。

13. 通过失业保险基金、就业补助资金、扶贫资金、部门预算、地方人才经费、行业发展经费等多种渠道筹集培训资金，为职业技能提升行动提供资金保障，确保各项措施落实。其中，2019年至2021年从我省失业保险基金结余中拿出7.3亿元，专项用于职业技能提升行动，具体筹集使用办法由省财政厅、省人力资源社会保障厅另行制定。全省各级政府可以对各类涉及职业技能培训的资金进行整合，解决资金渠道和使用管理分散问题，促进资金集约高效使用。

14. 调整就业补助资金支出项目，对职业院校、技工院校建设公共实训基地予以支持，对政策宣传、教材开发、师资培训、教学改革以及职业技能竞赛等基础工作给予支持，对培训组织动员工作进行奖补。

15. 企业要按有关规定足额提取和使用职工教育经费，其中60%以上用于一线职工培训，可用于企业"师带徒"津贴补助。税务部门依照税法等相关规定，落实企业职工教育经费税前扣除限额提高至工资薪金总额8%的税收政策。

16. 建设全省统一的职业培训信息管理系统，加快实现职业技能培训信息与就业社保信息、公共信用信息等纵横互联、动态共享、精准比对。培训项目全部纳入系统管理，补贴资金统一拨入劳动者的社会保障卡，以及企业、培训和评价机构在银行设立的基本账户。

17. 建立财权、事权相统一的培训资金支出管理责任制，省级人力资源社会保障部门每年委托第三方对资金使用管理情况进行绩效评价，市县政府建立健全培训绩效评估体系，加强培训资金、培训机构和培训质量的属地监管。

18. 加大培训信息公开力度，及时公布培训和评价机构信息，公开培训资金支出情况，广泛接受社会监督。转变培训监督管理方式，从过程监督转变为结果考核，对培训工作中出现的失误和问题要区分不同情况对待，保护工作落实层面改革创新、干事担当的积极性。加强廉政风险防控，对以虚假培训等套取、骗取资金的依法依纪严肃处理。

三、保障措施

19. 在省就业工作领导小组框架下，建立职业技能提升工作协调机制，形成省政府统一领导，人力资源社会保障部门牵头主抓、各有关部门共同参与、市县政府具体实施的工作格局，及时分解下达任务、出台配套政策，建立工作情况季报、年报制度，确保工作有序推进。市县政府要切实履行主体责任，研究制定具体贯彻落实措施，压实工作责任，确保政策落地见效、按时高质量完成培训任务。

20. 深化职业技能培训"放管服"改革，对补贴性培训项目、培训和评价机构实行目录清单管理，简化工作流程，减少证明材料。全省各级政府可采取公开招投标等方式购买培训服务和评价服务。

21. 人力资源社会保障部门牵头负责政策制定、标准开发、资源整合、培训机构管理、质量监管、技能人才评价机构管理、职业技能培训统筹等工作，制定年度工作计划，分解工作任务，抓好督促落实。财政部门负责筹集整合政府各类培训资金，确保职业技能培训经费投入，加强资金使用绩效考核和监管。发展改革部门要统筹推进职业技能培训基础能力建设。教育、工信、住建、国资监管等部门要组织和引导职业院校、重点企业等培训力量积极参与培训工作。应急管理、农业农村、退役军人事务、司法等部门协调组织高危行业领域从业人员、农民、退役军人、服刑人员、强制隔离戒毒以及社区矫正人员等群体培训。工会部门要指导督促企业足额提取教育培训经费及制定年度职工培训计划、开展职工培训。共青团、妇联、残联等群团组织以及其他有关部门、行业协会要结合各自的职能，积极参与开展职业技能培训，提供有力支持。

22. 各市县政府、各部门要广泛宣传职业技能提升行动，加大政策推送和解读力度，帮助企业、培训机构和广大劳动者熟悉了解、用足用好政策。要大力弘扬和培育工匠精神，加强技能人才激励表彰工作，营造技能成才良好环境，推进职业技能培训工作开展。

本实施方案自印发之日起执行，至 2021 年 12 月 31 日终止，由省人力资源社会保障厅负责解释。我省现行职业技能培训等相关规定，凡与本实施方案规定不一致的，按本实施方案执行。

附件：《海南省职业技能提升行动实施方案（2019—2021 年）》责任分工表（略）

重庆市职业技能提升行动实施方案（2019—2021年）

为贯彻落实《国务院办公厅关于印发职业技能提升行动方案（2019—2021年）的通知》（国办发〔2019〕24号）精神，结合我市实际，制定本实施方案。

一、总体要求和目标任务

（一）总体要求。以习近平新时代中国特色社会主义思想为指导，深入学习贯彻党的十九大和十九届二中、三中全会精神，全面贯彻落实习近平总书记对重庆提出的"两点"定位、"两地""两高"目标、发挥"三个作用"和营造良好政治生态的重要指示要求，围绕打好"三大攻坚战"、实施"八项行动计划"，坚持需求导向，大力推行终身职业技能培训制度，面向职工、就业重点人群、建档立卡贫困劳动力（以下简称贫困劳动力）等城乡各类劳动者，大规模开展职业技能培训，为保持全市就业稳定、促进经济转型升级和高质量发展提供重要支撑。

（二）目标任务。2019—2021年，持续开展职业技能提升行动，3年开展各类政府补贴性职业技能培训150万人次，其中2019年培训40万人次，到2021年底技能劳动者占就业人员总量的比例达到25%以上，高技能人才占技能劳动者的比例达到30%以上。

二、对职工等重点群体开展有针对性的职业技能培训

（三）大力提升企业职工职业技能。企业需制定职工培训计划，组织岗前培训、在岗培训、脱产培训、在线学习、岗位练兵、技能竞赛等活动，实施高技能领军人才和产业紧缺人才境外培训。加强企业质量管理人员培训。国有企业要发挥示范带动作用，开展一线职工、技术岗位职工轮训。引导支持中小微企业开展职工技能培训。落实高危行业领域安全技能提升行动计划。严格执行从业人员安全技能培训合格后上岗制度。支持帮助困难企业开展转岗转业培训。全面推行企业新型学徒制度，3年培训10万名企业新型学徒。鼓励企业与参训职工协商一致灵活调整工作时间，保障职工参训期间应有的工资福利待遇。（责任单位：市人力社保局、市经济信息委、市国资委、市教委、市应急局、市住房城乡建委、市交通局、市能源局、重庆煤监局、市总工会）

（四）大力提升就业重点群体职业技能。对农村转移就业劳动者特别是新生代农民工、城乡未继续升学初高中毕业生（以下统称"两后生"）等青年、下岗失业人员、退役军人、就业困难人员（含残疾人、服刑人员、强制隔离戒毒人员、戒毒康复人员），持续实施农民工"春潮行动""求学圆梦行动"、新生代农民工职业技能提升计划和返乡创业培训计划以及劳动预备培训、就业技能培训、职业技能提升培训等专项培训。对有创业愿望的开展创业培训，加强创业培训项目开发、创业担保贷款、后续扶持等服务。围绕实施乡村振兴战略行动计划，实施新型职业农民培育工程和农村实用人才带头人素质提升计划，开展职业农民技能培训。（责任单位：市人力社保局、市教委、市司法局、市农业农村委、市退役军人事务局、市总工会、团市委、市妇联、市残联）

（五）加大贫困劳动力和贫困家庭子女技能扶贫工作力度。聚焦贫困地区，鼓励采取项目制购买服务等方式为贫困劳动力提供免费职业技能培训，并在培训期间按规定通过就业补助资金给予生活费（含交通费，下同）补贴，做到应训尽训。推动鲁渝技能扶贫协作和对口支援，开展职业教育、职业培训帮扶、贫困村创业致富带头人培训。深入落实技能脱贫千校行动和深度贫困地区技能扶贫行动，对接受技工教育的贫困家庭学生，按规定落实中等职业教育国家助学金和免学费等政策；对子女接受技工教育的贫困家庭，按政策给予补助。（责任单位：市人力社保局、市扶贫办、市农业农村委、市教委）

（六）大力开展新兴产业和新职业从业人员培训。结合市场需求和我市产业发展需要，制定新兴产业、新职业、急需紧缺职业等从业人员职业培训补贴政策。围绕促进转型发展，开展先进制造业、战略性新兴产业、人力资源服务业等现代服务业以及循环农业、智慧农业、智能建筑、智慧城市建设等新产业培训，加大人工智能、云计算、大数据等新职业新技能培训力度。适应市场需求，开展家政、托幼、养老、保安、电商、汽修、电工等市场急需紧缺职业技能培训。围绕促进创业，开展经营管理、品牌建设、市场拓展、风险防控等创业指导培训。（责任单位：市科技局、市经济信息委、市人力社保局、市农业农村委、市商务委、市大数据发展局、市公安局、市民政局、市住房城乡建委、市城市管理局、市卫生健康委）

三、激发培训主体积极性，有效增加培训供给

（七）支持企业兴办职业技能培训。支持各类企业特别是规模以上企业或者吸纳就业人员较多的企业设立职工培训中心，鼓励企业与职业院校（含技工院校，下同）共建实训中心、教学工厂等，积极建设培育一批产教融合型企业。企业举办或参与举办职业院校的，可按规定根据毕业生就业人数或培训实训人数给予支持。支持企业设立高技能人才培训基地和技能大师工作室，企业可通过职工教育经费提供相应的资金支持，政府按规定通过就业补助资金给予补助。支持高危企业集中的区县（自治县，以下简称区县）建设安全生产和技能实训基地。（责任单位：市经济信息委、市教委、市人力社保局、市财政局、市住房城乡建委、市交通局、市应急局、市国资委、市能源局、重庆煤监局、市总工会）

（八）推动职业院校扩大培训规模。支持职业院校开展补贴性培训，扩大面向职工、就业重点群体和贫困劳动力的培训规模。落实《重庆市人民政府关于印发重庆市深化职业教育改革实施方案的通知》（渝府发〔2019〕18号），在院校启动"学历证书+若干职业技能等级证书"试点，加强职业教育与职业技能培训工作衔接。在核定职业院校绩效工资总量时，可向承担职业培训的单位倾斜。允许职业院校将一定比例的培训收入纳入学校公用经费，学校培训工作量可按一定比例折算成全日制学生培养工作量。职业院校内部分配应向承担职业技能培训工作的教师倾斜，保障其合理待遇。（责任单位：市教委、市人力社保局、市财政局）

（九）支持社会培训和评价机构开展职业技能培训和评价工作。建设职业技能培训联盟服务平台，加强行业自律，促进行业发展，加强培训机构管理，切实规范办学行为。不断培育发展壮大社会培训机构和评价机构。民办职业培训机构和评价机构在政府购买服务、校企合作、实训基地建设等方面享受与公办同类机构同等待遇。政府补贴的职业技能培训项目全部向具备资质的职业院校和培训机构开放。（责任单位：市人力社保局）

（十）加强职业技能培训基础能力建设。支持企业、院校、培训机构提升改造职业技能实训设施设备。鼓励行业协会、院校与企业共建产教融合实训基地和区域性公共实训基地，加强职业训练院建设，积极推进培训资源共建共享。大力推广"工学一体化""职业培训包""互联网+"等先进培训方式，建设互联网培训平台。加强职业技能、通用职业素质和求职能力等综合性培养，将职业道德、职业规范、工匠精神、质量意识、法律意识和相关法律法规、安全环保和健康卫生、就业指导等内容贯穿培训全过程。职业院校和培训机构实行专兼职教师制度，可按规定自主招聘企业技能人才任教。加快教材开发，规范管理，提高教材质量。加强统计工作，补贴性培训实行实名制信息管理，建立劳动者职业培训电子档案，实现培训评价信息与就业社保信息联通共享，提供培训就业一体化服务。（责任单位：市发展改革

委、市教委、市人力社保局)

四、完善职业培训补贴政策，加强政府引导激励

（十一）落实职业培训补贴政策。对贫困家庭子女、贫困劳动力、"两后生"、农村转移就业劳动者、下岗失业人员和转岗职工、退役军人、残疾人开展免费职业技能培训行动，对高校毕业生和企业职工按规定给予职业培训补贴。对贫困劳动力、就业困难人员、零就业家庭成员、"两后生"中的农村学员和城市低保家庭学员，在培训期间按规定通过就业补助资金同时给予生活费补贴。符合条件的企业职工参加岗前培训、安全技能培训、转岗转业培训或初级工、中级工、高级工、技师、高级技师培训，按规定给予职业培训补贴或参保职工技能提升补贴。职工参加企业新型学徒制培训的，给予企业每人每年4000元以上的职业培训补贴，由企业自主用于学徒培训工作。企业、农民专业合作社和扶贫车间等各类生产经营主体吸纳贫困劳动力就业并开展以工代训，以及参保企业吸纳就业困难人员、零就业家庭成员就业并开展以工代训的，给予一定期限的职业培训补贴，最长不超过6个月。（责任单位：市财政局、市人力社保局）

（十二）调整完善补贴政策。符合条件的劳动者在户籍地、常住地、求职就业地参加培训后取得证书（职业资格证书、职业技能等级证书、专项职业能力证书、特种作业操作证书、培训合格证书等）的，按规定给予职业培训补贴，原则上每人每年可享受不超过3次，但同一职业项目同一等级不得重复享受。市人力社保局、市财政局可在规定的原则下结合实际调整享受职业培训补贴标准、生活费补贴人员范围和条件要求，对确有培训需求、不具有按月领取养老金资格的人员纳入政策范围。区县政府可对各类培训资金和项目进行整合，解决资金渠道和使用管理分散问题。对企业开展培训或者培训机构开展项目制培训的，可先拨付50%的补贴资金。对贫困劳动力、去产能失业人员、退役军人等重点群体可开展项目制培训。（责任单位：市人力社保局、市财政局、市退役军人事务局、市扶贫办、各区县政府）

（十三）加大资金投入力度。加大资金支持和政策整合力度，将一定比例的就业补助资金、地方人才经费和行业产业发展经费中用于职业技能培训的资金和部分失业保险基金结余统筹用于职业技能提升行动。用于职业技能提升的失业保险基金结余在社保基金财政专户中单独建立"职业技能提升行动专账"，实行分账核算、专款专用。企业应按有关规定足额提取和使用职工教育经费，其中60%以上用于一线职工培训，可用于企业"师带徒"津贴补助。落实将企业职工教育经费税前扣除限额提高至工资薪金总额8%的税收政策。推动企业提取职工教育经费开展自主培训与享受政策开展补贴性培训的有机衔接，探索完善相关机制。安排必要经费，对职业技能培训教材开发、师资培训、教学改革以及职业技能竞赛等基础工作给予支持，对培训组织动员工作予以奖补。（责任单位：市财政局、市人力社保局）

（十四）强化资金监督管理。依法加强资金监管，定期向社会公开资金使用情况，加强监督检查和专项审计工作，加强廉政风险防控，保障资金安全和效益。对虚假培训等套取、骗取资金的依法依纪严惩，对培训工作中出现的失误和问题区分不同情况对待，保护工作落实层面干事担当的积极性。（责任单位：市财政局、市人力社保局、市审计局）

五、加强组织领导，强化保障措施

（十五）健全工作机制。在市就业工作领导小组框架下，健全职业技能提升行动工作协调机制，形成市级统筹、部门参与、区县实施的工作格局。人力社保部门负责政策制定、标准开发、资源整合、培训机构管理、质量监管等工作，制定年度工作计划，分解工作任务，抓好督促落实。发展改革部门负责统筹推进技能培训基础能力建设。教育部门负责组织职业院校承担技能培训任务。财政部门负责资金统筹管理及拨付。经济信息、住房城乡建设、农业农村、扶贫、退役军人事务、应急、国资、司法等部门和单位要做好本行业、本系统、本领域职业技能培训工作。支持鼓励工会、共青团、妇联、残联等群团组织以及行业协会参与职业技能培训工作。各区县政府要制定具体落实措施，细化分解任务，鼓励将财政补助资金与培训工作业绩相挂钩。建立培训工作统计季报、年报制度。

（十六）加强管理服务。深化职业技能培训工作"放管服"改革，对补贴性职业技能培训实施目录清单管理，公布培训项目目录、培训和评价机构目录。采取公开招投标等方式购买培训服务和评价服务。探索实行信用支付等办法，优化培训补贴支付方式。建立培训补贴网上经办服务平台，可对项目制培训探索培训服务和补贴申领告知承诺制，提高服务效率。加强对培训机构和培训质量的监管，健全培训绩效评估体系，积极支持开展第三方评估。

（十七）推进培训与评价有机衔接。完善技能人才职业资格评价、职业技能等级认定、专项职业能力考核等多元化评价方式。从事准入类职业劳动者必须经培训合格后方可上岗。推动工程领域高技能人才与工程技术人才职业发展贯通。支持企业按规定自主开展职工职业技能等级评价工作，鼓励企业设立首席技师、特级技师等，提升技能人才职业发展空间。

（十八）加强政策解读和舆论宣传。大力开展政策培训和专题宣讲，提升政策公众知晓度，帮助企业、培训机构和劳动者熟悉了解，用足用好政策，共同促进职业技能培训工作开展。大力弘扬和培育工匠精神，落实提高技术工人待遇的政策措施，加强技能人才激励表彰工作，积极开展各类职业技能竞赛活动，着力打造职业技能培训品牌，营造技能成才良好环境。

四川省职业技能提升行动实施方案（2019—2021年）

为贯彻落实《国务院办公厅关于印发职业技能提升行动方案（2019—2021年）的通知》（国办发〔2019〕24号）精神，结合我省实际，制定本方案。

一、任务目标

持续开展职业技能提升行动，提高培训针对性实效性，全面提升劳动者职业技能水平和就业创业能力。2019年至2021年，全省共开展各类补贴性职业技能培训220万人次以上，其中2019年培训70万人次以上。到2021年年底，技能劳动者占就业人员总量的比例力争达到25%以上，高技能人才占技能劳动者的比例力争达到30%以上。

二、聚焦重点分类施训，提升培训针对性

（一）大力开展企业职工技能提升和转岗转业培训。面向"5+1"现代产业、"10+3"现代农业以及现代服务业企业职工，大规模开展岗位技能提升培训。对煤炭、钢铁等行业去产能职工开展转岗转业培训。在各类企业开展新型学徒制培训，力争3年培养3万名左右企业新型学徒，同时按规定开展现代学徒制培训。在矿山、危险化学品、烟花爆竹、金属冶炼等高危行业领域实施安全技能提升行动计划，严格执行从业人员安全技能培训合格后上岗制度。鼓励企业与参训职工协商一致灵活调整工作时间，保障职工参训期间应有的工资福利待遇。（责任单位：人力资源社会保障厅、省发展改革委、教育厅、经济和信息化厅、财政厅、商务厅、应急厅、省国资委、省总工会。列首位的为牵头单位，下同。）

（二）大力开展重点群体就业技能培训和创业培训。针对农村转移就业劳动者特别是新生代农民工，实施农民工"春潮行动""求学圆梦行动"、新生代农民工职业技能提升计划、返乡创业培训计划和劳务品牌培训。对毕业年度高校毕业生和省内普通高校全日制非毕业年度在校大学生（含技工院校高级工班、预备技师班和特殊教育院校职业教育类毕业生和在校学生，以下简称高校学生）、下岗失业人员、退役军人，根据其意愿开展就业技能培训。对城乡未继续升学初高中毕业生（以下称"两后生"），开展劳动预备培训。对残疾人，实施残疾人职业技能提升计划。对有创业愿望的人员开展创业培训，并做好创业培训项目开发、创业担保贷款、后续

扶持等相关服务工作。（责任单位：人力资源社会保障厅、教育厅、退役军人厅、省总工会、团省委、省妇联、省残联）

（三）切实加大技能扶贫工作力度。聚焦大小凉山彝区、高原藏区，深入实施深度贫困地区贫困劳动力技能培训全覆盖行动，提供免费就业技能培训。对接受技工教育的贫困家庭学生，按规定落实中等职业教育国家助学金和免学费等政策。实施"雨露计划"，对建档立卡贫困家庭子女接受中等职业教育的，在中职助学金的基础上，再给予每生每年1000元的生活补助。（责任单位：人力资源社会保障厅、教育厅、财政厅、农业农村厅、省扶贫开发局）

三、健全多元培训体系，激发培训主体活力

（四）发挥企业主体作用。支持各类企业设立职工培训中心，对帮助小微企业开展职工培训的，可优先纳入当地定点培训机构认定范围。鼓励企业与职业院校（含技工院校，下同）共建实训中心、教学工厂等，推广"厂中校、校中厂"合作模式，积极建设培育产教融合型企业。各地可按规定根据毕业生就业人数或培训实训人数对企业办职业院校给予支持。支持企业参与高技能人才培训基地和技能大师工作室项目建设，对新建的省级项目分别给予每个300万元和30万元的经费补助。支持高危企业集中的地区建设安全生产和技能实训基地。（责任单位：人力资源社会保障厅、经济和信息化厅、省发展改革委、教育厅、科技厅、财政厅、省国资委、省总工会）

（五）发挥职业院校基础作用。支持职业院校在其专业设置和培训课程范围内，面向社会开展补贴性职业技能培训。在核定职业院校绩效工资总量时，可向承担职业技能培训工作的单位倾斜。职业院校可将一定比例的培训收入纳入学校公用经费，培训工作量可按一定比例折算成全日制学生培养工作量，内部分配时应向承担职业技能培训工作的一线教师倾斜。按照国家和我省部署，开展"学历证书+若干职业技能等级证书"制度试点工作。（责任单位：人力资源社会保障厅、教育厅、财政厅）

（六）发挥社会培训和评价机构支持作用。鼓励行业、企业、社会组织、个人根据产业发展及市场需求举办民办职业培训机构和评价机构，在政府购买服务、校企合作、实训基地建设、就业信息服务等方面，与公办同类机构享受同等待遇。支持社会培训和评价机构建立同业交流平台，促进行业发展，加强行业自律。（责任单位：人力资源社会保障厅、教育厅、财政厅）

（七）创新拓展培训内容。坚持需求导向，围绕市场急需紧缺职业，开展家政、养老服务、托幼、电商、餐饮服务、建筑等就业技能培训；围绕现代产业发展，加强航空与燃机、信息安全、新能源汽车、轨道交通、生物医学、石墨烯、人工智能等领域新职业新技能培训；围绕乡村振兴，实施新型职业农民培育工程、农村实用人才带头人素质提升计划、贫困村创业致富带头人和农村青年致富带头人培育工程、乡村文旅能人支持计划，在深度贫困地区适当增加普通话、社交礼仪等生活技能培训；围绕振兴四川传统技艺，组织开展蜀绣、自贡扎染、藏族唐卡、羌族刺绣、彝族服饰、竹编、绵竹年画等地方特色手工艺以及民族歌舞表演等培训。同时，将职业道德、职业规范、工匠精神、质量意识、法律意识和相关法律法规、安全环保、健康卫生、就业指导等内容贯穿职业技能培训全过程。（责任单位：人力资源社会保障厅、省发展改革委、经济和信息化厅、教育厅、民政厅、农业农村厅、商务厅、文化和旅游厅、省卫生健康委、应急厅、省妇联）

（八）推进基础能力建设。在职业院校持续实施产教融合深化工程和职业教育质量提升工程，支持建设产教融合实训基地和公共实训基地。大力推广"工学一体化""职业培训包""互联网+"等先进培训方式，积极搭建网络和移动学习培训平台。加强师资建设，落实职业院校教师到企业实践制度，建立健全职业院校教师和企业师傅互派顶岗交流锻炼机制，职业院校和培训机构可按规定自主招聘企业技能人才任教。建立人力资源社会保障部门牵头、相关部门参与的培训数据共享机制，完善培训统计工作，探索建立劳动者职业培训电子档案，实现培训评价信息与就业社保信息联通共享，提供培训就业一体化服务。（责任单位：人力资源社会保障厅、经济和信息化厅、教育厅、财政厅、省国资委）

四、完善培训补贴政策，强化政府引导激励

（九）落实现有补贴政策。对贫困家庭子女、贫困劳动力、"两后生"、农村转移就业劳动者、下岗失业人员和转岗职工、退役军人、残疾人开展免费职业技能培训，对高校学生和企业职工按规定给予职业培训补贴。对贫困劳动力、就业困难人员、零就业家庭成员、"两后生"中的农村学员和城市低保家庭学员，在培训期间按规定通过就业创业补助资金同时给予一定生活费（含交通费）补贴，具体标准由各市（州）根据生活、交通等成本合理确定。对符合条件的企业职工参加岗前、转岗转业、在岗、岗位提升等培训并取得证书（含职业资格证书、职业技能等级证书、专项职业能力证书、特种作业操作证书、培训合格证书等，下同）的，按规定给予职业培训补贴或参保职工技能提升补贴。职工参加企业新型学徒制培训的，给予企业每人每年不低于4000元的职业培训补贴。对各类生产经营主体吸纳贫困劳动力就业并开展以工代训，以及参保企业吸纳就业困难人员、零就业家庭成员就业并开展以工代训的,按每人每月 200 元的标准给予最长不超过 6 个月的职业培训补贴。(责任单位:人力资源社会保障厅、经济和信息化厅、财政厅、教育厅、退役军人厅、应急厅、省国资委、省残联)

(十)调整完善职业培训补贴政策。各市(州)可在规定的原则下根据培训成本和期限等合理确定职业培训补贴标准。符合条件的劳动者在户籍地、常住地、求职就业地参加培训后取得证书的,按规定给予职业培训补贴,原则上每人每年可享受不超过 3 次,但同一职业同一等级不可重复享受,确有培训需求、不具有按月领取养老金资格的人员可作为培训对象纳入政策范围。县级以上政府可针对资金来源渠道和使用管理分散问题,对有关部门各类培训资金和项目进行整合。鼓励各地对贫困劳动力、去产能失业人员、退役军人、残疾人等群体开展项目制培训,由公共就业服务机构按照规定通过公开招标或比选等方式择优确定承训单位实施。对企业开展培训或者培训机构开展项目制培训的,可按培训补贴总额的 50% 先行拨付部分资金。(责任单位:人力资源社会保障厅、经济和信息化厅、财政厅、退役军人厅、省残联)

(十一)加大资金筹集和支持力度。各地要将地方人才经费和行业产业发展经费中用于职业技能培训的资金,以及一定比例的失业保险基金结余和就业创业补助资金统筹用于职业技能提升行动。拟用于职业技能提升行动的失业保险基金结余筹集和使用办法由财政厅、人力资源社会保障厅另行制定。企业要足额提取和使用职工教育经费,其中 60% 以上用于一线职工培训,可用于企业"师带徒"津贴补助。落实将企业职工教育经费税前扣除限额提高至工资薪金总额 8% 的税收政策。鼓励有条件的地区安排经费对职业技能培训教材开发、师资培训、教学改革以及职业技能竞赛等基础工作给予支持,对培训组织动员工作进行奖补。(责任单位:人力资源社会保障厅、财政厅、教育厅、四川省税务局、省总工会)

(十二)强化资金监督管理。各地各有关部门(单位)要切实履行主体责任,按照"谁使用、谁负责"的原则,完善培训补贴申领、审核、公示、拨付制度,定期向社会公开资金使用情况,加强监督检查和专项审计工作,保障资金安全和效益。要将补贴性培训纳入实名制管理,充分利用大数据、社会保障卡"一卡通"等加强培训监管。对以虚假培训等套取、骗取资金的依法依纪严惩。对培训工作中出现的失误和问题要区分不同情况对待,保护工作落实层面干事担当的积极性。(责任单位:财政厅、人力资源社会保障厅)

五、加强组织领导，强化保障措施

（十三）健全工作机制。各级政府要把职业技能提升行动作为重要民生工程，切实承担主体责任，形成省级统筹、部门参与、市县实施的工作格局。在省就业创业工作联席会议框架下，进一步完善职能，形成人力资源社会保障厅牵头，省直有关部门（单位）共同参与的省级职业技能提升行动工作协调机制，建立工作情况季报、年报制度。人力资源社会保障、发展改革、教育、经济和信息化、住房城乡建设、财政、农业农村、商务、文化和旅游、退役军人、应急、国资监管等部门（单位）要按照各自职能职责落实责任，支持鼓励工会、共青团、妇联、残联等群团组织以及行业协会参与职业技能培训工作，形成工作合力。市县两级也要形成相应的工作协调机制，结合工作需要制定具体贯彻落实措施。鼓励各地将财政补助资金与培训工作绩效挂钩，促进扩大培训规模，提升培训质量和层次。

（十四）深化"放管服"改革。对补贴性职业技能培训实施目录清单管理，由各市（州）定期发布培训项目目录、培训和评价机构目录。各地可采取公开招投标等方式购买培训和评价服务。各地各部门（单位）要依托信息化管理系统，推进网上申报审核，加强业务协同配合，减少证明材料，优化经办流程，提高服务效率。鼓励采取政府购买服务等方式，引入第三方对培训机构和培训效果开展评估，强化培训质量监管。

（十五）推进培训与评价有机衔接。严格执行国家职业资格目录制度、职业技能考核鉴定机构备案制度和准入类职业持证上岗制度。完善技能人才职业资格评价、职业技能等级认定、专项职业能力考核等多元化评价方式，支持符合条件的企业按规定开展自主评价和职业技能等级认定工作；支持各地结合区域经济发展开发专项职业能力考核规范并实施考核；支持职业技能评价机构按规定参与新业态、新职业的技能标准开发。

（十六）营造良好氛围。各地各有关部门（单位）要加大职业技能培训政策宣传力度，帮助企业、培训机构和劳动者熟悉了解、用足用好政策。要大力弘扬和培育工匠精神，落实提高技术工人待遇的政策措施，广泛开展职业技能竞赛、技术比武和岗位练兵等活动，加大技能人才激励表彰力度，进一步增强技能人才的职业荣誉感、获得感，不断优化技能成才的环境氛围。

本实施方案自印发之日起执行，有效期至2021年12月31日，由人力资源社会保障厅负责解释。我省现行职业技能培训相关政策规定，凡与本方案不一致的，按本方案执行。

贵州省职业技能提升行动实施方案（2019—2021年）

为深入开展职业技能提升行动，根据《国务院办公厅关于印发职业技能提升行动方案（2019—2021年）的通知》（国办发〔2019〕24号）精神，结合我省实际，制定以下实施方案。

一、目标任务

2019年至2021年，争取全省共开展各类补贴性职业技能培训150万人次以上，其中2019年培训50万人次以上，技能劳动者占就业人员总量的比例逐年提高，高技能人才占技能人才的比例逐步提高。到2021年底，基本建立覆盖城乡劳动者的终身职业技能培训制度，实现农民培训全覆盖，劳动者整体技能素质、技能人才待遇、技能人才政策环境明显改善，加快建设知识型、技能型、创新型劳动者队伍，为强力推进大扶贫、大数据、大生态战略行动提供坚实的技能人才支撑。

二、加强重点群体培训

（一）大力开展企业职工技能提升和转岗转业培训。企业特别是千企改造和改革重组企业、外贸企业与12大特色农业产业、10大千亿级工业产业及5大服务业重点企业要按年度制定培训计划，并报所在地市级人力资源社会保障部门备案。各企业主体要结合岗位和发展需要，广泛组织开展岗前培训、在岗培训、脱产培训、高技能人才培训、岗位练兵、技能竞赛等活动，全方位提升职工技能。支持帮助困难企业开展转岗转业培训，合理配置技能资源。引导帮助中小微企业开展职工培训，化工、矿山等高危行业企业要开展从业人员和特种作业人员安全技能培训，严格执行安全培训合格上岗制度。在全省各类企业全面推行企业新型学徒制、现代学徒制，三年培训1万名新型学徒。各类企业应统筹调整职工培训时间，保障职工参训期间应有的工资待遇。

（二）大力开展重点群体就业创业培训。围绕农村转移就业劳动者特别是新生代农民工、城乡未继续升学初高中毕业生（以下称"两后生"）等青年、下岗失业人员、退役军人、就业困难人员（含残疾人）、高校毕业生等重点群体，持续实施"全员培训""雁归兴贵"计划，有针对性地开展劳动预备培训、就业技能培训、职业技能提升培训等专项培训，全面提升职业技能和就业创业能力。围绕乡村振兴战略,打造"绣娘"等优质本土培训品牌,实施农民教育培育提质增效行动,开展农业经理人培养、新型农业经营主体带头人轮训(含现代青年农场主)、现代创业创新青年培养和农业产业精准扶贫培训,推进职业农民技能培训。积极开展创业培训,为高校毕业生、退役军人等重点群体提供创业指导,落实小额担保贷款、场租补贴等创业扶持政策。通过技能培训,培养一批适应现代化建设需要的新生代农民工,促进下岗失业人员和转岗职工实现再就业,稳步推进高校毕业生、退役军人就业创业,帮助残疾人自食其力。

(三)大力开展贫困劳动力扶贫技能培训。针对我省建档立卡贫困劳动力、易地扶贫搬迁劳动力和输出到省内外就业的农村劳动力,开展实用技能培训。聚焦深度贫困县、极贫乡镇和极贫村,鼓励通过项目制购买培训服务为贫困劳动力提供免费职业技能培训,培训期间对建档立卡贫困劳动力和易地扶贫搬迁劳动力给予每人每天40元的生活补助。依托东西部扶贫协作,引进开展"粤菜师傅""金牌月嫂"等品牌优、效果好的技能培训合作项目。深入推进技能脱贫千校行动和深度贫困地区技能扶贫行动,对接受技工教育的贫困家庭学生,按规定落实中等职业教育国家助学金、免学费、精准资助等政策。

三、强化培训能力建设

(四)发挥企业培训主体作用。支持各类企业设立一批职工培训中心,鼓励企业与职业院校(含技工院校,下同)共建一批职业训练院、实训中心、教学工厂等开展培训。企业举办或参与举办的职业院校,各级可按照中级工班毕业生每人1000元(取得中级工职业资格、技能等级证书的按照每人1500元)、高级技工班毕业生每人1500元(取得高级工职业资格、技能等级证书的按照每人2000元)、预备技师班毕业生每人2500元给予支持,对完成技师、高级技师培养并取得相应等级证书的,按照技师4000元、高级技师6000元给予补贴。支持各类企业设立一批高技能人才培训基地和技能大师工作室,企业可通过职工教育经费提供相应的资金支持,政府按规定通过就业补助资金给予补助。支持高危企业集中的地区建设一批安全生产和技能实训基地。鼓励企业设立首席技师岗位,评聘的首席技师与企业总工程师享受同等经济待遇,同时对在聘的高级工、技师、高级技师在学习进修、岗位聘任、职务职级晋升等方面,比照助理级、中级、高级工程技术人员享受同等待遇,提升技能人才职业发展空间。

(五)推动职业院校扩大培训规模。鼓励职业院校主动承接各类补贴性培训,扩大面向职工、就业重点群体和贫困劳动力的培训规模。允许职业院校将一定比例的培训收入纳入学校公用经费，学校培训工作量可按一定比例折算成全日制学生培养工作量，具体比例由各市（州）结合实际确定。在核定职业院校绩效工资总量时，可向承担职业技能培训工作的单位倾斜。职业院校在分配培训任务时，应向承担职业技能培训工作的一线教师倾斜并予以奖补。各市（州）的职业院校、技工院校要与对口帮扶城市院校建立联合办学机制，有条件的县积极参与。

（六）支持社会机构开展培训评价工作。民办职业培训和评价机构在政府购买服务、校企合作、实训基地建设等方面与同类公办机构享受同等待遇。开展享受政府补贴性职业培训的机构，由市、县级人力资源社会保障部门按照政府采购有关规定通过公开招标或遴选方式择优确定。按照国家统一部署，支持符合条件的企业按规定自主开展职工职业技能等级评价工作。各类评价机构发放的相应证书作为申请培训补贴的依据，其中专项能力、职业资格、技能等级评价机构，由省人力资源社会保障厅进行明确；行业、企业等各类评价机构发放的特种作业操作证、安全证书等，由省级主管部门明确，并报省人力资源社会保障厅备案。

（七）强化培训基础建设。每年从技能提升行动资金中安排不超过5000万元用于对企业、院校、培训机构的实训设施设备升级改造，具体办法由省人力资源社会保障厅、省财政厅另行制定。支持建设产教融合实训基地和公共实训基地。加强师资建设，职业院校和培训机构实行专兼职教师制度，按规定自主招聘企业技能人才任教。加快职业技能培训教材开发，提高教材质量。加强职业培训信息化建设，逐步实施补贴性培训实名制信息管理，探索建设互联网培训平台和建立劳动者职业培训电子档案。

（八）创新拓展培训内容。强化综合能力培训，将职业道德、职业规范、工匠精神、安全生产和健康卫生、就业指导等内容贯穿职业技能培训全过程。围绕市场急需紧缺职业，将实操培训安排在车间、工厂、实训基地结合岗位实际开展，强化实操实训能力。发挥技能助推产业发展作用，围绕蔬菜、茶等12大特色农业产业，基础能源、新型建材等10大千亿级工业产业，以及健康医养等5大服务业发展实际，开展各种技能培训，建立一支促进产业发展的技能人才队伍。对贫困劳动力等群体开展感恩教育、扶贫扶志（智）、农民市民化等培训。创业培训可通过案例剖析、考察观摩、企业家现身说法等方式，提高受训者的创业能力。

四、完善培训补贴政策

（九）统一补贴标准。对贫困家庭子女、贫困劳动力、未继续升学的初高中毕业生、高校毕业生、农村转移就业劳动者、失业人员和转岗职工、退役军人、残疾人等群体开展免费职业技能培训，对高校毕业生和企业职工按规定给予职业培训补贴。企业对新录用人员开展基本技能、安全生产、消防安全、企业规章制度、劳动维权保障、禁毒戒毒知识等岗前培训，培训学时不低于 30 课时，培训后取得专项职业能力证书（或培训合格证书、安全证书），按照每人不高于 500 元给予企业补贴。对各类企业、农民专业合作社和扶贫车间等生产经营主体吸纳建档立卡和易地扶贫搬迁劳动力就业，参保企业吸纳建档立卡、易地扶贫搬迁劳动力、就业困难人员、零就业家庭成员就业，并开展以工代训的，可根据用工主体发放工资的 30% 给予补贴，原则上每人每月不高于 500 元，最长不超过 6 个月。职工参加企业新型学徒制培训的，给予企业每人每年 4000 元以上的职业培训补贴，由企业自主用于学徒培训工作。对培训后取得职业资格证书（技能等级证书）的给予技能鉴定补贴。对符合条件的企业职工开展培训后取得国家职业资格、技能等级证书的，按照初级工 1000 元、中级工 1500 元、高级工 2000 元、技师 4000 元、高级技师 6000 元给予企业培训补贴。对个人或企业组织取得特种作业操作证书的，给予每人不超过 600 元培训补贴，具体标准由各市（州）人力资源社会保障部门商同级特种作业主管部门合理制定。开展创业培训后取得 GYB（产生你的企业想法、培训时间为 3 天）、SYB（创办你的企业、培训时间为 10 天）、网络创业培训（培训时间为 7 天）合格证书分别给予每人 300 元、1200 元、1400 元补贴（含网络创业培训教学平台使用费）。按每人 500 元标准给予 SYB 培训和网络创业培训后续一次性跟踪服务费。项目制技能培训一般按照 100 元每人每天执行。建立培训补贴与就业挂钩机制，具体拨付比例和要求按有关规定执行。

（十）细化补贴措施。符合条件的劳动者在户籍地、常住地、求职就业地参加培训后取得职业资格证书、职业技能等级证书、专项职业能力证书、特种作业操作证书、培训合格证书等的，按规定给予职业培训补贴，原则上每人每年可享受不超过 3 次，但同一职业同一等级不可重复享受。将确有培训需求、不具有按月领取养老金资格的人员纳入职业技能培训范围。对企业开展培训或培训机构开展项目制培训的，可先行拨付 30% 的培训补贴资金，市、县级可在确保资金安全的情况下，适当提高预拨比例。各市（州）对特殊紧缺工种开展的项目制培训可适当提高补贴标准。各市（州）根据实际合理制定定额培训工种和补贴标准，对建档立卡和易地扶贫搬迁人员可适当提高。

（十一）加大资金投入。2019 年起，全省在失业保险基金滚存结余中提取 17 亿元，分 3 年重点用于支持企业职工技能提升和转岗转业培训、重点群体就业创业培训、贫困劳动力扶贫技能培训，具体筹集管理办法由省财政厅、省人力资源社会保障厅另行制定。企业要按有关规定足额提取和使用职工教育经费，其中60%以上用于一线职工培训，可用于企业"师带徒"津贴补助。落实将企业职工教育经费税前扣除限额提高至工资薪金总额8%的税收政策。各级政府要加大资金投入和筹集整合力度，将就业补助资金、地方人才经费、行业产业发展经费和其他部门可用于开展职业培训的资金进行统筹使用。到县的扶贫资金、易地扶贫搬迁后续扶持资金要按规定对农村建档立卡和易地扶贫搬迁劳动力的技能培训给予倾斜支持。

五、强化组织实施

（十二）加强组织领导。市、县级政府要把职业技能提升行动作为重要民生工程进行安排部署。充分发挥省就业和全员培训工作联席会议制度作用，整合充实职业技能培训职能职责，强化综合协调，建立工作月报、季报、年报制度。市、县级要结合实际制定具体的落实措施，分解细化工作任务，强化工作落实。各地可将财政补助资金与培训工作绩效挂钩，加大激励力度，提升培训质量和层次。

（十三）明确职责分工。依托各级培训工作领导机构，建立完善省级统筹抓总，各市（州）督促指导，县、乡、村具体实施的培训工作机制。发挥行业主管部门等各方作用，人力资源社会保障部门负责政策制定、标准开发、资源整合、培训机构管理、质量监管等工作，制定年度工作计划，分解工作任务，抓好督促落实。发展改革部门负责统筹推进职业技能培训基础能力建设，加大实训基地建设及项目管理。财政部门负责就业补助资金、失业保险基金结余按规定提取等工作，确保及时足额拨付到位。教育部门负责组织职业院校主动承担职业技能培训任务。工业和信息化、住房城乡建设、交通运输、商务、民政、文化旅游等部门要发挥行业主管部门作用，负责组织行业、企业参与培训工作。农业农村部门负责牵头做好农民教育培训工作，强化乡村振兴人才支撑。扶贫、生态移民部门负责做好建档立卡和易地扶贫搬迁劳动力培训的组织宣传、培训工作。退役军人事务部门负责协调组织退役军人职业技能培训。应急管理、煤矿安监部门负责指导协调化工、矿山等高危行业领域安全技能培训和特种作业人员安全作业培训。国资部门负责指导国企开展职业技能培训，指导国有企业提高技术工人待遇。军民融合办、产业工会等负责指导军工企业开展技能提升培训。税务部门依照税法相关规定，认真落实职工教育经费、公益性捐赠税前扣除政策。残联负责组织实施残疾人职业技能培训工作，工会、共青团、妇联等群团组织及行业协会积极参与做好职业技能培训工作。

（十四）严格资金监管。各地要加大资金统筹整合力度，综合考虑本地区经济社会发展水平和资金筹集情况，科学合理确定职业技能培训目标任务和各项补贴标准，严格按规定在补助范围内使用资金。要依法加强资金监管，定期向社会公开资金使用情况，加强监督检查和专项审计工作，强化廉政风险防控，保障资金安全和效益。要加强培训监管和信息比对，避免多头、重复申领培训补贴，对以虚假培训等套取、骗取资金的依法依规严惩。对培训工作中出现的失误和问题要区分不同情况对待，保护基层干部在工作落实层面干事担当的积极性。

（十五）强化服务宣传。深化职业技能培训工作"放管服"改革，对补贴性职业技能培训实施目录清单管理，公布培训项目目录、培训和评价机构目录，方便劳动者按需选择。地方可采取公开招投标等方式购买培训服务和评价服务，探索实行信用支付等办法，优化培训补贴支付方式。建立培训补贴网上经办服务平台，有条件的地区可对项目制培训探索培训服务和补贴申领告知承诺制，简化流程，减少证明材料。围绕职业技能提升工作，广泛开展宣传活动，提升政策知晓度。加强技能人才激励表彰工作，弘扬"劳动光荣、技能宝贵、创造伟大"的社会风尚。

云南省职业技能提升行动实施方案（2019—2021年）

为贯彻落实党中央、国务院决策部署，根据《国务院办公厅关于印发职业技能提升行动方案（2019—2021年）的通知》（国办发〔2019〕24号）精神，结合我省实际，制定本方案。

一、工作要求和目标任务

（一）工作要求。以习近平新时代中国特色社会主义思想为指导，全面贯彻落实党的十九大和十九届二中、三中全会精神，把职业技能培训作为保持就业稳定、缓解结构性就业矛盾的关键举措，作为经济转型升级和高质量发展的重要支撑。坚持服务经济社会发展，围绕我省重点培育产业的需求，大力推行终身职业技能培训制度，面向职工、就业重点群体、建档立卡贫困劳动力（以下简称贫困劳动力）等城乡各类劳动者，大规模开展职业技能培训，全面提升劳动者职业技能水平和就业创业能力，加快建设知识型、技能型、创新型劳动者大军。

（二）目标任务。2019—2021年，全省各地开展各类补贴性职业技能培训150万人次以上，其中2019年度培训50万人次以上；力争到2021年底全省技能劳动者总量占就业人员总量的比例达25%以上，高技能人才总量占技能劳动者的比例达30%以上。

二、明确培训实施范围，开展有针对性的职业技能培训

（三）大力开展职工技能提升和转岗转业培训。企业需制定职工培训计划，广泛组织岗前培训、在岗培训、脱产培训，开展岗位练兵、技能竞赛、在线学习等活动，提升职工素质和转岗能力。

（四）加强对就业重点群体的技能提升培训和创业培训。面向农村转移就业劳动力、城乡未继续升学初高中毕业生（以下称"两后生"）等青年、退役军人，以及我省办理城镇登记失业的零就业家庭人员、享受城乡居民最低生活保障失业人员、男年满50周岁和女年满40周岁以上的大龄城镇失业人员、残疾人、连续失业一年以上的城乡登记失业人员（以下简称就业困难人员）等就业重点群体实施培训。针对农村转移就业劳动力，开展易地扶贫搬迁就业培训、转移就业培训计划、农民

工"春潮行动""求学圆梦行动"、新生代农民工职业技能提升计划和返乡创业培训计划。围绕乡村振兴战略，实施新型职业农民培育工程。针对"两后生"，开展劳动预备培训。

（五）加大贫困劳动力和贫困家庭子女技能扶贫工作力度。大力实施技能扶贫专项行动，确保有培训意愿的贫困劳动力都能参加技能提升培训。特别是对"三区三州"中的怒江州、迪庆州和我省深度贫困县，要探索通过项目制购买服务等方式为贫困劳动力提供免费职业技能培训，并在培训期间给予生活费（含交通费，下同）补贴，不断提高参训贫困人员占贫困劳动力比重。深入推进技能脱贫千校行动和深度贫困地区技能扶贫行动，继续实施怒江州、迪庆州中等职业教育农村全覆盖试点政策。

三、优化培训资源配置，激发各类培训主体积极性

（六）支持企业开展职业技能培训。各类企业按照计划对职工开展职业培训的，按照规定给予培训补贴。规模以上企业、当地龙头企业帮助中小微企业开展职工培训的，纳入职业培训补贴范围。鼓励企业特别是规模以上企业或者吸纳就业人数较多的企业设立职工培训中心。企业举办或参与举办职业院校、技工院校的，可按现行有关规定根据毕业生就业人数或培训实训人数在高技能人才基地建设、创业园区建设和职业技能培训补贴等方面给予支持。实施高危行业领域安全技能提升行动计划，严格执行从业人员安全技能培训合格后上岗制度，化工、矿山、金属冶炼、建筑施工、道路运输单位及危险品的生产经营储存单位要组织从业人员和各类特种作业人员普遍开展安全技能培训。全面推行企业新型学徒制、现代学徒制，3年培训3.5万名新型学徒。鼓励企业与参训职工协商一致灵活调整工作时间，保障职工参训期间应有的工资福利待遇。实施高技能领军人才和产业紧缺人才境外培训项目，由省人力资源社会保障厅组织开展，所需资金从失业保险基金专账支出。

（七）推动职业院校、技工院校扩大职业培训规模。支持职业院校、技工院校开展各类补贴性职业培训，在其专业范围内面向院（校）外开展职业技能培训，资金收支管理按照财政有关规定执行。在核定职业院校、技工院校绩效工资总量时，各地可根据职业技能培训规模、培训质量、稳定就业率等情况，向承担职业技能培训的院校倾斜，合理确定绩效工资总量。允许职业院校、技工院校将一定比例的培训收入纳入学校公用经费，学校培训工作量可按照一定比例折算成全日制学生培养工作量。在院校内部分配时，应向承担职业技能培训工作的一线教师倾斜，保障其合理待遇。在职业院校启动"学历证书+若干职业技能等级证书"制度试点工作，

按照国家有关规定执行。

（八）鼓励支持社会培训、评价机构开展职业技能培训和评价工作。鼓励社会力量举办职业培训机构，新设立的职业培训机构达到相应要求的，可直接获得职业资格高级工及以下等级的培训资质。鼓励省外有资质的职业培训机构到我省开展职业技能培训。民办职业培训机构和评价机构在政府购买服务、校企合作、实训基地建设等方面与公办同类机构享受同等待遇。做好我省工程领域高技能人才与工程技术人才职业发展贯通试点工作。

四、完善职业培训补贴政策，调动广大劳动者积极性

（九）给予职业培训补贴。户籍地、常住地、求职就业地在我省的符合条件劳动者参加培训并取得证书（职业资格证书、职业技能等级证书、专项职业能力证书、特种作业操作证书、培训合格证书等），按照规定给予职业培训补贴，原则上每人每年可享受不超过3次，但同一职业同一等级不可重复享受。

对企业组织职工参加职业技能培训并取得初级工、中级工、高级工、技师、高级技师职业资格证书或有关证书的，对离校未就业高校毕业生和失业人员等符合条件的劳动者参加培训的，可给予职业培训补贴。确有培训需求、不具有按月领取养老金资格的人员，可纳入职业培训补贴政策范围。培训补贴按照"谁垫付、谁申领"的原则支付给企业或个人。具体补贴标准由省人力资源社会保障厅和省财政厅另行制定。

职工参加企业新型学徒制培训的，给予企业每人每年4000元以上的职业培训补贴，由企业自主用于学徒培训工作。用人单位组织职工参加岗前培训、在岗安全技能培训、转岗转业培训的，按照规定给予每人800元的职业培训补贴。

（十）给予免费职业技能培训。对贫困劳动力、失业人员、"两后生"、农村转移就业劳动力、转岗职工、残疾人、退役军人，由公共服务机构采取公开招标方式组织开展的免费职业技能培训，所需资金实行全额支付。

（十一）给予培训期间生活费补贴。对贫困劳动力、就业困难人员、"两后生"中的农村学员，在培训期间按照规定通过就业补助资金给予每人每天60元的生活费补贴。

（十二）给予以工代训培训补贴。企业、农民专业合作社和扶贫车间等各类生产经营主体吸纳贫困劳动力就业并开展以工代训，以及参保企业吸纳就业困难人员、零就业家庭成员就业并开展以工代训的，按照用工方支付给劳动者工资总额20%的标准给予职业培训补贴，补贴期限最长不超过6个月。

（十三）给予预拨职业培训补贴资金。对企业按照计划组织职工开展培训的，以及职业院校、技工院校和培训机构经招标确认对贫困劳动力、去产能失业人员、退役军人开展项目制培训的，可先行拨付50%的培训补贴资金。

五、创新培训内容和形式，提升培训管理服务效能

（十四）创新培训内容。加强职业技能、通用职业素质和求职能力等综合性培训。将职业道德、工匠精神、质量安全意识、有关法律法规、扫黑除恶、禁毒防艾、环保和健康卫生、就业指导等内容贯穿职业技能培训全过程。围绕市场急需紧缺职业，开展家政、养老服务、母婴护理、保安、电工、民族工艺等职业技能培训。围绕我省经济社会发展，开展循环农业、智慧农业、旅游业、康养产业、智能建筑、设备制造等战略性新兴产业的职业技能培训。围绕培育发展电商产业，将电商创业中的摄影摄像、包装设计、物流快递、"店铺"装修等电商服务技能纳入职业培训补贴范围。加大人工智能、云计算、大数据等新技能培训力度。

（十五）鼓励劳动者自主选择培训。符合我省享受职业培训补贴条件的人员，可参加有组织的职业培训，也可自主选择职业培训机构和培训项目。对自主选择培训并取得国家职业资格证书、技能等级证书或专项职业能力证书的，由本人户籍地、省内常住地或求职就业地人力资源社会保障部门按照规定给予职业培训补贴。

（十六）加强职业技能培训基础能力建设。在我省高危企业集中地区和吸纳就业明显的地区，建设、认定一批安全生产和技能实训基地。支持企业、院校、培训机构对实训设施设备进行升级改造。支持建设产教融合实训基地和公共实训基地，积极推进职业技能培训资源共建共享。实施"失业人员技能培训基地"认定计划，认定一批面向广大失业人员或转岗职工开展职业技能培训的"失业人员技能培训基地"，给予30万~50万元实习实训设备等补贴，所需资金从失业保险基金专账支出。支持企业设立高技能人才培训基地和技能大师工作室，到2021年，至少建设9个国家级高技能人才培训基地、15个国家级技能大师工作室。加强师资建设，盘活教师资源，职业院校、技工院校和培训机构实行专兼职教师制度。依托就业补助资金支付对象实名制数据库信息系统、公共就业服务信息化建设等，推进"互联网+职业技能培训"和"技能培训通APP"建设，实现职业技能培训补贴实名制信息化管理，建立劳动者职业培训电子档案。加快民族特色工艺、本土风味餐饮、特色种植养殖等职业技能培训教材开发，完善职业技能培训教材体系。

（十七）提高培训管理服务水平。深化职业技能培训工作"放管服"改革，对补贴性职业技能培训实施目录清单管理，各州、市、县、区要及时公布当地培训项目目录、培训和评价机构目录。各地原则上通过公开招标、竞争性谈判等方式购买培训服务和评价服务，不得分离准入资格与具体培训项目。完善培训统计，健全培训绩效评估体系，建立培训机构和评价机构退出机制。探索建立培训服务和补贴申领告知承诺制。建立培训补贴网上经办服务平台，减少证明材料，提高服务效率。

六、加强组织领导，强化保障措施

（十八）强化各级政府工作职责。各地要把职业技能提升行动作为重要民生工程，切实承担主体责任。省人民政府建立职业技能提升行动工作协调机制，形成省级统筹、部门参与、州市和县级实施的工作格局。各州、市、县、区要抓紧制定具体政策措施，明确任务目标，进行任务分解，建立工作情况季报、年报制度。

（十九）健全工作机制。健全职业技能提升行动工作协调机制，充分发挥各方作用，形成工作合力。人力资源社会保障部门承担政策制定、标准开发、资源整合、培训机构管理、质量监管等职责，制定年度工作计划，分解工作任务，抓好督促落实。发展改革部门要统筹推进职业技能培训基础能力建设。教育部门要组织职业院校承担职业技能培训任务。工业和信息化、住房城乡建设等部门要发挥行业主管部门作用，积极参与培训工作。财政部门要确保就业补助资金等及时足额拨付到位。农业农村部门负责职业农民培训。退役军人事务部门负责协调组织退役军人职业技能培训。应急管理、煤矿安监部门负责指导协调高危行业领域安全技能培训和特种作业人员安全作业培训。国资监管部门要指导国企开展职业技能培训。其他有关部门和单位要共同做好职业技能培训工作。支持鼓励各级工会、共青团、妇联等群团组织以及工商联、个私协、行业协会等参与职业技能培训工作。

省人力资源社会保障厅、省财政厅定期发布《云南省职业技能培训、创业培训补贴标准目录》，明确补贴范围和补贴标准。各州、市人力资源社会保障、财政部门可在省级发布职业培训补贴工种目录的基础上，结合本地实际，适当调整补贴标准，并报省人力资源社会保障厅、省财政厅备案后实施。县级以上政府可对有关部门各类培训资金和项目进行整合，解决资金渠道和使用管理分散问题。

（二十）加大资金支持力度，强化资金监督管理。省级和各州、市人民政府从2018年底失业保险基金滚存结余中提取20%的资金，专项用于支持2019—2021年全省职业技能提升行动，在社会保障基金财政专户中单独建立"职业技能提升行动专账"，按照规定实行分账核算、专款专用。各地要将一定比例的就业补助资金、地方人才经费和行业产业发展经费中用于职业技能培训的资金以及失业保险金统筹用于职业技能提升行动。省级提取的资金专项用于省级项目实施和调剂各地开展职业技能提升行动。从省级提取的专项资金中，每年安排2000万元用于支持我省参加全国性职业技能竞赛及选拔赛、举办全省性职业技能竞赛。各地可安排经费对教材开发、师资培训、教学改革、技能竞赛、培训组织动员等基础工作进行奖补。本方案除已明确应由就业补助资金支出的项目，从就业补助资金支出外，其他支出项目从失业保险基金专账支出。企业要按照有关规定足额提取和使用职工教育经费，其中60%以上用于一线职工培训，可用于企业"师带徒"津贴补助。落实将企业职工教育经费税前扣除限额提高至工资薪金总额8%的税收政策。

要加强廉政风险防控，切实做好监督检查和专项审计工作，各地要定期向社会公开资金使用情况，规范资金申报、拨付程序。同一培训项目不得重复申报职业培训补贴。对以虚假培训等套取、骗取资金的依法依纪严惩，对培训工作中出现的失误和问题要区分不同情况对待，保护工作落实层面干事担当的积极性。

（二十一）加强政策解读和舆论宣传。各地、有关部门要加大政策宣传力度，发挥政府网站、微信、广播电视、新闻报刊等传播作用，分批、持续开展政策解读，注重提高政策解读宣传的针对性和有效性，促进职业技能培训工作开展。

西藏自治区职业技能提升行动实施方案
（2019—2021年）

为全面贯彻落实党中央、国务院决策部署，大规模开展职业技能培训，提高劳动者就业创业能力，根据《国务院办公厅关于印发职业技能提升行动方案（2019—2021年）的通知》（国办发〔2019〕24号）精神，结合我区实际，制定本实施方案。

一、总体要求

以习近平新时代中国特色社会主义思想为指导，全面贯彻党的十九大和十九届二中、三中全会精神，深入贯彻落实习近平总书记关于治边稳藏的重要论述，按照全国职业技能提升行动电视电话会议和自治区党委、政府部署，以满足人民群众就业创业需要为导向，以适应经济社会发展需要为目标，面向城乡各类劳动者大规模开展职业技能培训，加快建设知识型、技能型、创新型劳动者大军。

二、主要目标

持续实施职业技能提升行动，提高培训针对性实效性，全面提升劳动者职业技能水平和就业创业能力。三年共开展各类补贴性职业技能培训21万人以上，其中2019年培训6万人以上、2020年培训7万人以上、2021年培训8万人以上。

三、大规模开展有针对性的职业技能培训

（一）对企业职工开展技能提升和转岗转业培训。支持企业开展岗前培训、在岗培训、脱产培训、岗位练兵、技能竞赛、在线学习等活动，自主开展适应岗位需求和发展需要的技能培训。支持帮助困难企业开展转岗转业培训，全额补贴在岗职工培训经费。充分发挥行业、龙头企业和培训机构作用，引导帮助中小微企业开展职工培训。对危化、矿山等高危行业从业人员和各类特种作业人员普遍开展安全技能培训，严格执行培训合格后上岗制度。在全区范围内推行企业新型学徒制、现代学徒制培训，三年共培训新型学徒600人以上。鼓励企业参与推进产教融合、校企合作，实现学校培养与企业用人的有效衔接，支持企业与参训职工协商一致灵活调整工作时间，保障职工参训期间应有的工资福利待遇。

（二）对就业重点群体开展职业技能提升培训。依托西藏技师学院、各级职业院校、公共实训基地、大师工作室、培训机构等，为农牧区转移就业劳动者特别是建档立卡贫困劳动者、"两后生"、登记失业人员和转岗职工、退役军人、离校未就业高校毕业生（含中职毕业生）、就业困难人员（含残疾人）等提供技工教育、就业技能培训、职业技能提升培训等。培训后取得职业资格证书、职业技能等级证书、专项能力证书或培训合格证书的，按《西藏自治区职业培训补贴资金使用管理实施细则（试行）》（以下简称《实施细则》）规定给予培训补贴。持续实施职业农牧民培训工程和农村实用人才带头人素质提升计划。推进技能扶贫，对参加职业技能培训的建档立卡贫困家庭劳动力、就业困难人员和城乡零就业家庭成员、"两后生"、低保家庭学员给予交通费补贴，补贴标准由各地（市）自行确定，从就业补助资金中列支；对接受技工教育的贫困家庭学生，按规定落实中等职业教育国家助学金和免学费政策，从中等职业教育学生资助补助经费中列支；对子女接受技工教育的贫困家庭，按政策给予补助，从财政扶贫资金中列支。

（三）对有创业意愿的开展创业培训。重点开展创业模拟实训、网络创业培训、创业实习和创业者能力提升培训，探索"1+X"创业培训模式，将创业培训、指导、服务贯穿于创业的各个阶段，每年培训2000人以上。完善创业培训服务平台，到2021年建成自治区级创业孵化基地10家。加强创业培训项目开发、创业担保贷款、后续扶持等服务。

四、激发职业技能培训载体效能

（一）支持企业兴办职业技能培训。支持各类企业特别是规模以上企业或者吸纳就业人数较多的企业设立职工培训中心，鼓励企业与职业院校、西藏技师学院（含技工院校）共建实训中心、教学工厂、工作室、实验室、创新基地、实践基地等，开展产教融合型企业建设试点，对深度参与校企合作、行为规范、成效显著、具有较大影响力的企业，按照有关规定给予相应政策支持，企业开展校企合作的情况纳入企业社会责任报告。企业以独资、合资、合作举办或参与举办职业院校的，根据毕业生就业人数或培训实训人数给予财税用地等政策支持。支持企业设立高技能人才培训基地和技能大师工作室，企业可通过职工教育经费提供相应的资金支持，政府按规定通过就业补助资金给予补助。支持高危企业建设安全生产和技能实训基地。

（二）支持职业院校扩大培训规模。通过校企合作、技术服务、社会培训等所得收入，可按一定比例作为绩效分配来源，培训工作量可按一定比例折算成全日制学生培养课时量。内部分配应向承担职业技能培训工作的一线教师倾斜，保障其合理待遇。在院校启动"学历证书+若干职业技能等级证书"制度试点工作，人力资源社会保障和教育部门在职责范围内分别负责管理监督考核院校外、院校内职业技能等级证书的实施。

（三）发挥民办职业培训机构的积极作用。通过政府购买服务、校企合作、实训基地建设的方式，鼓励企业、行业协会、社会组织等积极参与办学、行业人才需求信息发布、就业状况分析、培训指导等。严格民办职业培训机构师资、设备、场地等基本条件，规范和引导社会力量开展培训服务。鼓励发展非营利性民办职业技能培训学校，在土地划拨、规划建设、金融扶持、设置审批、项目申报和奖励评定等方面，逐步与公办学校同等对待，并按规定落实税费减免政策。鼓励地（市）、县（区）培育发展壮大社会培训，探索参训人员自主选择培训机构的补贴办法。

（四）发挥职业技能竞赛引领作用。以世界技能大赛、全国技能大赛、西藏工匠选拔赛、西藏工艺美术大赛等为引领，推进各行各业广泛开展岗位练兵和技能比武，搭建竞赛标准与人才培养紧密衔接的技能人才竞赛选拔机制。对在世界技能大赛、国家级一类职业技能竞赛中取得优异成绩的个人给予奖励，奖励办法另行制定；对在自治区级一类职业技能竞赛前3名的选手按自治区有关规定给予奖励。支持举办西藏特色传统职业技能大赛，选拔技术能手和技能大师，对获奖者给予一定的物质奖励和政治待遇。

（五）强化职业技能培训平台服务作用。推进地（市）公共实训基地建设运营，研究技工院校设立审批管理办法，支持民办职业技能培训机构升级为技工学校，同等享受国家支持技工院校的政策待遇。加强自治区级高技能人才培训基地、大师工作室建设，支持西藏技术能手、西藏工匠、西藏工艺美术大师、非物质文化遗产传承人申报建设技能大师工作室。

五、加强职业技能培训能力建设

（一）创新培训内容。对将国家通用语言、职业道德、职业规范、工匠精神、质量意识和相关法律法规、安全环保和健康卫生、就业指导等内容贯穿职业技能培训全过程的，在现行补贴标准的基础上增加450元/人。围绕市场需求开展家政、养老服务、托幼、保安、电商、汽修、电工、快递、美发等技能培训，以及现代服务业、新兴产业以及智慧农牧业、智能建筑、智慧城市建设等新产业培训。加大工艺美术、藏香制作、藏式绘画、民族歌舞、唐卡制作、藏式雕刻、藏毯及氆氇编织等传统工艺技能培训力度。

（二）拓展培训模式。推动工学结合、校企合作、"工学一体化"的技术工人培养模式。支持企业、职业院校和培训机构建设产教融合实训基地、公共实训基地、职业训练院和互联网培训平台，推进资源共建共享，推广"互联网+职业培训"等方式。整合现有的农牧民培训系统、全区职业培训系统，建立统一的补贴性培训实名制管理信息系统。探索建立劳动者职业培训电子档案，实现培训信息与评价、就业、社保信息联通共享，提供培训—评价—就业一体化服务。

（三）加强师资队伍建设。建立职业院校和培训机构教师在职培训和到企业实践制度，到2021年，职业院校"双师型"教师占比达到50%，民办职业培训机构专职教师比例达到30%。建立民办职业培训机构教师继续教育制度，加大创业培训师资培养力度。建立健全职业院校聘任专兼职教师办法，畅通企业工程技术人员和高技能人才到职业院校担任教师的通道，学校可根据编制和岗位空缺情况，按国家和自治区有关规定招聘具有一线工作经验的企业工程技术人员、高技能人才、民间技艺传承人和在国家、自治区级一类职业技能竞赛中分别获得前三名、前二名的选手任教。完善职业院校和培训机构教师评价标准，提高技能实践类成果和专业教学能力在职称评审条件中的比重。

（四）健全技能人才评价机制。构建以职业资格认定、职业技能等级评价、专项职业能力考核等为主要内容的技能人才评价机制，对未列入国家职业资格目录的工种，建立我区专项职业能力考核目录，实行动态调整。探索开展企业职业技能等级认定试点工作，面向社会征集第三方评价机构。民办职业培训和评价机构在政府购买服务、校企合作、实训基地建设等方面与公办同类机构享受同等待遇。制定高技能人才与工程技术人才职业发展贯通办法，开展高技能人才与工程技术人才职业发展贯通试点。支持建立职业培训和评价协会。

六、完善职业技能培训政策体系

（一）调整完善培训补贴政策。将职业技能培训补贴由每人每年可享受1次调整为每人每年可享受不超过3次，同一职业同一等级不可重复享受。将确有培训需求、不具有按月领取养老金资格的人员纳入培训补贴范围。劳动者可以在户籍地和区内常住地、求职就业地参加培训，由培训所在地发证，培训和鉴定补贴不受户籍限制。对企业开展培训或培训机构开展项目制培训的，可先行拨付30%的补贴资金。对各类生产经营主体吸纳我区劳动者就业并开展以工代训的，按照《实施细则》规定给予培训补贴。

（二）落实培训补贴政策。按照《实施细则》及其补充通知、《关于失业保险支持参保职工提升技能有关问题的通知》（藏人社发〔2017〕137号）落实补贴政策。职工参加企业新型学徒制培训的，按照《关于推行企业新型学徒制的通知》（藏人社发〔2019〕47号）规定给予补贴，由企业自主用于学徒培训工作。

（三）完善资金支持政策。将一定比例的就业补助资金、人才经费和行业产业发展经费中用于职业技能培训的资金，以及从失业保险基金结余中按规定拿出部分资金，统筹用于职业技能提升行动。用于职工职业技能提升行动的失业保险基金结余在社会保障基金财政专户中单独建立"职业技能提升行动专账"，用于职工等人员职业技能培训，实行分账核算、专款专用，具体办法由财政厅、人力资源社会保障厅另行制定。企业要按有关规定足额提取和使用职工教育经费，其中60%以上用于一线职工培训，可用于企业"师带徒"津贴补助。落实将企业职工教育经费税前扣除限额提高至工资薪金总额8%的税收政策。推动企业提取职工教育经费开展自主培训与享受政策开展补贴性培训有机衔接，探索完善相关机制。

七、组织实施

（一）压实各级政府主体责任。自治区级要建立职业技能提升行动工作协调机制，形成自治区级统筹、部门参与、市县实施的工作格局。各地（市）要切实承担主体责任，结合实际制定具体办法，建立季报、年报制度。县（区）要制定具体贯彻落实措施。鼓励各地（市）、县（区）将财政补助资金与培训工作绩效挂钩，强化激励、扩大规模，提升培训质量和层次。

（二）构建齐抓共管工作格局。建立在政府统一领导下，人力资源社会保障部门承担政策制定、标准开发、资源整合、培训机构管理、质量监管等职责，制定年度计划，分解任务，抓好督促落实。发展改革部门要统筹推进支持职业技能培训载体基础项目建设。教育部门要组织职业院校承担职业技能培训任务。经济和信息化、住房城乡建设等部门要发挥行业主管部门作用，积极参与培训工作。财政部门要确保就业补助资金等及时足额拨付到位。农业农村部门负责职业农牧民培训。退役军人事务部门负责协调组织退役军人职业技能培训。应急管理部门负责协调组织危化、矿山等高危行业领域安全技能培训。市场监管部门负责公布特种设备作业人员培训、考核机构及发证工作。国资、工商联部门要指导企业开展职业技能培训。支持鼓励工会、共青团、妇联、残联等群团组织以及行业协会参与职业技能培训工作。

（三）提高培训管理服务水平。对补贴性职业技能培训实施目录清单管理，公布培训项目和评价机构目录，方便劳动者按需选择。有条件的地（市）、县（区）可采取公开招投标等方式购买培训和评价服务。探索实行信用支付等办法，优化培训补贴支付方式。有条件的地（市）、县（区）可对项目制培训探索培训服务和补贴申领告知承诺制，精简流程和证明材料。加强对培训机构和培训质量监管，开展第三方评估。各地（市）、各有关单位每年年底前向人力资源社会保障厅报送职业技能提升行动落实情况，重点反映任务完成情况及存在的问题和对策建议。

（四）强化资金监督管理。各级财政、人力资源社会保障以及培训组织实施部门要依法加强资金监管，定期向社会公开资金使用情况，加强监督检查和专项审计工作，保障资金安全和效益。建立健全职业技能培训动态管理机制，对培训质量低劣、以虚假培训等套取、骗取培训补助资金的培训机构（企业），取消培训资格，追回被骗取、套取的补贴资金，依法追究责任；对培训工作中出现的失误和问题要区分不同情况对待，保护工作落实层面干事担当的积极性。

（五）营造良好舆论氛围。广泛宣传，逐步提升政策知晓度，帮助企业、培训机构和劳动者用足用好政策。大力弘扬和培训工匠精神，宣传先进典型和事迹，并通过西藏技术能手、技能大师、西藏工匠、西藏工艺美术大师、高技能人才培养突出贡献奖等评选活动，营造尊重劳动、崇尚技能、技能成才的舆论环境和社会氛围。

陕西省职业技能提升行动实施方案（2019—2021年）

为深入贯彻落实国务院《职业技能提升行动方案（2019—2021年）》（国办发〔2019〕24号），加快建设知识型、技能型、创新型劳动者大军，制定本实施方案。

一、目标任务

2019年至2021年全省开展各类补贴性职业技能培训65万人次以上，其中2019年补贴性培训21万人次以上。力争到2021年底，全省技能劳动者占就业人员总量的比例达到25%以上，高技能人才占技能劳动者的比例达到30%以上。

二、主要措施

（一）聚焦重点群体，开展职业技能培训

1. 突出做好企业职工技能提升和转岗转业培训。围绕岗位需求和发展需要，企业需制定职工培训计划，广泛组织岗前培训、在岗培训、脱产培训，开展岗位练兵、技能竞赛、在线学习等活动，大力开展高技能人才培训，组织高技能领军人才和产业紧缺人才省（境）外培训。支持帮助困难企业开展转岗转业培训。积极发挥行业、龙头企业和培训机构作用，引导帮助中小微企业开展职工培训。实施高危行业领域安全技能提升行动计划，化工、矿山等高危行业企业及安全生产责任较重的行业企业，要组织开展安全技能培训，严格执行安全技能培训合格后上岗制度。全面推行企业新型学徒制、现代学徒制培训，鼓励企业和院校通过共组师资队伍、共建实训基地、共创培养模式等方式，培养企业后备技能人才，三年培训2万名新型学徒。（省人力资源社会保障厅、省教育厅、省科技厅、省工业和信息化厅、省住房城乡建设厅、省国资委、省应急厅、陕西煤矿安监局、省总工会负责）

2. 扎实开展就业重点群体职业技能提升培训和创业培训。面向农村转移就业劳动者特别是新生代农民工、城乡未继续升学初高中毕业生等青年、下岗失业人员、退役军人、家政服务人员、就业困难人员（含残疾人）等，持续实施"春潮行动""求学圆梦行动""新型职业教育培训合作行动""残疾人职业技能提升计划"、新生代农民工职业技能提升计划和返乡创业培训计划以及劳动预备培训、就业技能培训、职业技能提升培训等专项培训，有针对性地开展创业培训，全面提升就业创业能力。实施新型职业农民培育工程和农村实用人才带头人素质提升计划，开展农民教育培训,推动乡村人才振兴。(省人力资源社会保障厅、省教育厅、省退役军人厅、省农业农村厅、中国人民银行西安分行、省扶贫办、省总工会、团省委、省妇联、省残联负责)

3. 持续加强贫困劳动力和贫困家庭子女职业技能培训。聚焦我省国家级贫困县（含已摘帽贫困县）特别是深度贫困县、村，为建档立卡贫困劳动力（以下简称"贫困劳动力"）提供免费职业技能培训，并在培训期间按规定通过就业补助资金给予生活和交通费补贴。贫困家庭学生参加"新型职业教育培训合作行动"赴省外优质技工院校进行全日制学习的，在校就读期间通过就业补助资金给予每人每年生活和交通费补贴2500元。加强苏陕扶贫协作中贫困劳动力的技能培训，实施职业培训提升工程和创业带动扶持工程，积极培育"返乡创业带头人"和"贫困村创业致富带头人"。鼓励培训机构入村入户对贫困劳动力开展培训。深入推进技能脱贫千校行动、深度贫困地区技能扶贫行动和技工教育赋能工程，落实国家助学金和免学费政策，按"雨露计划"规定，给予子女接受技工教育的贫困家庭扶贫资金补助。(省人力资源社会保障厅、省教育厅、省财政厅、省扶贫办、省农业农村厅负责)

(二) 聚焦增加培训供给,激发培训主体积极性

1. 发挥企业主体作用。鼓励各类企业尤其是规模以上企业或者吸纳就业人数较多的企业设立职工培训中心。职工培训中心按照属地管理原则经人力资源社会保障部门认定后，按规定享受企业职工技能提升和转岗转业培训补贴。支持校企合作共建培训中心、实训中心、教学工厂等，积极培育一批产教融合型企业。产教融合型企业向所举办职业院校（含技工院校，下同）投入的经费，符合规定的可按30%冲抵其当年应缴纳的教育费附加和地方教育附加。企业举办的职业院校全日制毕业生在省内就业且与用人单位签订一年以上劳动合同的，分别按中级工、高级工、预备技师每人不低于1500元、2000元、3000元标准给予院校资金支持。(省人力资源社会保障厅、省发展改革委、省教育厅、省财政厅、省国资委、省总工会负责)

2. 发挥院校基础作用。支持职业院校开展补贴性培训，实施"学历证书+若干职业技能等级证书"制度试点工作，鼓励职业院校学生在获得学历证书的同时，积极取得多项职业技能证书，拓展就业创业本领。对承担社会化技能培训的职业院校，培训所得收入的50%可用于院校内部分配，在核定院校绩效工资总量时予以倾斜，其余50%可用于院校公用经费。职业院校在内部分配时，向承担培训工作的一线教师倾斜。坚持市场化办学方向，支持省外优质职业院校在我省合作办学或开办分校。

（省人力资源社会保障厅、省教育厅、省财政厅负责）

3. 发挥培训机构支持作用。鼓励优质社会培训机构承担补贴性技能培训，民办与公办机构享受同等待遇。定期开展社会培训、评价机构质量评估，建立退出机制，促进社会培训、评价机构健康发展。（省人力资源社会保障厅、省发展改革委、省教育厅、省民政厅、省市场监管局负责）

（三）聚焦提升培训质量，加强培训服务管理

1. 创新培训内容。将爱国奋斗精神、职业道德、职业规范、工匠精神、质量意识、法律意识和相关法律法规、安全环保和健康卫生、消防安全、就业指导、心理疏导等内容贯穿职业技能培训全过程，纳入结业考核。围绕市场急需紧缺的家政、养老服务、托幼、保安、电商、汽修、电工、妇女手工等开展就业技能培训；围绕促进创业开展经营管理、品牌建设、市场拓展、风险防控等创业指导培训；围绕"三个经济"开展现代化工、汽车、航空航天与高端装备制造、新一代信息技术、新材料和现代医药等新产业培训；加大人工智能、云计算、大数据等新职业新技能培训力度。（省人力资源社会保障厅、省发展改革委、省教育厅、省工业和信息化厅、省住房城乡建设厅、省应急厅、省商务厅、省妇联负责）

2. 加强管理服务。实行目录清单制度，省人力资源社会保障厅制定政府补贴培训工种（项目）、培训机构、评价机构等目录，向社会及时公布并进行动态调整。深化职业培训工作"放管服"改革，各市在省级目录清单基础上，针对当地急需紧缺工种（项目）培训，自主确定补充清单，适当调整补贴标准。符合条件的企业围绕主营业务开展新录用人员岗前培训，不受补贴培训工种目录限制。支持各市建立技能人才多元化评价体系，鼓励企业开展技能人才自主评价。贯通工程领域高技能人才与工程技术人才职业发展通道。实行职业培训服务和补贴申领告知承诺制，依托社保卡等信息化手段开展审核。简化工作流程，减少纸质材料，提高服务效率。（省人力资源社会保障厅、省财政厅负责）

3. 加强基础能力建设。建设产教融合基地、公共实训基地，适当给予资金支持，探索拓宽融资渠道，吸引各类社会资本参与建设。对企业、职业训练院、职业院校的实训设施设备升级改造予以支持。建设40个省级高技能人才培训基地，每个基地每年补助资金200万元，以企业优秀高技能人才为主建设120个省级技能大师工作室，通过就业资金给予补助。鼓励各市设立高技能人才培训基地和技能大师工作室。鼓励企业、职业院校、培训机构开发针对性、实用性强的"职业培训包"、校本课程等，对推广使用的，给予补助。加强师资建设，职业院校和培训机构可按规定自主

招聘企业技能人才任教。对职业院校专职教师能力提升给予资金支持。（省发展改革委、省人力资源社会保障厅、省财政厅、省教育厅、省工业和信息化厅、省住房城乡建设厅、省应急厅、省国资委负责）

4. 提升职业培训信息化水平。建设全省统一的职业培训管理信息系统，与就业、社保等信息联通共享，将政府补贴性技能培训项目全部纳入系统，实行实名制管理。利用"互联网+"、移动APP提供在线学习，鼓励国家级、省级技能大师线上授课。（省人力资源社会保障厅、省教育厅负责）

（四）聚焦完善职业培训补贴制度，强化政府引导激励

1. 落实现行补贴政策。面向贫困家庭子女、贫困劳动力、城乡未继续升学初高中毕业生、农村转移就业劳动者、下岗失业人员和转岗职工、退役军人和残疾人开展免费职业技能培训行动。对高校毕业生、家政服务人员和企业职工按规定给予职业培训补贴。对贫困劳动力、就业困难人员、零就业家庭成员、城乡未继续升学初高中毕业生中的农村学员和城市低保家庭学员，在培训期间按规定通过就业补助资金同时给予生活和交通费补贴。符合条件的企业职工参加岗前培训、安全技能培训、转岗转业培训，按规定给予职业培训补贴。企业、农民专业合作社和社区工厂（含扶贫车间、村镇工厂）等各类生产经营主体吸纳贫困劳动力就业并开展以工代训，以及参保企业吸纳就业困难人员、零就业家庭成员就业并开展以工代训的，给予职业培训补贴。省直各有关部门已经开展的培训项目补贴资金渠道保持不变。（省人力资源社会保障厅、省教育厅、省财政厅、省退役军人厅、省应急厅、省残联、省扶贫办负责）

2. 实施职业培训补贴新举措。符合条件的企业依托举办的职业院校或经认定的职工培训中心开展职工岗位技能提升培训，根据职工培训后取得证书（职业资格证书、职业技能等级证书、专项职业能力证书、特种作业操作证书、培训合格证书等，下同）情况给予企业培训补贴，如承接其他符合条件的企业特别是中小微企业职工技能提升培训，培训补贴直接拨付至承训单位。培训补贴标准为初级工1000元、中级工1500元、高级工3000元、技师4000元、高级技师5000元，符合条件的企业职工同时可按规定享受参保职工技能提升补贴。企业开展新型学徒制培训，取得中级工、高级工相应证书的学徒，分别按每人每年5000元、7000元标准给予企业培训补贴。符合条件的劳动者在户籍地、常住地、求职就业地参加培训后取得证书，按规定给予职业培训补贴，原则上每人每年可享受不超过3次，但同一职业同一等级不可重复享受。对确有培训需求、不具有按月领取养老金资格的人员，根据培训需求

给予职业培训补贴。各市（区）人力资源社会保障部门、财政部门可在省级职业培训补贴标准的基础上，结合实际另行确定。市县两级可对各部门的培训资金和项目进行整合，解决资金渠道和使用管理分散问题。对企业开展培训或者培训机构开展项目制培训的，可先行拨付不高于50%的培训补贴资金，具体比例由市县根据实际情况确定。鼓励各地对贫困劳动力、去产能失业人员、退役军人、残疾人等群体开展项目制培训。（省人力资源社会保障厅、省教育厅、省国资委、省财政厅、省应急厅、省退役军人厅、省残联、省扶贫办负责）

3. 加强资金支持。加大资金支持和筹集力度，从失业保险基金结余、就业补助资金、人才经费、行业产业发展经费中筹集培训资金，统筹用于职业技能提升行动。企业按有关规定足额提取和使用职工教育经费，其中60%以上用于一线职工培训，可用于企业"师带徒"津贴补助。落实企业职工教育经费税前扣除限额提高至工资薪金总额8%的税收政策。推动企业利用职工教育经费开展自主培训与开展补贴性培训的有机衔接。各地可对培训组织动员工作进行奖补。（省人力资源社会保障厅、省财政厅、省教育厅、省税务局、省总工会负责）

（五）聚焦运行安全，强化资金监管

1. 严格资金管理。围绕开展大规模职业技能培训，强化资金使用效益，建立健全财务管理制度，建立资金对账制度，加强风险防控。（省财政厅、省人力资源社会保障厅、省审计厅负责）

2. 实施监督检查。各级财政、人力资源社会保障和审计部门应当定期对专账资金管理使用情况进行专项检查和审计，将其列入重点监督检查范围，省本级每年开展一次职业技能培训资金专项审计，聘请具备资质的社会中介机构开展第三方监督检查，实施绩效评价。（省财政厅、省人力资源社会保障厅、省审计厅负责）

3. 强化责任追究。加强廉政风险防控、防止骗取、挪用套取资金和以权谋私等问题的发生，保障资金安全和效益。对滞留、截留、挤占、挪用、虚列、套取、私分补助资金等行为，依法依纪严肃处理。对培训工作中出现的失误和问题要区分不同情况对待，保护工作落实层面干事担当的积极性。（省人力资源社会保障厅、省财政厅、省审计厅）

三、组织领导

（一）夯实工作责任。各市（区）政府要把职业技能提升行动作为重要民生工程，纳入政府目标责任考核，切实承担主体责任，结合当地实际和脱贫攻坚要求尽快制定具体措施，明确职业技能培训重点群体及目标任务，进行任务分解，加强信息统计，建立培训信息季报、年报制度，扎实有效实施职业技能提升行动。市县要结合本地区实际将财政补助资金与培训工作绩效挂钩，加大激励力度，扩大培训规模，提升培训质量和层次，确保职业技能提升行动有效开展。

（二）健全工作机制。省就业工作领导小组加强对全省就业工作和职业技能培训工作的协调领导，形成省级统筹、人力资源社会保障部门牵头、各级部门参与、属地政府具体负责的工作格局。各市县也要建立相应的工作协调机制，制定具体贯彻落实措施，切实做好各项工作。人力资源社会保障部门承担政策制定、标准开发、资源整合、培训机构管理、质量监管等职责，制定年度工作计划，分解工作任务，抓好督促落实，组织技工院校承担职业技能培训任务。发展改革部门要统筹推进职业技能培训基础能力建设。教育部门要组织职业院校承担职业技能培训任务。工业和信息化、住房城乡建设等部门要发挥行业主管部门作用，积极参与培训工作。财政部门要及时筹集补助资金，确保足额拨付到位。农业农村部门负责组织农民教育培训。退役军人事务部门负责协调组织退役军人职业技能培训。应急管理、煤矿安监部门负责指导协调化工、矿山等高危行业领域安全技能培训和特种作业人员安全作业培训。国资监管部门要指导国企开展职业技能培训。其他有关部门和单位要共同做好职业技能培训工作。支持鼓励工会、共青团、妇联、残联等群团组织以及行业协会参与职业技能培训工作。

（三）加强宣传引导。各级各部门要加大政策宣传解读力度，依托政府网站、基层公共服务平台以及主流媒体和新媒体等，采取多种方式，广泛宣传职业技能提升行动，不断提升政策知晓度，帮助企业、职业院校、培训机构、行业协会和劳动者熟悉了解、用足用好政策，共同促进职业技能培训工作。大力弘扬和培育工匠精神，落实提高技术工人待遇政策措施，加强技能人才激励表彰，积极开展各类职业技能竞赛，营造良好环境。

甘肃省职业技能提升行动实施方案（2019—2021年）

为贯彻落实国务院办公厅印发的《职业技能提升行动方案（2019—2021年）》，结合实际，制定本方案。

一、目标任务

2019年至2021年，持续开展职业技能提升行动，三年共开展各类补贴性职业技能培训100万人次以上，其中2019年培训30万人次以上，力争到2021年底，技能劳动者占就业人员总量的比例达到25%以上，高技能人才占技能劳动者的比例达到30%以上。

二、围绕重点群体，开展职业技能培训

（一）企业职工开展技能提升和转岗转业培训。企业应结合生产和技术创新需要，制定职工年度培训计划，开展岗前培训、在岗培训、脱产培训、转岗转业培训以及岗位练兵、技能竞赛、在线学习等活动，组织实施高技能领军人才和产业紧缺人才省（境）外培训。实施高危行业领域安全技能提升行动计划，严格执行安全技能培训合格后上岗制度。发挥行业、龙头企业和培训机构作用，引导帮助中小微企业开展培训。在企业全面推行企业新型学徒制、现代学徒制培训，实现学校培养与企业用人的有效衔接。三年培训1.4万名新型学徒，其中2019年培训不少于4000人。

（二）重点群体开展职业技能提升培训和创业培训。面向农村转移就业劳动者特别是新生代农民工，实施"春潮行动"、新生代农民工职业技能提升计划和返乡创业培训计划。面向城乡未继续升学初高中毕业生（以下称"两后生"）等青年，实施"求学圆梦行动"，开展劳动预备制培训。面向下岗失业人员、退役军人、就业困难人员（含残疾人），开展就业技能、职业技能提升等专项培训。对有创业愿望的，开展创业项目指导等培训，做好创业担保贷款、后续扶持等服务；省级确定的创业型城市和电商发展潜力大的市县，开展网络创业培训。实施新型职业农民培育工程和东西部扶贫协作框架下的贫困村创业致富带头人培训，培育农村各类带头人，推动乡村人才振兴。

（三）贫困劳动力和贫困家庭子女开展技能扶贫。以"两州一县"和省定18

个贫困县为重点，健全培训输转一体化服务体系，实施精准扶贫劳动力培训计划，鼓励通过项目制购买服务等方式为贫困劳动力提供免费职业技能培训，并在培训期间按规定给予生活费（含交通费，下同）补贴。深入推进技能脱贫千校行动和深度贫困地区技能扶贫行动，引导和鼓励16—20周岁贫困两后生就读职业院校（含技工院校，下同），按规定落实中等职业教育国家助学金和免学费等政策；对子女接受技工教育的贫困家庭，按政策给予"雨露计划"扶贫资金补助。

三、聚焦增加培训供给，激发培训主体积极性

（四）支持企业兴办职业技能培训。各类企业尤其是规模以上企业或者吸纳就业人数较多的企业设立职工培训中心。对企业举办或参与举办的职业院校全日制毕业生在省内企业就业且与用人单位签订1年以上劳动合同的，分别按照中级工、高级工、预备技师不同标准给予资金支持。企业设立的高技能人才培训基地和技能大师工作室、劳模创新工作室，可通过职工教育经费提供相应的资金支持。对审核认定的国家级、省级高技能人才培训基地，分别给予每个500万元、150万元补助。对审核认定的国家级、省级技能大师工作室，分别给予每个10万元、5万元补助。

（五）推动职业院校扩大培训规模。支持职业院校开展补贴性培训。在院校启动"学历证书+若干职业技能等级证书"制度试点工作，按照国家和省职业教育改革相关规定执行。对承担社会化职业技能培训的职业院校，在核定绩效工资总量时予以倾斜。职业院校开展培训所得收入，50%可用于学校公用经费，学校培训工作量可按一定比例折算成全日制学生培养工作量；职业院校内部分配时，应向承担培训工作的一线教师倾斜。

（六）鼓励支持社会培训和评价机构开展职业技能培训和评价工作。吸纳和支持社会优质培训机构、评价机构，开展培训和职业技能等级评价工作，并享受与公办同类机构同等待遇。定期开展社会培训、评价机构质量评估，建立退出机制，促进社会培训、评价机构健康发展。

（七）创新职业技能培训内容。加强职业技能、通用职业素质和求职能力等综合性培训，将爱国奋斗精神、职业道德、法律意识、应急救援、安全环保和就业指导等内容贯穿职业技能培训全过程。聚焦全省重点产业、重大项目工程，强化职业技能培训，加大对甘肃省十大生态产业急需紧缺人才的培训培养力度。坚持需求导向，围绕市场急需紧缺职业开展家政、养老服务、托幼、保安、电商、汽修、电工、妇女手工等就业技能培训；围绕促进创业开展经营管理、品牌建设、市场拓展、风险防控等创业指导培训；围绕经济社会发展开展先进制造业、战略性新兴产业、现代服务业以及循环农业、智慧农业、智能建筑、智慧城市建设等新产业培训；加大人工智能、云计算、大数据等新职业、新技能培训力度。把加快培育兰州牛肉拉面师傅与决胜脱贫攻坚、乡村振兴战略、文化旅游布局相结合，力争2019—2021年培训兰州牛肉拉面师傅3万人次以上。

（八）提升职业技能培训基础能力。支持建设产教融合实训基地和公共实训基地，加强职业训练院建设，推进职业技能培训资源共建共享。企业、职业院校和培训机构可实行专兼职教师制度，可按规定自主招聘企业技能人才任教。企业、职业院校、培训机构可开发针对性、实用性强的培训教材，对推广使用的给予开发补助。大力推广"工学一体化""职业培训包""互联网+"等先进培训方式。依托甘肃省大就业信息管理系统，实现补贴性培训实名制信息管理和统计分析。对获得世界技能大赛国家集训基地的单位，每个基地每年支持资金不少于5万元。

四、完善职业培训补贴政策，强化政府资金引导激励

（九）落实职业培训补贴政策。对贫困家庭子女、贫困劳动力、"两后生"、农村转移就业劳动者、下岗失业人员和转岗职工、退役军人、残疾人开展免费职业技能培训行动，对高校毕业生和企业职工按规定给予职业培训补贴。对贫困劳动力、就业困难人员、零就业家庭成员、"两后生"中的农村学员和城市低保家庭学员，在培训期间按规定通过就业补助资金给予每人每天不低于30元标准的生活费补贴，其中"两州一县"等深度贫困县生活费补贴标准可上浮20%；符合条件的企业职工参加岗前培训、安全技能培训、转岗转业培训或初级工、中级工、高级工、技师、高级技师培训，按规定给予职业培训补贴或参保职工技能提升补贴。职工参加企业新型学徒制培训的，给予企业每人每年4000元以上的职业培训补贴，由企业自主用于学徒培训工作。对企业、农民专业合作社和扶贫车间等各类生产经营主体吸纳贫困劳动力就业并开展以工代训的，以及参保企业吸纳就业困难人员、零就业家庭成员就业并开展以工代训的，按每人每月200元的标准给予最长不超过6个月的职业培训补贴。

（十）支持市县调整完善职业培训补贴政策。符合条件的劳动者在户籍地、常住地、求职就业地参加培训后取得证书（职业资格证书、职业技能等级证书、专项职业能力证书、特种作业操作证书、培训合格证书等）的，按规定给予职业培训补贴，原则上每人每年可享受不超过3次，但同一职业同一等级不可重复享受。将确有培训需求、不具有按月领取养老金资格的人员纳入政策范围。各市州人社、财政

部门结合实际确定职业培训补贴标准。县级人民政府可对有关部门各类培训资金和项目进行整合。对企业开展培训或者培训机构开展项目制培训的，可先行拨付20%的培训补贴资金。各市州可通过政府购买社会服务方式，对贫困劳动力、去产能失业人员、退役军人等群体开展项目制培训。

（十一）加大资金支持力度。各级政府要加大资金支持和筹集力度，从失业保险基金结余、就业补助资金、人才经费、行业产业发展经费中筹集资金，其中失业保险基金结余拿出17.6亿元，统筹用于职业技能提升行动。各地按照国务院要求建立"职业技能提升行动专账"，具体筹集管理使用办法由省财政厅和省人社厅按照国家规定另行制定。企业要按有关规定足额提取和使用职工教育经费，其中60%以上用于一线职工培训，可用于企业"师带徒"津贴补助。落实将企业职工教育经费税前扣除限额提高至工资薪金总额8%的税收政策。推动企业提取职工教育经费开展自主培训与享受政策开展补贴性培训的有机衔接。各市州可安排经费，对职业技能培训教材开发、师资培训、教学改革以及职业技能竞赛等工作给予支持，对培训组织动员工作进行奖补。

（十二）加强职业培训资金监管。建立健全财务管理制度，加强职业技能培训资金使用管理。各级财政、人社部门应当定期对专账资金管理使用情况向社会公开并进行专项检查。加强专项审计工作。对以虚假培训等套取、骗取资金的依法依纪严惩。对培训工作中出现的失误和问题要区分不同情况对待，保护工作落实层面干事担当的积极性。

五、保障措施

（十三）加强组织领导，健全工作协调机制。各级各有关部门要把开展职业技能提升行动作为重要民生工程。在省政府就业工作领导小组框架下，建立健全工作协调机制，督促部门按照职责规定抓好落实。市县政府要建立相应的工作协调机制，制定具体贯彻落实措施。工会等群团组织、行业协会要参与职业技能培训工作。建立工作季报、年报制度。

（十四）提高培训服务管理水平。政府补贴的职业技能培训项目全部向具备资质的职业院校和培训机构开放。对补贴性职业技能培训实行目录清单制度，市州人社部门公布补贴培训工种（项目）、培训机构、评价机构等目录，并进行动态调整。对开展项目制培训的，简化流程，减少证明材料，提高服务效率。

（十五）健全技能人才评价机制。完善技能人才多元化评价方式，开展企业职工职业技能等级评价工作。从事准入类职业劳动者必须经培训合格后方可上岗。推动工程领域高技能人才与工程技术人才职业发展贯通。

（十六）加强舆论宣传引导，充分营造良好氛围。各级各有关部门要强化政策宣传解读，帮助企业、职业院校、培训机构、行业协会和劳动者熟悉了解、用足用好政策，共同促进职业技能培训工作。落实提高技术工人待遇措施，加强激励表彰工作，开展各类职业技能竞赛活动，营造技能成才良好环境。

青海省职业技能提升行动实施方案（2019—2021年）

为认真贯彻落实党中央、国务院决策部署，加快推进全省城乡劳动者职业技能水平和就业创业能力，依据《国务院办公厅关于印发职业技能提升行动方案（2019—2021年）的通知》（国办发〔2019〕24号），结合我省实际，制定如下实施方案。

一、目标任务

2019至2021年，持续开展职业技能提升行动，全面提升企业职工、就业重点群体和建档立卡贫困劳动力（以下简称贫困劳动力）等城乡各类劳动者职业技能水平和就业创业能力，加快建设知识型、技能型、创新型劳动者大军。三年共开展各类补贴性职业技能培训30万人次以上，其中2019年培训10万人次。力争到2021年底技能劳动者占就业人员总量的比例达到25%以上，高技能人才占技能劳动者的比例达到30%以上。

二、培训对象和种类

（一）培训对象。各类企业职工，高危行业企业从业人员和各类特种作业人员；农村转移就业劳动力特别是新生代农民工、城乡未继续升学初高中毕业生（以下称"两后生"）等青年、下岗失业人员、退役军人、就业困难人员（含残疾人）、毕业年度高校毕业生（包括技师学院高级工班、预备技师班和特殊教育学院职业教育类学生，下同）、贫困家庭子女、贫困劳动力以及服刑、强制隔离戒毒人员等。

（二）培训种类。

1. 对各类企业职工组织岗前培训、在岗培训、脱产培训，开展岗位练兵、技能竞赛、在线学习等活动，开展高技能人才培训，组织实施高技能领军人才和产业紧缺人才培训。对化工、矿山等高危行业从业人员和各类特种作业人员普遍开展安全技能培训，严格执行从业人员安全技能培训合格后上岗制度。全面推行企业新型学徒制培训，三年培训1500名以上企业新型学徒。

2. 对就业重点群体持续实施农民工"春潮行动""求学圆梦行动""残疾人职业技能提升计划""巾帼家政服务专项培训工程"，开展新生代农民工职业技能提升计划和返乡创业培训计划以及劳动预备培训、就业技能培训、职业技能提升培训等专项培训。对具备条件拟创办个体工商户或企业的，开展创业培训，加强创业培训项目开发、创业担保贷款、后续扶持等服务，全面提升城乡劳动力职业技能和就业创业能力。实施农牧民培育工程和农村实用人才带头人素质提升计划，开展职业农牧民技能培训。

3. 对贫困劳动力（含已退出贫困的劳动力）特别是深度贫困地区劳动力提供免费职业技能培训。持续推进东西部扶贫协作框架下职业教育、职业技能培训帮扶和贫困村创业致富带头人培训。推进技能脱贫千校行动和深度贫困地区技能扶贫行动，对接受技工教育的贫困家庭学生，按规定落实中等职业教育国家助学金和免学费等政策。对子女接受技工教育的贫困家庭，按政策给予补助。

三、培训主体、内容和能力建设

（一）培训主体。

1. 具有培训能力的企业，各类职业院校（含技工院校，下同）、职业培训机构、高技能人才培训基地、技能大师工作室、公共实训基地等。

2. 支持各类企业设立职工培训中心，鼓励企业与职业院校共建实训中心、教学工厂等，积极建设培育一批产教融合型企业。支持企业设立高技能人才培训基地和技能大师工作室，企业可通过职工教育经费提供相应的资金支持，政府按规定通过就业补助资金给予补助。

（二）培训内容。

1. 重点围绕全省经济社会发展需要，大力开展生态环保产业发展、盐湖资源开发、清洁能源利用、特色农牧业发展、文化旅游发展等培训。围绕市场急需紧缺职业开展现代服务业、家政、养老服务、残疾人托养照护服务、快递从业人员、托幼、电商等就业技能培训。围绕推进"拉面经济"等劳务品牌建设和"青海刺绣"等民间工艺传承发展的培训。围绕促进创业开展经营管理、品牌建设、市场拓展、风险防控等创业指导培训。加大人工智能、云计算、大数据等新职业新技能培训力度。

2. 加强职业技能、通用职业素质和求职能力等综合性培训。把职业道德、职业规范、工匠精神、质量意识、法律意识和相关法律法规、安全环保和健康卫生、就业指导、劳动权益维护以及消防知识、安全生产、诚信建设、传染病（职业病）防治等内容贯穿职业技能培训全过程。对贫困劳动力和贫困家庭子女根据需要，增加文化基础课、双语教育和生活技能等培训内容。

（三）能力建设。

1. 支持职业院校开展补贴性培训，扩大培训规模。在核定职业院校绩效工资总量时，可向承担职业技能培训工作的单位倾斜。允许职业院校将一定比例的培训收入纳入学校公用经费，学校培训工作量可按一定比例折算成全日制学生培养工作量。职业院校在内部分配时，应向承担职业技能培训工作的一线教师倾斜，保障其合理待遇。

2. 鼓励社会力量举办职业培训机构，培训机构达到相应要求的，可获得职业资格高级工及以下等级培训资质。民办职业培训和评价机构在政府购买服务、校企合作、实训基地建设等方面与公办同类机构享受同等待遇。支持高危企业集中的地区建设安全生产和技能实训基地。

3. 对企业、院校、培训机构的实训设施设备升级改造予以支持。支持建设产教融合实训基地和公共实训基地，加强职业训练院建设，积极推进职业技能培训资源共建共享。

四、职业技能培训补贴政策

（一）就业重点群体和贫困劳动力职业培训补贴。对城镇登记失业人员、农牧区转移就业劳动力、"两后生"、毕业年度和未就业高校毕业生、下岗失业人员等各类城乡未就业劳动力和贫困家庭子女、贫困劳动力、退役军人、残疾人以及服刑、强制隔离戒毒人员开展培训的，给予技能培训补贴。对有创业意愿的上述人员开展创业培训，给予创业培训补贴；高校学生在校期内均可参加创业培训，并给予补贴；享受创业培训补贴的还包括创业初期的创业者，即开业 5 年以内或者长期经营不善的人员。企业、农民专业合作社、扶贫车间等各类生产经营主体吸纳贫困劳动力就业并开展以工代训，以及参保企业吸纳就业困难人员、零就业家庭成员就业并开展以工代训的，按每人每月 200 元的标准给予最长不超过 6 个月的职业培训补贴。符合条件的劳动者在户籍地、常住地、求职就业地等参加培训后取得证书（职业资格证书、职业技能等级证书、专项职业能力证书、特种作业操作证书、培训合格证书等）的，按规定给予职业培训补贴，原则上每人每年可享受不超过 3 次，但同一职业同一等级不可重复享受。省人力资源社会保障厅、省财政厅将结合实际，适时调整职业技能培训补贴标准。

（二）企业职工培训补贴。符合条件的企业职工参加岗前培训、安全技能培训、转岗转业培训的按 600 元/人·次标准给予职业培训补贴。职工参加岗位技能提升培训，并取得初级工、中级工、高级工、技师、高级技师职业资格证书或职业技能等级证书的，分别给职工或承训单位 1000 元、1500 元、2000 元、2500 元和 3000 元补贴。企业职工岗位技能提升培训补贴和失业保险支持参保职工提升职业技能补贴（初、中、高级）及高技能人才培训补贴（技师、高级技师）不得重复享受，且同一职业（工种）、同一级别的，每人只能享受一次。职工参加企业新型学徒制培训的，给予企业每人每年4000元的职业培训补贴，由企业自主用于学徒培训工作。

（三）生活费及交通费补贴。对贫困劳动力、就业困难人员、零就业家庭成员、"两后生"中的农村学员和城市低保家庭学员，在培训期间按规定通过就业补助资金给予生活费及交通费补贴。生活费按照实际参加培训天数，每人每天补助30元，交通费统一按照在市（州）外省内培训的，每人每年一次性500元、在省外培训的每人每年一次性1000元的标准补贴。生活费及交通费补贴由培训机构先行垫付，培训结束后与培训补贴同时申领。三江源地区农牧民按照生态补偿政策享受上述补贴，不重复享受以上相同名目的补贴。

（四）资金筹集保障。省级加大资金支持和筹集整合力度，将一定比例的就业补助资金、地方人才经费和行业产业发展经费中用于职业技能培训的资金，以及从失业保险基金结余中拿出的6亿元，统筹用于职业技能提升行动，并在社会保障基金财政专户中单独建立"职业技能提升行动专账"，主要用于职工等人员职业技能培训，实行分账核算、专款专用，具体补贴资金按年度培训计划任务或组织培训的情况拨付给各单位监管、核付，接收审计。企业要发挥主体作用，按有关规定足额提取和使用职工教育经费，其中60%以上用于一线职工培训，可用于企业"师带徒"津贴补助。落实将企业职工教育经费税前扣除限额提高至工资薪金总额8%的税收政策。推动企业提取职工教育经费开展自主培训与享受政策开展补贴性培训的有机衔接，探索完善相关机制。

（五）资金监督管理。各地各有关部门要依法加强资金监管，围绕开展大规模职业技能培训，强化资金使用效益，建立健全财务管理制度。加强廉政风险防控，保障资金安全。对以虚假培训等套取、骗取资金的依法依纪严惩。建立健全容错纠错机制，对先行先试或探索经验开展培训工作中出现的失误和问题要区分不同情况对待，保护工作落实层面干事担当的积极性。

五、提高职业技能培训质量

（一）加强培训需求调查研究。各县级人力资源部门会同辖区企业要依托街道、社区、乡镇、村两委成员及驻村扶贫干部、企业相关人员等，采取入户、进车间和发放调查问卷、走访座谈等多种形式，定期或不定期对城乡各类劳动者开展全面摸底，认真开展培训需求调研，准确掌握城乡各类劳动者培训需求，同时做好需求指导，根据实际情况建立相关档案，并根据劳动者培训需求调整变化，及时更新需求数据，确保培训需求摸底数据信息真实准确，为开展有针对性的职业技能培训打好基础。

（二）强化质量评估监管。按照《青海省城乡劳动力技能培训绩效考核办法》，人社、农业农村、扶贫、工信、国资等培训主管部门定期对培训过程依法实施监管，对组织开展职业技能培训项目的管理部门、承担培训任务的培训机构及有关企业，按照分级分类、定性与定量相结合、突出定量、考用结合的原则和"谁培训、谁考核"、讲求实效、简便易行的要求，采取自查自评和重点考评相结合的方式进行绩效考核。积极支持开展第三方评估。建立培训机构和评价机构退出机制。规范各类补贴性培训统计口径，凡是由政府各有关部门开展的补贴性培训项目，全部纳入当地人社部门统计范围。

六、保障措施

（一）严格落实职责任务。在省促进就业和根治欠薪工作领导小组框架下，建立健全职业技能提升行动工作协调机制，构建省级统筹、部门参与、市县落实的工作格局。省人力资源社会保障厅负责做好政策制定、资源整合、培训机构管理、质量监管等工作，及时制定年度工作计划，分解工作任务，抓好督促落实。省发展改革委负责统筹推进职业技能培训基础能力建设。省教育厅负责职业院校承担的职业技能培训工作。省工业和信息化厅、省住房城乡建设厅、省交通运输厅发挥行业主管部门作用，积极参与培训工作。省国资委负责指导国有企业开展职业技能培训。省财政厅负责各项补贴资金的筹集和拨付工作。省农业农村厅做好农牧民教育培训工作。省商务厅负责青年电商培育。省民政厅、省司法厅、省退役军人厅、省应急厅认真履职尽责，分别做好养老护理员、服刑及强制隔离戒毒人员、退役军人职业技能培训以及高危行业领域安全技能培训和特种作业人员安全作业培训。省扶贫局负责"雨露计划"和贫困村致富带头人等培训。省总工会、团省委、省妇联、省残联等群团组织以及行业协会、有关部门和单位负责组织本系统本行业人员参与并共同做好职业技能培训工作。各市（州）、县级人民政府负责有关项目的具体实施。

（二）强化监督管理。各地各有关部门要强化项目统筹协调，充分利用信息化管理平台，建立健全职能技能提升行动实名制登记制度，探索建立劳动者职业培训电子档案，与就业社保等信息系统联通共享，确保补贴性培训信息全面、真实有效，便于管理。人力资源社会保障部门负责的培训全部通过"青海省人力资源市场管理信息系统"实行实名制管理，由各地就业部门督促培训企业或委托培训的机构负责录入系统。尚无信息化管理平台的部门可根据实际情况向当地人社部门提出申请，按要求录入人社部门的管理系统，实现培训信息实名制登记管理。

（三）强化培训服务。深化职业技能培训工作"放管服"改革，采取公开招投标等方式购买培训服务和评价服务。探索实行信用支付等办法，优化培训补贴支付方式。建立培训补贴网上经办服务平台，简化流程，减少证明材料，提高服务效率。探索"订单培训+转移就业+职业信用"三位一体培训模式，提高培训后就业率。机构承担培训任务的，在培训开始可先预付不超过70%的培训补贴，培训完成后再核付剩余补贴，也可在培训结束后一次申领。创业培训和个人先垫付培训费自选培训机构参加培训的，在培训结束后一次申领。

（四）加强舆论宣传。各地、各培训主管部门要加大政策宣传力度，提升政策公众知晓度，帮助企业、培训机构和劳动者熟悉了解、用足用好政策，共同促进职业技能培训工作开展。大力弘扬和培育工匠精神，落实提高技术工人待遇的政策措施，加强技能人才激励表彰工作，积极开展各类职业技能竞赛活动，营造技能成才良好环境，共同推动职业技能提升行动有序开展。

本实施方案自印发之日起施行。

附件：青海省职业技能提升行动重点任务分工表（略）

宁夏回族自治区职业技能提升行动实施方案
（2019—2021年）

为贯彻落实《国务院办公厅关于印发职业技能提升行动方案（2019—2021年）的通知》（国办发〔2019〕24号）精神，结合我区实际，制定本实施方案。

一、目标任务

2019—2021年，全区开展各类政府补贴性职业技能培训23万人次以上，其中2019年培训7万人次以上，2020年培训9万人次以上，2021年培训7万人次以上。经过努力，力争到2021年底技能劳动者占就业人员总量的比例达到25%以上，高技能人才占技能劳动者的比例达到20%以上（目标任务见附件1）。

二、培训范围

面向职工和农村转移就业劳动者、城乡未继续升学的初高中毕业生（以下简称"两后生"）、高校毕业生、下岗失业人员、退役军人、家政服务人员、即将刑满释放人员、就业困难人员（含残疾人）等就业重点群体以及建档立卡贫困劳动力（以下简称贫困劳动力）等法定劳动年龄内有培训意愿和就业能力的城乡各类劳动者。

三、培训类型

（一）企业职工培训。发挥行业主管部门和企业主体作用，企业结合自身需求制定职工培训计划，在人力资源社会保障部门指导下，自行组织或委托职业院校（技工院校）、有培训资质的培训机构开展培训。

1. 岗位技能培训。将岗位技能提升培训作为企业职工培训的重点，通过开展上岗前培训、转岗转业培训、在岗培训、脱产培训和岗位练兵、技能竞赛、在线学习等活动，大力提升职工技能。实施高技能领军人才和产业紧缺人才区内外培训。列入《国家职业资格目录》的职业（工种），培训后须取得职业资格证书，未列入《国家职业资格目录》的职业（工种）培训后须取得职业技能等级证书或培训合格证书。

2. 安全技能培训。实施高危行业领域安全技能提升行动计划，对能源、化工、矿山等高危行业企业从业人员、各类特种作业人员普遍开展安全技能培训，严格执行从业人员安全技能培训合格后上岗制度和特种作业人员持证上岗制度。

3. 新型学徒制培训。开展企业新型学徒制培训，采取"企校双制、工学一体"的培养模式，全面推行以"招工即招生、入企即入校"为主要内容的企业新型学徒制、现代学徒制培训，培训后须取得职业资格证书（职业技能等级证书）。

三年培训各类技能人才 8 万人次以上，其中高技能人才不少于 1.5 万人次，新型学徒不少于 0.5 万人。[责任单位：自治区人力资源社会保障厅、工业和信息化厅、国资委、总工会、教育厅、住建厅、应急厅、市场监管厅、财政厅和市、县（区）政府。排第一位者为牵头单位，下同]

（二）就业重点群体培训。依托职业院校（技工院校）、定点培训机构结合当地企业、园区、特色产业采取"订单式、定岗式、定向式"和"直补个人"等方式开展培训。

1. 就业技能培训。面向城乡就业重点群体，持续开展"春潮行动""求学圆梦行动"、职业技能提升计划等培训，培训后须取得证书（职业资格证书、职业技能等级证书、专项职业能力证书、培训合格证书等）。

3. 创业培训。对有创业意愿和创业能力的返乡农民工、高校学生（含技师学院高级工班、预备技师班和特殊教育院校职业教育类毕业生）等城乡劳动者开展创业培训，培训后须取得创业培训合格证书。

3. "两后生"培训。针对城乡"两后生"等青年，在职业院校（技工院校）开展为期一学期的职业技能培训，培训后须取得职业资格证书（职业技能等级证书）。

4. 直补个人培训。具有我区户籍且符合条件的城乡劳动者可自主选择培训机构和培训方式，先行自付培训费用，培训后取得职业资格证书（职业技能等级证书）。

三年开展各类培训 11.5 万人次以上，其中就业技能培训 8 万人次以上、创业培训 3.5 万人次以上。[责任单位：自治区人力资源社会保障厅、财政厅、教育厅、扶贫办、商务厅、妇联、共青团、残联等和市、县（区）人民政府]

（三）贫困劳动力培训。针对建档立卡贫困人口（含"十二五"生态移民）开展培训，培训方式按宁政办规发〔2018〕15 号文件执行。2019—2020 年培训贫困劳动力 3.5 万人次以上。[责任单位：自治区人力资源社会保障厅、扶贫办、财政厅和市、县（区）人民政府]

（四）退役军人培训。针对自主就业士兵、自主择业军转干部等开展技能储备培训、适应性培训和退役后职业技能培训。[责任单位：自治区退役军人事务厅、人力资源社会保障厅、财政厅和市、县（区）人民政府]

（五）新型农民培训。围绕自治区乡村振兴战略，实施新型职业农民培育工程和农村实用人才带头人素质提升计划，按现行政策执行。[责任单位：自治区农业农村厅和市、县（区）人民政府]

（六）家政服务人员培训。对以家庭为服务对象、满足家庭生活照料需求的服务人员开展家政服务业培训。[责任单位：自治区商务厅、发展改革委、人力资源社会保障厅、妇联等和市、县（区）人民政府]

四、补贴标准

（一）培训补贴

1. 企业职工。企业职工参加上岗前和转岗转业培训，取得相关企业培训中心、定点培训机构、行业协会等单位颁发的培训合格证书的，给予企业每人300元培训补贴；参加安全技能培训取得相关部门颁发的特种作业操作证书的，给予企业每人800元培训补贴；参加岗位技能提升培训取得职业资格证书（职业技能等级证书）的培训补贴按照附件2执行。

2. 企业学徒制。企业新型学徒制、现代学徒制培训，按自治区有关规定，给予企业每人每年6000元学徒培养补贴。

3. 就业重点群体和贫困劳动力。符合条件的人员参加培训后，取得证书（职业资格证书、职业技能等级证书、专项职业能力证书、培训合格证书等）的培训补贴按附件2、附件3执行。

4. "两后生"。参加一学期职业技能培训，给予职业院校（技工院校）每人6000元培训补贴。对建档立卡贫困家庭、农村家庭、城镇零就业家庭、残疾人家庭和城市低保家庭子女再给予每人3000元生活费补贴。

5. 创业培训。GYB、SYB、IYB模块分别给予定点培训机构每人400元、1200元、1600元培训补贴，网络创业培训给予每人1600元培训补贴。

6. 以工代训。企业、农民专业合作社和扶贫车间等各类生产经营主体吸纳贫困劳动力、就业困难人员、零就业家庭成员就业并开展以工代训的，以工资发放银行流水证明为依据，按每人每月500元标准给予生产经营主体培训补贴，最长不超过6个月。

7. 工业企业培训。工业企业开展岗位技能提升培训，取得职业资格证书（职业技能等级证书）的，培训补贴在附件2标准的基础上再提高20%。

（二）生活费补贴。对贫困劳动力、就业困难人员、城镇零就业家庭成员和城市低保家庭学员培训后取得职业资格证书（职业技能等级证书、专项能力证书）的，给予每人每天40元生活费（含交通费，下同）补贴，最高补贴不得超过800元；取得培训合格证书的，给予每人每天20元生活费补贴，最高不得超过400元。

（三）鉴定补贴。对取得职业资格证书（职业技能等级证书）的，鉴定补贴标准按附件4执行。专项职业能力考核按每人200元补贴标准执行。

五、经费保障

（一）资金筹集。全区从失业保险基金结余中筹集7.8亿元（以下简称提升行动资金），统筹用于职业技能提升行动。各市、县（区）单独建立"职业技能提升行动专账"，实行分账核算、专款专用。县级以上政府可对有关部门各类培训资金和项目进行整合，解决资金渠道和使用管理分散问题。对"提升行动资金"支出有缺口的市、县（区）可按规定向自治区申请调剂金解决。

（二）资金支付。

1. 企业职工和就业重点群体培训补贴从提升行动资金中列支。

2. 贫困劳动力培训及培训期间生活费补贴从切块下达到各市、县（区）的自治区财政专项扶贫资金列支或由各市、县（区）自筹资金解决。

3. 就业困难人员、零就业家庭成员、"两后生"中的农村学员和城市低保家庭学员，培训期间所需生活费补贴从就业补助资金中列支。

4. 各类鉴定补贴从就业补助资金中列支。

5. 新型农民和家政服务人员培训补贴按现行资金支付渠道列支。

（三）资金监管。完善补贴资金发放台账，市、县（区）定期向社会公开年度培训任务完成和补贴资金使用情况，加强监督检查和专项审计工作。从就业资金中安排经费，通过政府购买服务的方式，委托第三方对培训进行全过程监管。职业技能提升行动资金申请、审核及拨付等按现行有关规定执行。要采用现代信息技术手段和软件系统，对培训人员进行实名制管理，防止出现弄虚造假行为，信息系统研发、管理等费用从就业资金中列支。对套取、骗取资金的依法依纪严惩，对培训工作中出现的失误和问题要区分不同情况对待，保护工作落实层面干事担当的积极性。

[责任单位：自治区人力资源社会保障厅、扶贫办、农业农村厅、财政厅和市、县（区）人民政府]

六、其他事项

（一）激发培训主体积极性。支持职业院校（技工院校）面向职工、就业重点群体和贫困劳动力开展补贴性培训。在职业院校启动"学历证书+若干职业技能等级证书"制度试点工作。对承担培训工作的职业院校（技工院校）获得培训收入，在核定绩效工资总量时，经人力资源社会保障、财政部门认定后，可按一定比例提高。职业院校（技工院校）在内部分配时，应向承担职业技能提升培训工作的一线教师倾斜。对开展技能人才培训工作突出的企业、职业院校（技工院校）、高技能人才培训基地，年培养1000人、5000人、10 000人以上的，在享受培训补贴基础上，自治区再分别给予50万元、100万元、200万元培训补贴；国家级、自治区级技能大师工作室每年培养高技能人才20人以上的，自治区给予10万元培训补贴。所需经费从提升行动资金中列支。[责任单位：自治区人力资源社会保障厅、财政厅、发展改革委、教育厅和市、县（区）政府]

（二）完善培训补贴方式。符合条件的劳动者在户籍地、常住地、求职就业地参加培训后取得证书（职业资格证书、职业技能等级证书、专项职业能力证书、特种作业操作证书、培训合格证书等）的，按自治区规定给予培训补贴，原则上每人每年可享受不超过3次，但同一职业同一等级不可重复享受。各市、县（区）可对贫困劳动力、去产能失业人员、退役军人等群体开展项目制培训。企业和行业技能提升培训按照属地管理原则，纳入各市、县（区）培训任务中。各市、县（区）根据实际情况自行确定年度培训计划，但不得低于自治区下达的任务下限。区直有关部门若有特殊培训需求的，可向自治区人力资源社会保障厅提出申请，经同意后，可自主开展培训。[责任单位：自治区人力资源社会保障厅、财政厅、退役军人事务厅、扶贫办和市、县（区）人民政府]

（三）依规使用教育经费。企业要按有关规定足额提取和使用职工教育经费，其中60%以上用于一线职工培训，可用于企业"师带徒"津贴补助。落实将企业职工教育经费税前扣除限额提高至工资薪金总额8%的税收政策。推动企业提取职工教育经费开展自主培训与享受政策开展补贴性培训的有机衔接。健全技术工人评价选拔制度，突破年龄、学历、资历、身份等限制，促进优秀技术工人脱颖而出。[责任单位：自治区工业和信息化厅、国资委、总工会、财政厅、人力资源社会保障厅和市、县（区）人民政府]

（四）提高服务质量。职业技能提升行动培训全部向具备资质的职业院校和培训机构开放。对补贴性职业技能培训实行目录清单管理，人力资源社会保障部门每年公布培训机构目录，方便劳动者按需选择。探索实行信用支付等办法，简化流程，减少证明材料，提高服务效率，符合条件的及时兑付补贴资金，原则上每半年至少兑付一次培训补贴资金。[责任单位：自治区人力资源社会保障厅、财政厅和市、县（区）人民政府]

七、保障措施

（一）健全工作机制。在自治区就业工作领导小组统一领导下，充分发挥行业主管部门等各方作用，形成工作合力。人力资源社会保障部门承担政策制定、标准开发、资源整合、培训机构管理、质量监管等职责，制定年度工作计划，分解工作任务，抓好督促落实。发展改革部门要统筹推进职业技能培训基础能力建设。教育部门要组织职业院校承担职业技能培训任务。工业和信息化、住房城乡建设等部门要发挥行业主管部门作用，积极参与培训工作。财政部门要确保培训等资金及时足额拨付到位。农业农村部门负责职业农民培训。退役军人事务部门负责协调组织退役军人职业技能培训。应急管理、市场监管部门负责指导协调化工等高危行业领域安全技能培训和特种作业人员安全作业培训。国资监管部门要指导国企开展职业技能培训。其他有关部门和单位要共同做好职业技能培训工作。支持鼓励工会、共青团、妇联等群团组织以及行业协会参与职业技能培训工作。

市、县（区）人民政府要把职业技能提升行动作为重要民生工程，切实承担主体责任。自治区一次性将三年职业技能提升行动任务分解到地级市。地级市结合当地实际细化工作任务到县（市、区），要建立目标任务完成情况季报、年报制度。各市、县（区）要制定具体贯彻落实措施，对政策和工作落实不到位而影响任务完成的要进行问责，要为开展技能提升行动安排必要的工作经费，用于培训的组织、监管等日常开支。

（二）加大舆论宣传。各地区各部门各单位要加大政策宣传力度，提升政策知晓度，帮助企业、培训机构和劳动者熟悉了解政策，引导企业、培训机构和劳动者积极参与培训，用足用好政策，共同促进职业技能培训工作健康有序开展。

本实施方案自印发之日起实施，以前规定与现行相关政策不一致的，以本方案为准，有效期至2021年12月31日。

附件：

1. 2019—2021年职业技能提升行动目标任务表（略）
2. 职业技能提升行动培训补贴标准表（略）
3. 专项职业能力培训目录补贴标准表（略）
4. 职业技能提升行动鉴定补贴标准表（略）

新疆维吾尔自治区职业技能提升行动实施方案
(2019—2021年)

为贯彻落实党中央、国务院决策部署和自治区党委、自治区人民政府工作部署要求，全面实施职业技能提升行动，制定如下实施方案。

一、总体要求

以习近平新时代中国特色社会主义思想为指导，认真贯彻落实党的十九大、十九届二中、三中全会精神，贯彻落实国务院部署推进职业技能提升行动电视电话会议精神、自治区党委九届七次全体会议精神，紧紧围绕社会稳定和长治久安总目标，把职业技能培训作为保持就业稳定和缓解结构性就业矛盾的关键举措，作为经济转型升级和高质量发展的重要支撑，作为推动劳动者素质提升和脱贫攻坚的有力抓手。坚持市场需求导向，服务经济社会发展，适应人民群众就业创业需要，大力推行终身职业技能培训制度，发挥企业主体作用，职业院校基础作用，社会机构支持作用，面向企业在岗职工、就业重点群体和建档立卡贫困劳动力（以下简称贫困劳动力）等城乡各类劳动者，大规模开展职业技能培训，加快建设知识型、技能型、创新型劳动者大军。

二、主要目标

2019年至2021年，持续开展职业技能提升行动，加大中、高级技能培训力度，提高培训针对性实效性，全面提升劳动者职业技能水平和就业创业能力。每年开展各类补贴性职业技能培训50万人次以上，三年共开展150万人次以上；经过努力，到2021年底技能劳动者占就业人员总量的比例达到25%以上，高技能人才占技能劳动者的比例达到30%以上。

三、工作任务

（一）突出重点群体，有针对性开展职业技能培训。

1.组织企业积极开展职工培训，企业需制定职工培训计划、开展适应岗位需求和发展需要的技能培训，广泛组织岗前培训、在岗培训、脱产培训，开展岗位练兵、技能竞赛、在线学习等活动，大力开展高技能人才培训，组织实施高技能领军人才和产业紧缺人才境外培训。

牵头单位：自治区工业和信息化厅。

责任单位：自治区人力资源和社会保障厅、教育厅、科技厅、住房城乡建设厅、交通运输厅、水利厅、国资委、自治区总工会。

2. 发挥行业、龙头企业和培训机构作用，积极面向中小微企业开展职工培训。

牵头单位：自治区工业和信息化厅。

责任单位：自治区人力资源和社会保障厅、住房城乡建设厅、交通运输厅、水利厅。

3. 实施高危行业领域安全技能提升行动计划，化工、矿山等高危行业企业要组织从业人员和各类特种作业人员普遍开展安全技能培训，严格执行从业人员安全技能培训合格后上岗制度。

牵头单位：自治区应急管理厅。

责任单位：自治区人力资源和社会保障厅、国资委。

4. 结合本地实际和财力水平合理确定享受政策的困难企业范围，支持帮助困难企业开展转岗转业培训。困难企业可组织开展职工在岗培训，所需经费按规定从企业职工教育经费中列支，不足部分经所在地县级以上人力资源和社会保障部门审核评估合格后，可由就业补助资金或职业技能提升行动专项资金予以适当支持。

牵头单位：各地（州、市）人民政府（行署）。

责任单位：自治区发展改革委、工业和信息化厅、国资委、人力资源和社会保障厅、财政厅。

5. 在各类企业全面推行企业新型学徒制、现代学徒制培训，三年培训 2 万名以上新型学徒。

牵头单位：自治区人力资源和社会保障厅。

责任单位：自治区教育厅、工业和信息化厅、国资委。

6. 推进产教融合、校企合作，实现学校培养与企业用人的有效衔接。鼓励企业与参训职工协商一致灵活调整工作时间，保障职工参训期间应有的工资福利待遇。

牵头单位：自治区人力资源和社会保障厅。

责任单位：自治区发展改革委、教育厅、国资委。

7. 面向农村转移就业劳动者特别是新生代农民工，持续实施脱贫攻坚专项培训活动、"求学圆梦行动"、新生代农民工职业技能提升计划。面向城乡未继续升学初高中毕业生（以下简称"两后生"）等青年、下岗失业人员、退役军人、就业困难人员（含残疾人）广泛开展就业技能、职业技能提升等培训，全面提升职业技能和就业能力。对有创业愿望的开展创业培训，加强创业培训项目开发、创业担保贷款、后续扶持等服务。

牵头单位：自治区人力资源和社会保障厅。

责任单位：自治区教育厅、退役军人事务厅、扶贫办，自治区总工会、团委、妇联、残联，人民银行乌鲁木齐中心支行。

8. 围绕实施乡村振兴战略，实施新型职业农民培育工程和农村实用人才带头人素质提升计划，开展职业农民技能培训。

牵头单位：自治区农业农村厅。

责任单位：自治区教育厅、妇联。

9. 聚焦南疆四地州深度贫困地区，对拟转移就业的贫困劳动力普遍开展基本劳动素质培训，根据岗位要求开展订单、定岗、定向技能培训和以企业为主体的岗前培训。鼓励通过项目制购买服务等方式为贫困劳动力提供免费职业技能培训，并在培训期间按规定通过就业补助资金给予生活费（含交通费，下同）补贴，不断提高参训贫困人员占贫困劳动力比重。

牵头单位：自治区人力资源和社会保障厅。

责任单位：自治区教育厅、财政厅、扶贫办。

10. 持续推进东西部扶贫协作框架下职业教育、职业技能培训帮扶和贫困村创业致富带头人培训。

牵头单位：自治区教育厅。

责任单位：自治区人力资源和社会保障厅、农业农村厅、扶贫办。

11. 深入推进深度贫困地区技能扶贫行动和技能脱贫千校行动，三年招收贫困家庭学生1.5万人以上，对接受技工教育的贫困家庭学生，按规定落实中等职业教育国家助学金和免学费等政策；对子女接受技工教育的贫困家庭，给予每生每学年3000元补助。

牵头单位：自治区人力资源和社会保障厅。

责任单位：自治区教育厅、扶贫办。

（二）激发培训主体积极性，扩大培训供给能力。

12. 支持各类企业特别是规模以上企业或者吸纳就业人数较多的企业设立职工培训中心。鼓励企业与职业院校（含技工院校，下同）共建实训中心、教学工厂等。

牵头单位：自治区人力资源和社会保障厅。

责任单位：自治区发展改革委、教育厅、国资委，自治区总工会。

13. 积极建设培育一批产教融合型企业。企业举办或参与举办职业院校的，可按规定根据毕业生就业人数或培训实训人数给予支持。

牵头单位：自治区人力资源和社会保障厅。

责任单位：自治区发展改革委、教育厅、财政厅。

14. 支持企业设立高技能人才培训基地和技能大师工作室、劳模和工匠人才创新工作室，企业可通过职工教育经费提供相应的资金支持，各级政府可按规定通过就业补助资金，以及其他资金给予补助。支持高危企业集中的地区建设安全生产和技能实训基地。

牵头单位：自治区人力资源和社会保障厅。

责任单位：自治区财政厅、应急管理厅、总工会。

15. 支持职业院校开展补贴性培训，扩大面向职工、就业重点群体和贫困劳动力的培训规模。

牵头单位：自治区教育厅。

责任单位：自治区人力资源和社会保障厅、农业农村厅、退役军人事务厅。

16. 在院校启动"学历证书+若干职业技能等级证书"制度试点工作。

牵头单位：自治区教育厅。

责任单位：自治区人力资源和社会保障厅。

17. 允许职业院校将一定比例的培训收入纳入学校公用经费，学校培训工作量可按一定比例折算成全日制学生培养工作量。在核定职业院校绩效工资总量时，可向承担职业技能培训工作的单位倾斜。职业院校要严格执行"收支两条线"相关规定，职业技能培训支出在专项公用经费列支。职业院校在内部分配时，应向承担职业技能培训工作的一线教师倾斜，保障其合理待遇；培训课时费用不占用院校绩效工资总量；课时费和超课时费要高于校内教师平均课时费标准；工作量按一定比例折算为全日制培养工作（课时）量。

牵头单位：自治区人力资源和社会保障厅。

责任单位：自治区教育厅、财政厅。

18. 不断培育发展壮大社会培训和评价机构，支持培训和评价机构建立同业交流平台，促进行业发展，加强行业自律。

牵头单位：自治区人力资源和社会保障厅。

责任单位：自治区发展改革委、教育厅、民政厅、市场监管局。

19. 民办职业培训和评价机构在政府购买服务、校企合作、实训基地建设等方面与公办同类机构享受同等待遇。

　　牵头单位：自治区人力资源和社会保障厅。

　　责任单位：自治区发展改革委、教育厅、财政厅。

20. 加强职业技能、通用职业素质和求职能力等综合性培训，将国家通用语言、职业道德、职业规范、工匠精神、质量意识、法律意识和相关法律法规、安全环保和健康卫生、就业指导等内容贯穿职业技能培训全过程。

　　牵头单位：自治区人力资源和社会保障厅。

　　责任单位：自治区教育厅、工业和信息化厅、住房城乡建设厅、交通运输厅、水利厅、应急管理厅。

21. 坚持需求导向，培训与就业相结合，加强纺织服装、电子装配、鞋业、玩具、假发等劳动密集型产业岗前培训和旅游相关职业技能培训，围绕市场急需紧缺职业开展家政、养老服务、托幼、保安、电商、汽修、电工、妇女手工等就业技能培训；围绕促进创业开展经营管理、品牌建设、市场拓展、风险防控等创业指导培训；围绕经济社会发展开展先进制造业、战略性新兴产业、现代服务业以及循环农业、智慧农业、智能建筑、智慧城市等新产业培训；加大人工智能、云计算、大数据等新职业新技能培训力度。

　　牵头单位：自治区人力资源和社会保障厅。

　　责任单位：自治区发展改革委、教育厅、工业和信息化厅、住房城乡建设厅、应急管理厅。

22. 有条件的地（州、市）、县（市、区）人民政府（行署）可对企业、院校、培训机构的实训设备升级改造予以支持。支持建设产教融合实训基地和公共实训基地，加强职业训练院建设，积极推进职业技能培训资源共建共享。大力推广"工学一体化"、"职业培训包"、"互联网+"等先进培训方式，鼓励建设互联网培训平台。

　　牵头单位：自治区人力资源和社会保障厅。

　　责任单位：自治区发展改革委、教育厅、工业和信息化厅、住房城乡建设厅、交通运输厅、水利厅、应急管理厅、国资委。

23. 加强师资建设，职业院校和培训机构实行专兼职教师制度，可按规定自主招聘企业技能人才任教。

　　牵头单位：自治区人力资源和社会保障厅。

　　责任单位：自治区教育厅。

24. 完善培训统计工作，实施补贴性培训实名制信息管理，探索建立劳动者职业培训电子档案，实现培训评价信息与就业社保信息联通共享，提供培训就业一体化服务。

责任单位：自治区人力资源和社会保障厅。

（三）完善培训补贴政策，强化政府资金引导激励。

25. 对贫困家庭子女、贫困劳动力、"两后生"、农村转移就业劳动者、下岗失业人员和转岗职工、退役军人、残疾人开展免费职业技能培训行动，对高校毕业生和企业职工按规定给予职业培训补贴。

牵头单位：自治区人力资源和社会保障厅。

责任单位：自治区教育厅、退役军人事务厅、自治区残联。

26. 对贫困劳动力、就业困难人员、零就业家庭成员、"两后生"中的农村学员和城市低保家庭学员，在培训期间按规定通过就业补助资金同时给予生活费补贴。

牵头单位：自治区人力资源和社会保障厅。

责任单位：自治区财政厅。

27. 符合条件的企业职工参加岗前培训、安全技能培训、转岗转业培训或初级工、中级工、高级工、技师、高级技师培训，按规定给予职业培训补贴或参保职工技能提升补贴，其中参保职工技能提升补贴所需资金从原渠道支出。职工参加企业新型学徒制培训的，按规定给予企业职业培训补贴，由企业自主用于学徒制培训工作，所需资金从职业技能提升行动专项资金中支出。企业、农民专业合作社和扶贫车间等各类生产经营主体吸纳贫困劳动力就业并开展以工代训的，以及参保企业吸纳就业困难人员、零就业家庭成员就业并开展以工代训的，给予一定期限的职业培训补贴，最长不超过6个月，每人每月不超过300元。

牵头单位：自治区人力资源和社会保障厅。

责任单位：自治区财政厅、应急管理厅。

28. 符合条件的劳动者在户籍地、常住地、求职就业地参加培训后取得证书（职业资格证书、职业技能等级证书、专项职业能力证书、特种作业操作证书、培训合格证书等）的，按规定给予职业培训补贴，原则上每人每年可享受不超过3次，但同一职业同一等级不可重复享受。各地（州、市）人力资源和社会保障部门、财政部门可在规定的原则下结合实际确定职业培训补贴标准。县级以上政府可对有关部门各类培训资金和项目进行整合，解决资金渠道和使用管理分散问题。对企业开展培训或者培训机构开展项目制培训的，可先行拨付40%比例的培训补贴资金。

牵头单位：各地（州、市）人民政府（行署）。

责任单位：自治区人力资源和社会保障厅、教育厅、财政厅、应急管理厅。

29. 各地可对贫困劳动力、去产能失业人员、退役军人等群体开展项目制培训。

牵头单位：各地（州、市）人民政府（行署）。

责任单位：自治区人力资源和社会保障厅、教育厅、退役军人事务厅、扶贫办。

30. 各地要切实加大资金支持和筹集整合力度，将一定比例的就业补助资金、地方人才经费和行业产业发展经费中用于职业技能培训的资金，以及从失业保险基金结余中按规定提取的专项资金，统筹用于职业技能提升行动。自治区将拟用于职业技能提升行动的失业保险基金结余在社会保障基金财政专户中单独建立"职业技能提升行动专账"，各地也要相应建立专账，用于职工等人员职业技能培训，实行分账核算、专款专用，具体筹集使用管理办法由自治区财政厅、人力资源和社会保障厅另行制定。

牵头单位：各地（州、市）人民政府（行署）。

责任单位：自治区人力资源和社会保障厅、财政厅。

31. 企业要按有关规定足额提取和使用职工教育经费，其中60%以上用于一线职工培训，可用于企业"师带徒"津贴补助，落实将企业职工教育经费税前扣除限额提高至工资薪金总额8%的税收政策。

牵头单位：各地（州、市）人民政府（行署）。

责任单位：自治区人力资源和社会保障厅、教育厅、财政厅、总工会、新疆税务局。

32. 推动企业提取职工教育经费开展自主培训与享受政策开展补贴性培训的有机衔接，探索完善相关机制。

牵头单位：自治区人力资源和社会保障厅。

责任单位：自治区财政厅。

33. 有条件的地区可安排经费，对职业技能培训的师资培训、教学改革以及职业技能竞赛等基础工作给予支持。

牵头单位：各地（州、市）人民政府（行署）。

责任单位：自治区人力资源和社会保障厅、财政厅。

34. 要依法加强资金监管，每年向社会公开资金使用情况，加强监督检查和专项审计工作，加强廉政风险防控，保障资金安全和效益。对以虚假培训等套取、骗取资金的依法依纪严惩，对培训工作中出现的失误和问题要区分不同情况对待，保护工作落实层面干事担当的积极性。

牵头单位：各地（州、市）人民政府（行署）。

责任单位：自治区人力资源和社会保障厅、财政厅、审计厅。

四、保障措施

（一）强化政府工作职责。自治区统筹城乡就业工作领导小组负责协调推动职业技能提升行动。各地（州、市）、县（市、区）人民政府（行署）要把职业技能提升行动作为重要民生工程，加强组织领导，切实承担主体责任，形成自治区统筹、部门参与、地县实施的工作格局。各地（州、市）、县（市、区）人力资源和社会保障部门要抓紧制定具体贯彻落实措施，按季度、年度报送工作情况。鼓励地（州、市）、县（市、区）整合培训资源，将财政补助资金与职业培训促进就业工作绩效挂钩，加大激励考核力度，促进扩大培训规模，提升培训质量和层次，确保职业技能提升行动有效开展。

牵头单位：各地（州、市）人民政府（行署）。

责任单位：自治区人力资源和社会保障厅。

（二）健全工作机制。

1. 在自治区统筹城乡就业工作领导小组框架下，健全职业技能提升行动工作协调机制，充分发挥行业主管部门等各方作用，定期协调沟通、督促检查和通报情况，形成工作合力。各级人力资源和社会保障部门承担政策制定、培训机构管理、质量监管等职责，制定年度工作计划，分解工作任务，汇总、上报各相关部门工作情况和统计数据，抓好督促落实。

牵头单位：各地（州、市）人民政府（行署）。

责任单位：自治区人力资源和社会保障厅。

2. 各级发展改革部门要统筹推进职业技能培训基础能力建设。各级教育部门要组织职业院校承担职业技能培训任务。各级工业和信息化、住房城乡建设、交通、水利等部门要发挥行业主管部门作用，积极参与培训工作。各级财政部门要确保就业补助资金等及时足额拨付到位。各级农业农村部门负责职业农民培训。各级退役军人事务部门负责协调组织退役军人职业技能培训。各级应急管理、煤矿安监部门负责指导协调化工、矿山等高危行业领域安全技能培训和特种作业人员安全作业培训。各级国资监管部门要指导国企开展职业技能培训。其他有关部门和单位要共同做好职业技能培训工作。支持鼓励工会、共青团、妇联等群团组织以及行业协会参与职业技能培训工作。

牵头单位：自治区发展改革委。

责任单位：自治区教育厅、工业和信息化厅、财政厅、住房城乡建设厅、农业农村厅、退役军人事务厅、应急管理厅、国资委、自治区总工会、团委、妇联。

（三）提高培训管理服务水平。深化职业技能培训工作"放管服"改革。补贴性职业技能培训项目全部向具备资质的职业院校和培训机构开放。对补贴性职业技能培训实施目录清单管理，公布补贴性培训项目目录、培训评价机构目录，方便劳动者按需选择。探索实行信用支付等办法，优化培训补贴支付方式。建立培训补贴网上经办服务平台，有条件的地方可对项目制培训实行培训服务和补贴申领告知承诺制，简化流程，减少证明材料；提高服务效率。加强对培训机构和培训质量的监管，健全培训绩效评估体系，积极支持开展第三方评估。

牵头单位：各地（州、市）人民政府（行署）。

责任单位：自治区人力资源和社会保障厅、教育厅、财政厅。

（四）推进职业技能培训与评价有机衔接。

1. 完善技能人才职业资格评价、职业技能等级认定、专项职业能力考核等多元化评价方式。

责任单位：自治区人力资源和社会保障厅。

2. 落实职业技能等级认定制度，支持企业按规定自主开展职业技能等级评价工作，为劳动者提供便利的培训与评价服务。

牵头单位：自治区人力资源和社会保障厅。

责任单位：自治区教育厅。

3. 从事准入类职业的劳动者必须经培训合格后方可上岗。推动工程领域高技能人才与工程技术人才职业发展贯通。鼓励企业设立首席技师、特级技师等，提升技能人才职业发展空间。

牵头单位：自治区人力资源和社会保障厅。

责任单位：自治区应急管理厅、国资委。

（五）加强政策解读宣传。各地（州、市）、县（市、区）人民政府（行署）、各有关部门要加大政策解读宣传力度，提升政策公众知晓度，帮助企业、培训机构和劳动者熟悉了解、用足用好政策，共同促进职业技能培训工作开展。大力弘扬和培育工匠精神，落实提高技术工人待遇的政策措施，加强技能人才激励表彰工作，积极开展各类职业技能竞赛活动，营造技能成才良好环境

牵头单位：各地（州、市）人民政府（行署）。

责任单位：自治区人力资源和社会保障厅、教育厅。

新疆生产建设兵团职业技能提升行动实施方案（2019—2021年）

为贯彻落实党中央、国务院决策部署，实施职业技能提升行动，根据《国务院办公厅关于印发职业技能提升行动方案（2019—2021年）的通知》（国办发〔2019〕24号）要求，结合兵团实际，制定本实施方案。

一、总体要求和目标任务

（一）总体要求。以习近平新时代中国特色社会主义思想为指导，全面贯彻党的十九大和十九届二中、三中全会精神，紧紧围绕新疆社会稳定和长治久安总目标，聚焦兵团维稳戍边职责使命，把职业技能培训作为保持就业稳定、缓解结构性就业矛盾的关键举措，作为经济转型升级和高质量发展的重要支撑，大力推行终身职业技能培训制度，面向职工、就业重点群体、建档立卡贫困劳动力（以下简称贫困劳动力）等各类劳动者，大规模开展职业技能培训，加快建设知识型、技能型、创新型劳动者大军。

（二）目标任务。2019年至2021年，持续开展职业技能提升行动，提高培训针对性实效性，全面提升劳动者职业技能水平和就业创业能力。三年共开展各类补贴性职业技能培训35万人次以上，其中，2019年培训11万人次，2020年培训12万人次，2021年培训12万人次；经过努力，到2021年底技能劳动者占就业人员总量的比例达到30%以上，高技能人才占技能劳动者的比例达到30%以上。

二、突出重点群体，有针对性开展职业技能培训

（三）大力开展企业职工技能提升和转岗转业培训。督促企业制定职工培训计划，开展适应岗位需求和发展需要的技能培训，广泛组织岗前培训、在岗培训、脱产培训，开展岗位练兵、技能竞赛、在线学习等活动，大力开展高技能人才培训，组织实施高技能领军人才和产业紧缺人才培训。发挥行业、龙头企业和培训机构作用，引导帮助中小微企业开展职工培训。实施高危行业领域安全技能提升行动计划，化工、矿山等高危行业企业要组织从业人员和各类特种作业人员普遍开展安全技能培训，严格执行从业人员安全技能培训合格后上岗制度。支持帮助困难企业开展转

岗转业培训。在兵团各类企业全面推行企业新型学徒制、现代学徒制培训，三年培训1500名新型学徒。推进产教融合、校企合作，实现学校培养与企业用人的有效衔接。鼓励企业与参训职工协商一致灵活调整工作时间，保障职工参训期间应有的工资福利待遇。（兵团人力资源和社会保障局、工业和信息化局、教育局、国有资产监督管理委员会、住房和城乡建设局、应急管理局、财政局、总工会、工商联按职责分工负责。列第一位者为牵头单位，下同）

（四）做好重点群体职业技能提升培训和创业培训。面向新引进劳动力、未继续升学初高中毕业生（以下简称"两后生"）等青年、下岗失业人员、退役军人、就业困难人员（含残疾人）广泛开展就业技能培训、职业技能提升培训等专项培训，全面提升职业技能和就业创业能力。面向团场转移就业劳动者特别是新生代农民工，持续实施农民工"春潮行动"、新生代农民工职业技能提升计划和创业培训计划。对有创业愿望的开展创业培训，加强创业培训项目开发、创业担保贷款、后续扶持等服务。围绕乡村振兴战略，实施新型职业农民培育工程和团场实用人才带头人素质提升计划，开展职业农民技能培训。（兵团人力资源和社会保障局、教育局、工业和信息化局、退役军人事务局、农业农村局、住房和城乡建设局、财政局、民政局、国有资产监督管理委员会、扶贫开发办公室、总工会、团委、妇联、残联按职责分工负责）

（五）加大贫困劳动力和贫困家庭子女技能扶贫工作力度。聚焦深度贫困团场，鼓励通过项目制购买服务等方式为贫困劳动力提供免费职业技能培训，并在培训期间按规定通过就业补助资金给予生活费（含交通费，下同）补贴，不断提高参训贫困人员占贫困劳动力比重。深入推进技能脱贫"千校行动"，对接受技工教育的贫困家庭学生，按规定落实中等职业教育国家助学金和免学费等政策；对子女接受技工教育的贫困家庭，按政策给予补助。（兵团人力资源和社会保障局、教育局、财政局、扶贫开发办公室按职责分工负责）

三、激发培训主体积极性，有效增加培训供给

（六）支持企业兴办职业技能培训。支持各类企业特别是规模以上企业或者吸纳就业人数较多的企业设立职工培训中心。鼓励企业与职业院校（含技工院校，下同）共建实训中心、教学工厂等，积极建设培育一批产教融合型企业。企业举办或参与举办职业院校的，可按规定根据毕业生就业人数或培训实训人数给予支持。支持企业设立高技能人才培训基地和技能大师工作室，企业可通过职工教育经费提供相应的资金支持，兵团按规定通过就业补助资金给予补助。支持高危企业集中的地

区建设安全生产和技能实训基地。(兵团人力资源和社会保障局、教育局、国有资产监督管理委员会、工业和信息化局、财政局、应急管理局、总工会、工商联按职责分工负责)

(七) 推动职业院校扩大培训规模。支持职业院校开展补贴性培训,扩大面向职工、就业重点群体和贫困劳动力的培训规模并向南疆师市倾斜。在院校启动"学历证书+若干职业技能等级证书"制度试点工作,按《国务院关于印发国家职业教育改革实施方案的通知》(国发〔2019〕4号)规定执行。允许职业院校将一定比例的培训收入纳入学校公用经费,学校培训工作量可按一定比例折算成全日制学生培养工作量。在核定职业院校绩效工资总量时,可向承担职业技能培训工作的单位倾斜。职业院校要严格执行"收支两条线"相关规定,职业技能培训支出在专项公用经费列支。承担培训任务的一线教师,培训课时费用不占用院校绩效工资总量,课时费和超课时费要高于校内教师课时费标准;一线教师承担培训任务工作量按一定比例折算为全日制培养工作(课时)量,作为职称评聘和评先评优重要依据。(兵团人力资源和社会保障局、教育局、财政局、扶贫开发办公室、总工会按职责分工负责)

(八) 鼓励支持社会培训和评价机构开展职业技能培训和评价工作。鼓励社会力量兴办职业院校和民办职业技能培训机构。按照国家统一部署,组织认定一批社会评价机构,面向企业职工和社会人员开展职业技能等级评价工作。不断培育发展壮大社会培训和评价机构,支持培训和评价机构建立同业交流平台,促进行业发展,加强行业自律。民办职业培训和评价机构在政府购买服务、校企合作、实训基地建设等方面与公办同类机构享受同等待遇。(兵团人力资源和社会保障局、教育局、财政局、发展和改革委员会、工商联按职责分工负责)

(九) 创新培训内容。加强职业技能、通用职业素质和求职能力等综合性培训,将职业道德、职业规范、工匠精神、质量意识、法律意识和相关法律法规、消防安全、环保和健康卫生、就业指导等内容贯穿职业技能培训全过程。坚持需求导向,围绕市场急需紧缺职业开展家政、养老服务、托幼、保安、电商、汽修、电工、妇女手工等就业技能培训;围绕促进创业开展经营管理、品牌建设、市场拓展、风险防控等创业指导培训;围绕经济社会发展开展先进制造业、战略性新兴产业、现代服务业以及循环农业、智慧农业、智能建筑、智慧城市建设等新产业培训;加大人工智能、云计算、大数据等新职业新技能培训力度。(兵团人力资源和社会保障局、教育局、工业和信息化局、退役军人事务局、农业农村局、住房和城乡建设局、财政局、公安局、民政局、商务局、国有资产监督管理委员会、应急管理局、扶贫开发办公室、总工会、团委、妇联、残联等按职责分工负责）

（十）加强职业技能培训基础能力建设。支持有条件的师市对企业、院校、培训机构的实训设施设备进行升级改造。支持创建国家级、兵团级高技能人才培训基地、技能大师工作室。鼓励内地具有一定规模的职业院校在兵团特别是南疆师市设立职业技能培训机构或分院，着力提升以南疆师市、贫困团场为重点的基层技能培训机构实训能力。大力推广"工学一体化""职业培训包""互联网+职业培训"等先进培训方式，加快建设互联网培训平台。加强师资建设，职业院校和培训机构实行专兼职教师制度，可按规定自主招聘企业技能人才任教。发挥院校、行业企业作用，加强职业技能培训教材管理，规范教材使用。完善培训统计工作，落实补贴性培训实名制信息管理制度，探索建立劳动者职业培训电子档案，实现培训评价信息与就业社保信息联通共享，提供培训就业一体化服务。（兵团人力资源和社会保障局、教育局、工业和信息化局、退役军人事务局、农业农村局、住房和城乡建设局、财政局、公安局、商务局、国有资产监督管理委员会、扶贫开发办公室、总工会、团委、妇联、残联等按职责分工负责）

四、完善职业培训补贴政策，加强政府引导激励

（十一）落实职业培训补贴政策。对贫困家庭子女、贫困劳动力、"两后生"、团场转移就业劳动者、下岗失业人员和转岗职工、退役军人、残疾人开展免费职业技能培训行动，对高校毕业生和企业职工按规定给予职业培训补贴。对贫困劳动力、就业困难人员、零就业家庭成员、"两后生"中的团场学员和城市低保家庭学员，在培训期间按规定通过就业补助资金同时给予生活费补贴。符合条件的企业职工参加岗前培训、安全技能培训、转岗转业培训或初级工、中级工、高级工、技师、高级技师培训，按规定给予职业培训补贴或参保职工技能提升补贴。职工参加企业新型学徒制培训的，给予企业每人每年4000元的职业培训补贴，由企业自主用于学徒培训工作。企业、农业合作社和扶贫车间等各类生产经营主体吸纳贫困劳动力就业并开展以工代训，以及参保企业吸纳就业困难人员、零就业家庭成员就业并开展以工代训的，给予最长不超过6个月期限的职业培训补贴。（兵团人力资源和社会保障局、财政局、各师市按职责分工负责）

（十二）完善职业培训补贴政策。符合条件的劳动者在户籍地、常住地、求职就业地参加培训后取得证书（职业资格证书、职业技能等级证书、专项职业能力证书、特种作业操作证书、培训合格证书等）的，按规定给予职业培训补贴，原则上每人每年可享受不超过3次,但同一职业同一等级不可重复享受。兵团人力资源和社会保障局、财政局结合实际调整享受职业培训补贴、生活费补贴人员范围和条件要求相关政策,将确有培训需求、不具有按月领取养老金资格的人员纳入政策范围。各师市人力资源社会保障部门、财政部门可在规定的原则下结合实际确定职业培训补贴标准。兵团及有条件的师市团场可对有关部门各类培训资金和项目进行整合,解决资金渠道和使用管理分散问题。各师市可对贫困劳动力、去产能失业人员、退役军人等群体开展项目制培训。对企业开展培训或者培训机构开展项目制培训的,可先行拨付40%的培训补贴资金,培训任务完成后,可申请剩余培训补贴资金。(兵团人力资源和社会保障局、财政局、各师市按职责分工负责)

(十三)加大资金支持力度。兵团机关各部门、师市、团场要加大资金支持和筹集整合力度,将一定比例的就业补助资金、人才经费和行业产业发展经费中用于职业技能培训的资金,以及从兵团失业保险基金结余中按规定提取的专项资金,统筹用于职业技能提升行动。兵团将拟用于职业技能提升行动的失业保险基金结余在社会保障基金财政专户中单独建立"职业技能提升行动专账",各师市也要相应建立专账,用于职工等人员职业技能培训,实行分账核算、专款专用,具体筹集使用管理办法按照财政部、人力资源社会保障部规定执行。企业要按有关规定足额提取和使用职工教育经费,其中60%以上用于一线职工培训,可用于企业"师带徒"津贴补助。落实将企业职工教育经费税前扣除限额提高至工资薪金总额8%的税收政策。推动企业提取职工教育经费开展自主培训与享受政策开展补贴性培训的有机衔接,探索完善相关机制。有条件的师市可安排经费,对职业技能培训的师资培训、教学改革以及职业技能竞赛等基础工作给予支持,对培训组织动员工作进行奖补。(兵团人力资源和社会保障局、财政局、各师市按职责分工负责)

(十四)强化资金监督管理。要依法加强资金监管,每年向社会公开资金使用情况,加强监督检查和专项审计工作,加强廉政风险防控,保障资金安全和效益。对以虚假培训等套取、骗取资金的依法依纪严惩,对培训工作中出现的失误和问题要区分不同情况对待,保护工作落实层面干事担当的积极性。(兵团人力资源和社会保障局、财政局、审计局、各师市按职责分工负责)

五、加强组织领导,强化保障措施

(十五)强化工作职责。兵团就业和职业培训领导小组负责协调推动职业技能提升行动。兵团各单位、师市、团场要把职业技能提升行动作为重要民生工程,加强组织领导,切实承担主体责任,形成兵团统筹、部门参与、师市实施的工作格局。

兵团、各师市要建立季报、年报制度，按季度、年度报送工作情况。鼓励师市和有条件的团场整合培训资金、培训资源，将财政补助资金与职业培训促进就业工作绩效挂钩，加大激励考核力度，促进扩大培训规模，提升培训质量和层次，确保职业技能提升行动有效开展。（兵团机关各有关部门、各师市按职责分工负责）

（十六）健全工作机制。在兵团就业和职业培训领导小组框架下，建立职业技能提升行动工作协调机制，充分发挥行业主管部门等各方作用，定期协调沟通、督促检查和通报情况，形成工作合力。人力资源社会保障部门承担政策制定、培训机构管理、质量监管等职责，制定年度工作计划，分解工作任务，抓好督促落实。发展改革部门要统筹推进职业技能培训基础能力建设。教育部门要组织职业院校承担职业技能培训任务。工信、住房城乡建设等部门要发挥行业主管部门作用，积极参与培训工作。财政部门要确保就业补助资金等及时足额拨付到位。农业农村部门负责职业农民培训。退役军人事务部门负责协调组织退役军人职业技能培训。应急管理部门负责指导协调化工、矿山等高危行业领域安全技能培训和特种作业人员安全作业培训。国资监管部门要指导国企开展职业技能培训。其他有关部门和单位要共同做好职业技能培训工作。支持鼓励工会、团委、妇联等群团组织以及行业协会参与职业技能培训工作。（兵团机关各有关部门、各师市按职责分工负责）

（十七）提高培训管理服务水平。深化职业技能培训工作"放管服"改革。政府补贴的职业技能培训项目全部向具备资质的职业院校和培训机构开放，采取专家评审或公开招投标等方式购买培训服务和评价服务。各师市要对补贴性职业技能培训实施目录清单管理，公布补贴性培训项目目录、培训和评价机构目录，方便劳动者按需选择。探索实行信用支付等办法，优化培训补贴支付方式。建立培训补贴网上经办服务平台，有条件的师市可对项目制培训探索培训服务和补贴申领告知承诺制，简化流程，减少证明材料，提高服务效率。加强对培训机构和培训质量的监管，健全培训绩效评估体系，积极支持开展第三方评估。（兵团财政局、人力资源和社会保障局、教育局、工业和信息化局、退役军人事务局、农业农村局、住房和城乡建设局、公安局、商务局、国有资产监督管理委员会、扶贫开发办公室、总工会、团委、妇联、残联等按职责分工负责）

（十八）推进职业技能培训与评价有机衔接。完善技能人才职业资格评价、职业技能等级认定、专项职业能力考核等多元化评价方式。落实职业技能等级认定制度，支持企业按规定自主开展职工职业技能等级评价工作，为劳动者提供便利的培训与评价服务。从事准入类职业的劳动者必须经培训合格后方可上岗。推动工程领域高技能人才与工程技术人才职业发展贯通。支持企业按规定自主开展职工职业技能等级评价工作，鼓励企业设立首席技师、特级技师等，提升技能人才职业发展空间。（兵团人力资源和社会保障局、应急管理局、生态环境局、农业农村局、交通运输局、文化体育广电和旅游局、工业和信息化局、国有资产监督管理委员会等按职责分工负责）

（十九）加强政策解读和舆论宣传。各师市、兵团机关各有关部门要加大政策宣传力度，提升政策公众知晓度，帮助企业、培训机构和劳动者熟悉了解、用足用好政策，共同促进职业技能培训工作开展。大力弘扬和培育工匠精神，落实提高技术工人待遇的政策措施，加强技能人才激励表彰工作，积极开展各类职业技能竞赛活动，营造技能成才良好环境。（兵团机关各有关部门、各师市按职责分工负责）

张纪南：技能人才发展是利国、利企、利民的大事

2019年9月26日，庆祝中华人民共和国成立70周年活动新闻中心举办第二场新闻发布会。人力资源社会保障部部长张纪南在回答记者提问时说："世界技能大赛也被称作'世界技能奥林匹克'。我国从2011年第一次参赛获得1块银牌，今年获得了16金、14银、5铜，取得了金牌、奖牌和团体总分'3个第一'的历史最好成绩。"

张纪南表示，在世界技能大赛中取得的成绩，从一个侧面反映了我国技能人才队伍建设的规模和水平不断扩大和提高，也反映了我国产业发展的规模和水平不断扩大和提高。

"近日，习近平总书记专门作出重要指示，充分肯定我国技能选手取得的优异成绩，并对下一步加强技能人才队伍建设提出了更高的要求，这是我们的根本遵循。"张纪南说。

张纪南认为，技能人才发展是利国、利企、利民的大事、实事、好事。对国家来讲，这是中国制造、中国创造的重要支撑。对企业来讲，这是提高企业竞争能力、提高经济效益的重要基础。对劳动者来讲，"一技在手、终身受益"，是实现高质量就业的重要保障。这次我国获奖的选手里面，有4名来自建档立卡的贫困家庭。这说明，一人技能成才，全家就能脱贫。下一步推进技能人才工作，我们总的思路是：聚焦一个目标，坚持"三个导向"，突出"四个加大"。

聚焦一个目标：就是要聚焦习近平总书记提出的"加快培养大批高素质劳动者和技术技能人才"的目标。也就是说，速度要加快，数量要扩大，素质要提高。

坚持"三个导向"：就是要坚持能力导向，以提升劳动者的技能水平、能力素质为核心；坚持市场导向，要贴紧社会、产业、企业、个人的发展需求；坚持问题导向，要针对技能人才发展存在的短板弱项，聚焦问题、捯根问题、解决问题。

突出"四个加大"：一是加大职业技能培训的力度。实施国家职业技能提升行动，开展大规模的职业技能培训，用3年时间，使用1000亿元的失业保险资金结余，补贴培训5000万人次以上。我们称之为"315工程"。这个工程有一系列含金量比较高的补贴和扶持政策，是个利企惠民的工程。对企业来讲，有商机；对劳动

者个人来讲，有"升机"，就是有提升发展的机会。

二是加大技能人才发展体制机制的改革力度。重点是健全技能人才培养、使用、评价、激励制度，这是促进技能人才发展的关键。要建立覆盖城乡全体劳动者的终身职业技能培训体系，全力推行企业新型学徒制，建立职业技能等级制度，减少职业资格许可和认定。要破除身份、学历等方面的不合理限制，促进平等聘用和使用技能人才。加大技能人才的评选表彰力度，激励技能人才成长。总之，有破有立、综合施策，起到纲举目张的作用。

三是加大职业技能竞赛的组织力度。职业技能竞赛，是推进技能人才尤其是青年技能人才工作的有力抓手。我们要以赛促学、以赛促训、以赛促评、以赛促奖，建立健全以世赛为引领、国赛为主体、基层岗位练兵技术比武为基础的综合竞赛体系。研究举办综合性的全国技能大赛，为技能人才成长提供更多的平台、创造更多的机会。同时，要筹办好2021年在上海举办的第46届世界技能大赛，努力办成一届有影响、有新意的大赛。

四是加大宣传引导的力度。这些年来，党和国家高度重视，技能人才发展的氛围越来越好，但是"重学历、轻能力，重理论、轻实践"的观念，在一定程度上仍然存在，需要加强宣传和引导。诚恳希望各位朋友，关心关注、支持帮助，积极宣传技能人才相关政策，积极宣传技能成才、技能报国的先进典型，积极宣传精益求精的工匠精神，共同营造劳动光荣、技能宝贵、创造伟大的时代风尚，让全社会都来关心和支持技能人才工作。

用实际行动践行初心使命
大力推进职业技能提升行动

——人力资源社会保障部副部长汤涛在职业技能提升行动专题培训班上的讲话

我们举办职业技能提升行动专题培训班，对全系统从事职业技能培训工作的厅局长、处长进行集中培训，主要目的就是使大家深入了解职业技能提升行动出台的背景、政策和要求，精准理解政策，更好推动职业技能提升行动落实。下面三部分内容，分别是为什么，是什么，干什么。

一、为什么要开展职业技能提升行动

一是从国际形势看，人才竞争日趋激烈。习近平总书记明确提出，当今世界的综合国力竞争，说到底是人才竞争，人才越来越成为推动经济社会发展的战略性资源。习近平总书记在党十九大报告中对"人才"有新的定位。人才是实现民族振兴、赢得国际竞争主动的战略资源。劳动者素质对一个国家、一个民族发展至关重要。面对日趋激烈的国际竞争，一个国家发展能否抢占先机、赢得主动，越来越取决于国民素质特别是广大劳动者素质。从国外情况看，发达国家在工业化进程中，都把职业技能培训作为发展经济的重要支撑，如美国、德国、英国、日本、韩国、新加坡等国都就职业技能培训单独立法。近几年来，这些国家纷纷制定推进职业技能培训、提高劳动者素质的国家战略。如美国在制造业领域对200万工人开展职业技能培训，推行"学徒计划"；英国实施"国家技能战略"，提出要通过加强职业技能培养使英国具有世界级的技能水平；澳大利亚发布了"未来劳动力开发战略"，提出满足劳动者的职业技能需求；新加坡开展了"未来技能计划"。可见，许多国家都把职业技能培训作为重振制造业、助推新兴产业发展、加快经济发展的重要手段。

二是从国内现实情况看，培训工作重要性更加凸显。习近平总书记指出，要提高职业培训质量，增强就业人员技能，提高农民工和其他各类再就业人员转岗就业能力。这次职业技能提升行动用两句话可以概括：一是大规模，二是高质量。从就业形势看，一方面有事无人干，另一方面有人无事干，这涉及高质量培训的问题，解决结构性就业矛盾，要从培训数量向数量质量并重转变。2019年高校毕业生将达到834万人，再创历史新高，还有479万名中职毕业生，170万名"两后生"，合计需要在城镇就业的新成长劳动力在1000万人以上。技能人才的求人倍率一直在1.5以上，高技能人才的求人倍率甚至达到2以上。企业对招工难、技工荒反映强烈。从经济发展阶段看，我国正处在转变发展方式、优化经济结构、转换增长动力的关键时期。传统产业转型升级，战略性新兴产业、先进制造业、现代服务业的发展以及新业态的出现，对劳动者知识技能和转岗转业培训提出更高要求。最近有一个热点是"新职业"，一是传统产业中的新职业，二是新兴产业中的新职业。据测算，约有1亿人口需要转岗。这也需要我们大规模开展高质量的职业技能培训。从劳动者需求看，我国有2.88亿名农民工，但参加过职业技能培训的仅占30%，总体职业技能水平偏低，职业发展通道狭窄，融入城市困难。职业技能培训是帮助他们成为新一代产业技术工人和城市市民的重要途径。全国建档立卡贫困人口约1660万人，绝大部分贫困劳动力文化水平低、缺乏技能，对贫困家庭脱贫非常不利，组织他们参加培训学习技能，可以推动实现一人就业、全家脱贫。"两后生"学历低、年龄小，很多人员需要就业，而他们在职业起步阶段需要技能提升，发展还未定型，引导他们学习技能，会使他们终身受益。每年国家还有60万名左右退役士兵，学习职业技能关系到他们能否顺利实现军地转换，关系到社会和谐稳定。

三是从工作职能看，我讲四个字——责无旁贷。中央对职业技能提升行动高度重视，作出战略决策部署。习近平总书记在党的十九大报告中明确指出，要大规模开展职业技能培训，注重解决结构性就业矛盾，建设知识型、技能型、创新型劳动者大军。2019年3月5日，《政府工作报告》提出从失业保险基金结余中拿出1000亿元，用于1500万人次以上的职工技能提升和转岗转业培训。4月8日，胡春华副总理进行专题研究。4月30日，国务院第45次常务会议审议通过《职业技能提升行动方案（2019—2021年）》。5月10日，国新办召开政策吹风会。5月18日，《国务院办公厅关于〈印发职业技能提升行动方案（2019—2021年）〉的通知》（国办发〔2019〕24号）正式发文。5月22日，李克强总理作出批示。5月23日，国务院召开电视电话会议。人社部门承担政策制定、标准开发、资源整合、培训机构管理、质量监管等职责，负责制订年度工作计划、分解工作任务、抓好督促落实。人社部门是重要的民生部门，与人民群众切身利益紧密相连，主要工作职责是人力资源开发，职业技能培训是我们的牵头职责，推动职业技能提升行动是我们的分内工作，也是我们的使命担当，我们要扎实推进各项工作，确保职业技能提升行动有效开展。

二、职业技能提升行动是什么

职业技能提升行动是党中央、国务院确定的重点工作,是重要的民生工程。行动包含以下重点内容。

(一)目标任务。培训数量上,提出到 2021 年年底要完成补贴性培训 5000 万人次以上,2019 年培训 1500 万人次以上。培训质量上,提出到 2021 年年底,技能劳动者占就业人员总量的比例达 25% 以上,高技能人才占技能劳动者总量的比例为 30% 以上。确定这样的目标,是基于三个考虑:一是立足缓解结构性就业矛盾的实际,并着眼国家发展对大量、高素质技能人才长远需求。二是问题导向,需要着力提高职业技能培训质量。三是扩大受益面,兼顾其他重点群体。未就业的农民工和贫困劳动力等就业重点群体面临的就业形势和压力加大,需要把他们和企业职工统筹纳入职业技能提升行动政策支持范畴。我们要通过实施行动,让没有技能的劳动者具备一技之长,让技能不足的劳动者实现职业技能提升,促进职业技能更新和就业能力增强,更好适应经济社会发展需要。

(二)培训重点。确定了企业职工、就业重点群体、贫困劳动力三个方面的培训重点。一要突出企业职工培训,适应新产业新技能要求,努力提升培训层次,着力培养企业紧缺的高技能人才,促进职工高质量就业,增强就业稳定性,加大企业新型学徒制资金支持力度。二要统筹就业重点群体培训,面向农村转移就业劳动者、城乡未继续升学初高中毕业生等青年、下岗失业人员、退役军人、就业困难人员、残疾人等各类重点群体,不断提高他们的就业创业能力,促进他们尽快实现技能就业和稳定就业。三要聚焦贫困劳动力技能培训,在贫困地区特别是"三区三州"等深度贫困地区,深入推进技能脱贫千校行动和深度贫困地区技能扶贫行动。面向贫困劳动力、贫困家庭子女开展免费职业技能培训,落实生活费等补贴,加大技能脱贫攻坚力度,促进他们实现技能脱贫。

(三)实施载体。一是发挥企业主体作用,指导企业积极开展职工在岗培训和转岗培训,带动企业工人整体技能水平的提升。鼓励有条件的企业帮助上下游企业做好培训。支持企业依托高技能人才建立技能大师工作室,带动企业工人整体技能水平的提升。二是发挥院校的基础作用,指导院校加强产教融合、校企结合,深化工学一体化教学改革,培养更多符合实际需要的技能人才。利用技工院校场地、设备设施、工学一体化教师教材等培训评价条件,把技工院校培育发展成为重要培训载体。三是发挥社会培训机构的支持作用。目前民办职业培训机构有 2 万多家,这是一支巨大的培训力量,要把他们的积极性调动起来,确保所有补贴培训项目,全部向具备合格资质的社会机构招标开放，把各领域的优质培训资源都利用起来。同时监管好，提升规范化管理水平。

（四）补贴政策。这是社会关注的焦点，也有很多创新突破性政策。一是对相关群体落实职业培训补贴政策。要求对重点群体开展免费职业技能培训，对符合条件人员按规定给予职业培训补贴、生活费补贴。符合条件的企业职工可以享受职业培训补贴或参保职工技能提升补贴。加大"放管服"力度，简化补贴申领条件和程序，提高管理服务水平。支持地方调整完善补贴政策，加大资金统筹力度。二是支持地方调整完善补贴政策。规定符合条件的劳动者在户籍地、常住地、求职就业地参加培训后取得证书的，按规定给予职业培训补贴。省级部门可调整补贴人员范围和条件。市（地）以上部门可确定补贴标准。县级以上政府可对培训资金和项目进行整合。对企业开展培训或者培训机构开展项目制培训的，可先行拨付一定比例的培训补贴资金，具体由各省确定。这给地方制定政策预留了较大空间，有利于结合实际促进政策落地生效。

（五）质量要求。一是培训内容要加强创新，符合实际需求。培训内容要适应市场需求、满足劳动者需要，"岗位需要什么就培训什么"。强调加强职业技能、通用职业素质和求职能力等综合性培训，二是提高培训层次，扩大培训成果。短期培训是需要的，也要加强中、高级职业技能培训力度和人群比重，引导劳动者通过培训实现技能等级提升，取得职业资格证书、职业技能等级证书等，进而实现职业发展和工资待遇水平提升。三是加强基础建设，提升培训服务能力。支持建设产教融合实训基地和公共实训基地，加强职业训练院建设，积极推进职业技能培训资源共建共享。加强职业技能培训师资、教材建设。

三、实施行动中干什么

对于实施职业技能提升行动，中央的重视程度、支持力度、工作要求前所未有。如何部署安排，做到统筹有序、协调推进，要把握工作中的几个关键点。

一要落实地方工作责任。《职业技能提升行动方案（2019—2021年）》主要在宏观上定方向、定目标、定任务、定要求，行动的实施推进则要交给地方各级政府。地方各级政府要发挥牵头抓总作用，将职业技能提升行动进行任务分解，层层压实责任。各省要上报培训计划，省、市两级按规定确定培训主体，市县两级具体承担培训任务。鼓励地方各级政府结合本地实际和群众实际需求，确定培训重点，调整完善职业培训补贴政策，创新培训方式，创造性地开展培训工作。各地要在7月15日前出台具体实施方案，这也是7月份国务院大督查的重要内容。

二要发挥相关部门作用。国务院层面,将在国务院就业工作领导小组框架下,健全职业技能提升行动工作协调机制。人社部门要在宏观层面、制度设计、统筹推进等方面下功夫,会同各相关部门明确工作任务分工,承担政策制定、标准开发、资源整合、培训机构管理、质量监管等职责,抓好督促落实。既要发挥人社部门牵头抓总作用,也要调动各相关部门积极性,明确相关部门职责,发挥各相关部门作用,让各部门都为职业技能提升行动出力,保障工作顺利开展。

三要充分发挥领导小组和工作专班作用。人社部部内成立了职业技能提升行动领导小组,并设立了工作专班,主要职责是统筹研究职业技能提升行动重大政策和相关工作,指导各地落实行动。各地要参考人社部部里的领导小组及办公室设置,完善相应工作机制。职业能力建设、就业、失业保险、技工院校、农民工等相关处室与就业局、培训中心、就业训练中心、鉴定中心、信息中心、教研室等单位,组建专班合力攻坚。

四要健全工作政策制度体系。要逐步健全五项制度。一是任务目标制。要按照2019年人力资源和社会保障事业发展计划确定的补贴性职业技能培训人数等6项任务,逐级下达、层层分解、狠抓落实。二是目录清单制。公布补贴培训项目目录(可含重点产业和急需紧缺职业目录、培训补贴标准目录)和培训评价机构目录,方便劳动者按需选择培训。三是实名管理制。要将补贴培训相关信息及时纳入管理信息系统,没有信息系统的地方要抓紧开发,力争实现省级统筹。未应用信息系统前要做好纸质信息的归档工作。四是定期统计制。近期部里将统计2019年上半年各地职业技能培训数量,年底统计全年数量。2020年计划实现季报,争取2020年全部实现月报制。五是督查责任制。要构建责任明晰、措施有效、保障有力的督查责任制。另外,有条件的地方要建立培训补贴网上经办服务平台,探索职业培训服务和补贴申领告知承诺制,简化流程,减少证明材料,提高服务效率。

五要加强解读宣传。要创新宣传形式,加大政策宣传力度,进企进校进社区,帮助企业、培训机构和劳动者了解政策。通过动画、视频、知识竞答等群众喜闻乐见的形式,利用新媒体平台扩大宣传覆盖面。面向人社系统、行业企业、院校等人员开展政策培训班,确保政策执行到位。挖掘一批先进典型和有效经验做法,用身边事影响身边人。下一步工作重头在地方,希望各地多动脑筋,多想办法,八仙过海、各显神通,真正把这项工作启动起来。

2019年是新中国成立70周年,是决胜全面建成小康社会第一个百年奋斗目标的关键之年。职业技能提升行动将在未来三年培训5000万名劳动者,让我们一起把工作做好,用实际行动践行初心与使命。

人力资源社会保障部有关负责人就《国务院办公厅关于印发职业技能提升行动方案（2019—2021年）的通知》答记者问

5月18日，国务院办公厅印发《职业技能提升行动方案（2019—2021年）》（国发〔2019〕24号）（以下简称《方案》），这是当前和今后一个时期大规模开展职业技能培训工作的指导性文件。5月23日，国务院就业工作领导小组召开部署推进职业技能提升行动电视电话会议，对职业技能提升行动进行安排部署。人力资源社会保障部有关负责人就《方案》相关要点答记者问。

问： 请介绍一下《方案》出台的背景。

答： 党中央、国务院高度重视职业技能培训工作，近年来先后出台了新时期产业工人队伍建设改革、推行终身职业技能培训制度等一系列政策文件。习近平总书记多次作出重要指示，党的十九大报告明确要求大规模开展职业技能培训，注重解决就业结构性矛盾。在4月份召开的中央政治局会议上，习近平总书记强调做好重点群体就业工作，加强职业技能培训。李克强总理在今年的政府工作报告中，对实施职业技能提升行动作出部署，明确从失业保险基金结余中拿出1000亿元，用于1500万人次以上的职工技能提升和转岗转业培训。4月30日国务院常务会议确定使用1000亿元失业保险基金结余实施职业技能提升行动的措施。

当前和今后一个时期，结构性就业矛盾凸显，国内外经济环境将对就业带来深刻影响，也对推进产业升级和劳动者素质提出新的要求。《方案》坚持需求导向，紧紧围绕"稳就业"，强调把职业技能培训作为保持就业稳定、缓解结构性就业矛盾的关键举措，作为经济转型升级和高质量发展的重要支撑，面向城乡各类劳动者大规模开展职业技能培训。《方案》明确职业技能提升行动的总体要求和目标任务，提出一系列重要措施，对各地区、各部门贯彻落实职业技能提升行动提出了工作要求。

4月23日，国务院就业工作领导小组召开部署推进职业技能提升行动电视电话会议，李克强总理对会议作出重要批示，强调提供更有针对性的技能培训服务，努力推进建设知识型、技能型、创新型劳动者大军。胡春华副总理出席会议并讲话，结合《方案》的具体内容和落实工作提出要求。

问：《方案》明确了哪些目标任务？

答：《方案》明确了三年的具体目标任务。一是在培训数量上，明确今年培训1500万人次以上，并提出到2021年要完成补贴性培训5000万人次以上。下一步，我们将加大工作力度，加大资金投入，计划每年开展各类人员补贴性培训1700万人次以上。二是在培训质量上，明确技能人才比重得到提高的目标要求，即到2021年底，技能劳动者占就业人员总量的比例要达到25%以上，高技能人才占技能劳动者总量的比例要达到30%以上。这一目标是考虑我国技能人才比例结构优化，重点提升培训质量和层次。失业保险基金结余投入培训，可大幅提升培训补贴标准，培训层次也会显著提高，高质量职业技能培训将培养更多高素质技能人才。

我们将按照培训数量和质量的目标要求，采取有力措施，确保培训规模，让没有技能的劳动者具备一技之长，让技能不足的劳动者实现职业技能提升，促进职业技能提升和就业能力增强，更好地适应经济社会发展需要。

问：《方案》主要包括哪些内容？

答：《方案》以党中央、国务院决策部署为统领，坚持问题导向、改革创新、务求实效，突出重点群体，以点带面，推动劳动者整体素质提升。

《方案》共5部分19条内容。第一部分明确总体要求和目标任务。强调把职业技能培训工作作为实施就业优先政策，实现更高质量和更充分就业的重要举措。在目标任务中，对近三年的培训数量和人才结构指标提出要求，可操作也可检验。第二部分明确"培训谁"。将企业职工、农民工、城乡未继续升学初高中毕业生等就业重点群体和贫困劳动力作为培训重点。他们的素质技能提高，就业能力和稳定性就会增强，产品和服务质量也会随之得到提升。第三部分明确"谁培训"和"培训什么"。要把企业的主体作用发挥出来、职业院校的基础作用调动起来、社会培训资源优势发掘出来，有效增加培训供给，扩大培训规模。第四部分明确"如何补贴"。坚持问题导向，完善职业培训补贴政策。从培训补贴对象、种类、标准、期限等方面进一步加大政策支持力度，提出设立"职业技能提升行动专账"，简化补贴申领条件程序，加强监管，保证资金安全。第五部分明确"怎么培训"。明确政府工作责任，强调协同推进工作。对于地方要求省级统筹、部门参与、市县实施。对于行业主管部门，明确在国务院就业工作领导小组框架下，健全工作协调机制，发挥各方作用，形成工作合力。

问：《方案》有哪些政策创新点？

答： 职业技能提升行动重点在于通过政策引导激励，发动劳动者和培训主体大规模参与职业技能培训活动。《方案》结合新形势、新要求实现政策突破创新，主要表现在五方面：

一是加大对培训主体政策激励和支持力度。支持各类企业特别是规模以上企业或者吸纳就业人数较多的企业设立职工培训中心，对企业举办或参与举办职业院校，可根据毕业生就业人数或培训实训人数给予支持；在核定职业院校绩效工资总量时向承担职业技能培训工作的单位倾斜；落实民办职业培训机构与公办同类机构享受同等待遇政策，不断培育发展壮大社会培训机构。二是完善培训补贴政策。破除地域、户籍制约，符合条件的劳动者都可按规定享受职业培训补贴，原则上每人每年不超过3次。三是给基层预留制定政策空间。规定省级人社、财政部门可在规定的原则下调整培训补贴、生活费补贴人员范围和条件要求，可将确有培训需求、不具有按月领取养老金资格人员纳入政策范围。市（地）以上人社、财政部门可在规定的原则下确定培训补贴标准。特别是县级以上政府可对有关部门各类培训资金和项目进行整合，解决资金渠道和使用管理分散问题。四是加强资金支持和保障。提出地方各级政府要单独设立"职业技能提升行动专账"，实行专项管理。明确企业职工教育经费可用于企业"师带徒"津贴补助。五是优化培训管理服务。提出有条件的地区可对项目制培训探索培训服务和补贴申领告知承诺制，简化流程，减少证明材料，提高服务效率。

问：职业技能提升行动的工作重点是什么？

答：《方案》结合当前就业形势和经济发展新要求，确定了企业职工、就业重点群体、贫困劳动力三个方面的培训重点。一是关于企业职工培训。加强企业职工培训，主要目的是适应新产业、新技能的要求，提升职工技能，增强就业稳定性。同时，根据企业发展需要，提高职工转岗转业能力，也有利于企业稳就业、稳岗位。为此，《方案》提出，充分发挥企业主体作用和政府激励引导作用，促进二者有机结合。适应岗位需求和发展需要，重点开展企业职工技能提升和转岗转业培训，努力提升培训层次，着力培养企业急需紧缺的高技能人才，促进职工高质量就业。鼓励行业、龙头企业和培训机构对中小微企业开展职工培训。密切关注经济和就业形势变化，提前做好应急预案，支持帮助困难企业开展职工转岗转业培训。在全国各类企业全面推行企业新型学徒制培训，三年培训100万名企业新型学徒。实施高危行业领域安全技能提升等行动计划。二是关于就业重点群体培训。主要是面向农村转移就业劳动者、城乡未继续升学初高中毕业生、下岗失业人员、退役军人、就业困难人员、残疾人等各类重点群体,针对其就业创业需要,持续实施专项培训计划,不断提高就业创业能力,促进他们尽快实现技能就业和稳定就业。三是关于贫困劳动力技能培训。培训一人、脱贫一户。贫困劳动力一技在手、终身受益,加强技能培训对于贫困家庭稳定脱贫意义重大。《方案》提出,聚焦贫困地区特别是"三区三州"等深度贫困地区,深入推进技能脱贫千校行动和深度贫困地区技能扶贫行动,面向贫困劳动力、贫困家庭子女开展免费职业技能培训,落实生活费等补贴,加大技能脱贫攻坚力度,促进他们实现技能脱贫。

问:如何推动培训主体高质量高标准完成培训任务?

答:《方案》明确通过企业、职业院校(含技工院校)、社会培训和评价机构三类培训主体大力开展培训,有效增加培训供给。要调动各类培训主体积极性,引导其参与到职业技能培训中来。一是有效发挥企业在职工技能培训中的主体作用。企业是用人主体,最了解用人需求,也最清楚需要培训什么技能。因此,要明确企业在技能培训中的主体作用。要制定激励政策,鼓励和引导规模以上企业建立职工培训中心、兴办技工教育。二是充分发挥院校的基础作用。开展职业技能培训是职业院校的职责,技工院校是高技能人才培养的主阵地。要指导院校紧跟市场需求变化,完善专业设置,通过产教融合、校企结合方式,深化工学一体化教学改革,培养更多符合实际需要的技能人才。三是发挥各类社会培训机构的重要作用。目前全国民办职业培训机构近2万家,这是一支巨大的培训力量。我们要求各地明确培训机构标准,提高培训质量效果,让符合标准的培训资源积极参与和发挥作用,要确保所有补贴培训项目,全部向具备合格资质的社会培训机构开放。

问:《方案》要求如何提高培训质量?

答:《方案》针对当前培训中的一些突出问题,着眼于推动职业技能培训提质升级,明确了一系列政策措施。一是创新培训内容,增强对培训对象的吸引力。培训内容适应市场需求、满足劳动者需要,"岗位需要什么就培训什么"。加强职业技能、通用职业素质和求职能力等综合性培训,将职业道德、职业规范、工匠精神、质量意识、法律意识、安全环保、健康卫生等内容贯穿职业技能培训全过程。二是提高培训层次,扩大培训成果。加大中、高级职业技能培训力度和人群比重,引导劳动者通过培训实现技能等级提升,取得职业资格证书或职业技能等级证书,进而实现职业发展和工资待遇水平提升。三是加强基础建设,提升培训服务能力。支持建设产教融合实训基地和公共实训基地,加强职业训练院建设,积极推进职业技能培训资源共建共享。加强职业技能培训师资、教材建设，推动职业院校和培训机构实行专兼职教师制度，加快职业技能培训教材开发工作。大力推广"工学一体化""职业培训包""互联网+"等先进培训方式，鼓励建设互联网培训平台。四是完善职业培训补贴政策，强化激励引导。在资金供给上，落实、用好、用足现有政策，加大资金统筹力度。同时落实"放管服"改革要求，既进一步简化补贴申领条件和程序，又注重加强监管，保证资金安全。

问：人社部在推动各地贯彻落实工作方面有哪些考虑？

答：职业技能提升行动是国务院确定的重点工作，是重要的民生工程，需要相关部门和地方政府一道，共同大力推进。人力资源社会保障部门要在国务院就业工作领导小组框架下，健全工作机制，积极发挥统筹协调作用，加强顶层设计，分解工作任务，层层压实责任，明确工作时间表和路线图，挂图作战，加强工作调度、过程跟踪，推动目标任务落实。同时，充分发挥各相关部门作用，制定专项培训计划，为各部门发挥作用提供政策、资金和工作支持。支持鼓励工会、共青团、妇联等群团组织以及行业协会参与职业技能培训工作，补贴性培训向群团组织、行业协会所属培训机构开放。人力资源社会保障部已将实施职业技能提升行动作为人社系统重点工程，下一步，我们将扎实推进各项工作，确保职业技能提升行动取得实效。

人力资源社会保障部职业能力建设司有关负责同志就《关于改革完善技能人才评价制度的意见》答记者问

为贯彻落实《关于分类推进人才评价机制改革的指导意见》等文件精神，根据国务院推进"放管服"改革要求，近日人力资源社会保障部印发了《关于改革完善技能人才评价制度的意见》（以下简称《意见》）。人力资源社会保障部职业能力建设司有关负责同志就有关问题回答了记者提问。

问：《意见》出台的背景是什么？

答： 党中央国务院高度重视技能人才评价工作。1994年，我国建立职业资格证书制度，并在全国全面推行。2013年以来，国务院将减少职业资格许可和认定事项作为推进"放管服"改革的重要内容，由人力资源社会保障部牵头组织开展，先后分七批取消434项职业资格，占部门设置职业资格总数的70%以上。2017年9月，经国务院同意，人力资源社会保障部向社会公布国家职业资格目录，实行清单式管理。随着职业资格改革深入，技能人员职业资格大幅减少，作为技能人才评价的主要方式，职业资格评价已难以满足技能劳动者需要，亟须改革完善技能人才评价制度，建立职业技能等级制度，并做好与职业资格制度的衔接。

问：《意见》包括哪些内容？

答：《意见》主要包括五部分：

第一部分，总体要求。由指导思想、基本原则和主要目标组成。明确加大"放管服"改革力度，加快政府职能转变，深化职业资格制度改革，建立职业技能等级制度，健全完善技能人才评价体系，形成科学化、社会化、多元化的技能人才评价机制。坚持深化改革、多元评价、科学公正、以用为本的原则，形成有利于技能人才成长和发挥作用的制度环境。

第二部分，改革技能人才评价制度。提出深化技能人员职业资格制度改革、建立职业技能等级制度、规范专项职业能力考核等内容。其中，职业资格制度改革强调完善职业资格目录并实行动态调整，准入类职业资格保留在目录内，水平评价类职业资格逐步调整退出目录。同时，明确职业技能等级制度实施主体、评价对象等。

第三部分，健全技能人才评价标准。明确建立由国家职业技能标准、行业企业评价规范、专项职业能力考核规范等构成的多层次职业标准体系，作为开展技能人才评价的依据。同时，就完善标准开发机制、合理确定技能等级提出要求。

第四部分，完善评价内容和方式。强调突出品德、能力和业绩评价，同时根据不同类型技能人才的工作特点，实行差别化技能评价，灵活运用多种评价方式和手段。

第五部分，加强监督管理服务。明确技能人才评价工作实行目录管理制度，明确证书发放管理和监督管理措施，明确政府、市场、用人单位、社会组织等在人才评价中的职能定位，推动政府职能转变。

问：《意见》有哪些改革创新举措？

答：一是关于深化技能人员职业资格制度改革。《意见》要求，巩固职业资格改革成果，完善职业资格目录。对准入类职业资格，继续保留在目录内。对关系公共利益或涉及国家安全、公共安全、人身健康、生命财产安全的水平评价类职业资格，要依法依规转为准入类职业资格。对与国家安全、公共安全、人身健康、生命财产安全关系不密切的水平评价类职业资格，要逐步调整退出目录，对其中社会通用性强、专业性强、技术技能要求高的职业（工种），可根据经济社会发展需要，实行职业技能等级认定。

二是关于建立职业技能等级制度。《意见》提出，建立职业技能等级制度，由用人单位和社会培训评价组织按照有关规定开展职业技能等级认定。符合条件的用人单位可结合实际面向本单位职工自主开展，符合条件的用人单位按规定面向本单位以外人员提供职业技能等级认定服务。符合条件的社会培训评价组织可根据市场和就业需要，面向全体劳动者开展。

三是关于职业标准开发体系。《意见》强调，建立由国家职业技能标准、行业企业评价规范、专项职业能力考核规范等构成的多层次、相互衔接的职业标准体系。同时提出，完善职业标准开发机制。国家职业技能标准由人力资源社会保障部会同有关行业部门组织制定并颁布；行业企业评价规范由行业组织和用人单位参照《国家职业技能标准编制技术规程》开发；专项职业能力考核规范按照有关规定组织开发。推动成熟的行业企业评价规范和专项职业能力考核规范上升为国家职业技能标准。

四是关于完善评价内容和方式。《意见》指出，要完善评价内容和方式，突出品德、能力和业绩评价，按规定综合运用理论知识考试、技能操作考核、业绩评审、竞赛选拔、企校合作等多种鉴定考评方式，提高评价的针对性和有效性。

五是关于转变政府职能。《意见》要求，进一步明确政府、市场、用人单位、社会组织等在人才评价中的职能定位，建立权责清晰、管理科学、协调高效的人才评价管理体制。改进政府人才评价宏观管理、政策法规制定、公共服务、监督保障等工作。推进人力资源社会保障部门所属职业技能鉴定中心职能调整，逐步退出具体认定工作，转向加强质量监督、提供公共服务等工作。鼓励支持社会组织、市场机构以及企业、院校等作为社会培训评价组织，提供技能评价服务。

问：对于职业资格制度，国家建立了职业资格目录，对职业资格实行清单式管理。那么，对于职业技能等级制度，又是如何考虑的呢？职业技能等级认定机构包括哪些，谁遴选？谁实施，如何实施？如何加强服务监管？

答：职业技能等级认定工作实行目录管理，向社会公开。职业技能等级认定机构包括用人单位和社会培训评价组织两类。用人单位中，中央企业由人力资源社会保障部进行遴选，所属子公司、分公司等分支机构由所在地省级人力资源社会保障部门给予工作支持、兑现相应待遇并进行监管；其他用人单位由所在地省级人力资源社会保障部门进行遴选。社会培训评价组织由人力资源社会保障部进行遴选。经遴选的用人单位和社会培训评价组织纳入职业技能等级认定目录，按规定开展职业技能等级认定。

纳入目录的用人单位和社会培训评价组织参照人力资源社会保障部制定的职业技能等级证书编码规则和样式，制作并颁发职业技能等级证书（或电子证书）。对按规定发放的职业技能等级证书信息可在人力资源社会保障部职业技能鉴定中心全国联网查询系统上查询，取得证书的人员纳入人才统计和认定范围，落实相关政策，兑现相应待遇。

同时，通过现场督查、同行监督和社会监督，采取"双随机、一公开"和"互联网+监管"等方式，加强对用人单位和社会培训评价组织及其评价活动的监督管理。建立职业技能等级认定工作质量监控体系，健全用人单位和社会培训评价组织评估机制，定期组织评估，评估结果向社会公开。

企业新型学徒制培训指导计划

一、培养目标

本计划适用于对企业在职职工（含见习期）的培训，学制为 1~2 年，特殊情况可延长到 3 年。通过本类专业培训，学徒能够达到职业技能标准和岗位要求，具备从事相应技能岗位工作的能力。

1. 通用素质课程方面

培养和提高学徒的职业素养，使其了解企业情况、掌握相关法律法规、具备良好的职业道德品质和一定的职业能力，能够安全从事生产或服务工作，深入理解并践行工匠精神，成为有理想、有道德、有知识、有能力、有纪律的技术工人。

2. 专业基础课程方面

掌握专业基础知识，为适应不同专业技能的学习打下良好的基础。

3. 专业技能课程方面

依据《国家职业技能标准》（未颁布《国家职业技能标准》的职业依据国家基本职业培训包课程包，未开发国家基本职业培训包的职业依据职业岗位工作实际需求），通过培训，使学徒掌握专业知识和岗位操作技能，达到《国家职业技能标准》（未颁布《国家职业技能标准》的职业依据国家基本职业培训包课程包，未开发国家基本职业培训包的职业依据职业岗位工作实际需求）要求的中、高级技术水平。

二、课程学时分配比例建议

企业新型学徒制培训采用集中培训和岗位训练相结合的方式，学时数量由各地结合企业生产实际，企校协商确定，集中培训总学时原则上应不少于 400 学时，可采用集中面授、网络教育等多种方式开展培训。

企业新型学徒制培训课程应包括通用素质课程、专业基础课程和操作技能课程。在课程设置上结合企业生产和学徒工作生活实际，构建工学结合的学分制课程体系。在学习过程的安排上，突出弹性的特点，根据企业实际情况，采用多种教学和学习模式开展教学与学习活动。积极应用"互联网+"、职业培训包等培训模式。

1. 建议通用素质课程学时分配比例：20%。所有专业类别的企业新型学徒制培训均应开设通用素质课程。通用素质课程应包含但不限于入企必读、职业素养、工匠精神、安全生产和法律常识 5 门，总学时分配比例应不少于 20%。

2. 建议专业基础课程学时分配比例：20%。

3. 建议操作技能课程学时分配比例：60%。

三、培训指导计划示例

1. 机械类企业新型学徒制培训指导计划

课程类别	课程	建议学时分配比例
通用素质课程	入企必读	20%
	职业素养	
	工匠精神	
	安全生产	
	法律常识	
专业基础课程	机械基础知识	20%
	机械识图与公差测量	
操作技能课程	略 （根据企业需求确定）	60%

2. 电工电子类企业新型学徒制培训指导计划

课程类别	课程	建议学时分配比例
通用素质课程	入企必读	20%
	职业素养	
	工匠精神	
	安全生产	
	法律常识	
专业基础课程	电工基础	20%
	电子工艺基础	
操作技能课程	略 （根据企业需求确定）	60%

3. 交通类（汽车维修专业）企业新型学徒制培训指导计划

课程类别	课程	建议学时分配比例
通用素质课程	入企必读	20%
	职业素养	
	工匠精神	
	安全生产	
	法律常识	

续表

课程类别	课程	建议学时分配比例
专业基础课程	汽车维修基础	20%
	机械基础（汽车专业）	
操作技能课程	略 （根据企业需求确定）	60%

4. 服务类［饮食业专业、饭店（酒店）服务专业］企业新型学徒制培训指导计划

课程类别	课程	建议学时分配比例
通用素质课程	入企必读	20%
	职业素养	
	工匠精神	
	安全生产	
	法律常识	
专业基础课程	饮食业基础知识	20%
	食品原料与加工	
	食品营养与卫生	
	饭店管理基础知识	
	饭店服务礼仪	
操作技能课程	略 （根据企业需求确定）	60%

四、相关说明

1. 企业新型学徒制培训专业类别主要包括机械类、电工电子类、信息类、交通类、服务类、财经商贸类、农业类、能源类、化工类、冶金类、建筑类、轻工类、医药类等。

2. 考虑到不同地区、不同企业和培训机构的实际情况，培训指导计划中的通用素质课程和专业基础课程可做适当调整，通用素质课程调整幅度控制在20%以内，专业基础课程调整幅度控制在40%以内。培训指导计划中操作技能课程由企校根据企业需求做适当确定。

创业培训标准（试行）

引 言

创业培训是面向具有创业意愿的劳动者或中小微型企业的经营管理者进行的激发创业意识、培养创新精神、普及创业知识、提升创业能力的培训活动和指导服务，是推动大众创业万众创新、实现创业带动就业，促进经济增长的重要手段。目前，全国已基本建立培训主体多元、培训模式多样、覆盖创业活动不同阶段的创业培训体系，形成政府激励引导、社会广泛参与、劳动者自主选择的培训机制。为加快推进创业培训工作持续健康发展，特制定并试行创业培训标准。

（一）标准制定目标

1. 规范指导创业培训工作良性发展。通过标准，对创业培训的课程内容和教学组织行为提出指导意见，鼓励更多优质资源参照标准，规范组织课程开发、师资培养、培训机构选择等各类资源建设工作，科学开展创业培训，让创业者真正受益，并确保资金使用有效。

2. 引导更多优质资源参与创业培训。为创业培训项目（或课程）的立项开发、推广评估提供评价导向和指导性依据，从而鼓励各地通过引进吸收、自主开发等方式发掘好课程，经试点总结完善后加以推广。

3. 完善创业培训技术标准体系。如下图所示，标准给出宏观指导，在标准统领下，各创业培训项目再制定相适应的"组织实施规程"，对本项目的教学大纲、教材开发、师资培养、机构选择、培训监督评估等工作给予具体要求。创业培训的组织者和师资应遵循"组织实施规程"具体开展教学活动。从创业培训标准到各项目组织实施规程，进一步完善创业培训技术标准体系。

（二）标准核心内容

标准包括创业培训概述、创业培训知识和能力要素、创业培训组织实施要求以及附例四个部分。

1. 创业培训概述。主要明确创业培训总体目标、直接目标、创业培训原则和创业培训核心内容。

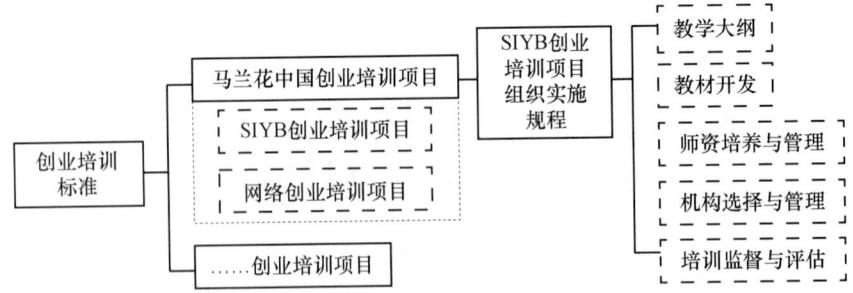

2. 创业培训知识和能力要素。主要根据创业认知、创业准备、企业运营三个创业阶段对培训内容进行详尽阐述，符合创业者成长发展的普遍规律。每个阶段分别从培训对象、培训目标、培训内容与学习要点、培训学时等几方面进行阐述，具有较强的针对性和实用性，体现了以创业者为本的理念。

3. 创业培训组织实施要求。主要从培训参与主体、培训形式和方法、培训过程管理和培训效果评估四个方面对创业培训组织实施活动进行规范要求，涵盖创业培训全过程，体现创业培训精细化、精准化发展的趋势和需求。

4. 附例。主要以人力资源社会保障部开展的马兰花中国创业培训项目中的"创办你的企业（Start Your Business，SYB）"示范培训课程为例，从知识和能力要素、培训组织实施要求两个方面系统解读如何理解和对照本标准。

一、创业培训概述

（一）总体目标

深入推进大众创业、万众创新，培育全社会创业创新文化，推动中小微型企业创新发展，创造更多就业机会，促进国民经济持续稳定增长。

（二）直接目标

1. 培养劳动者创业创新思维，提高劳动者创业综合素质，帮助劳动者学会识别市场机会，完成创业构思和创业计划，掌握企业经营管理必备知识，全面增强创业竞争力。

2. 帮助中小微型企业主构建基本的企业经营管理体系，提升中小微型企业主市场趋势分析预判能力、品牌建设及企业战略规划能力，改善企业经营，加速企业成长。

（三）创业培训原则

1. 以创业需求为导向，面向全体，分类培训创业培训应尊重创业创新规律，以切实解决创业者和中小微型企业主面临的各类创业问题和实际的培训需求为导向，根据创业不同阶段、不同业态及不同培训对象，提供有针对性的培训课程和后续指导服务。

2. 以培训效果为目的，完善体系，强化指导

注重创业培训的实效性、连续性和系统性，加强创业培训质量管理与效果评估体系建设，强化创业培训后的创业实践指导，实现创业培训和创业服务有效衔接、统筹发展。

3. 以培训技术为驱动，模式创新，资源共享

创业培训要释放各类培训主体创新活力，把握市场发展趋势，有效利用新技术、新资源，不断创新创业培训模式。依托大数据、云计算、物联网等技术应用平台，加强创业培训资源开放共享。

4. 以培训机构为载体，多方参与，激发活力

鼓励和引导社会力量参与创业培训，培育政府主导规范、社会积极参与的多元化创业培训载体，吸纳优势资源，完善竞争机制，增强发展活力。

（四）创业培训核心内容

1. 培养创业创新精神

通过创业培训，培养劳动者创新思维，挑战自我、坚持不懈的精神品质，诚信守法、公平竞争的商业素养，以及创造价值、服务社会的企业责任和科学的创业观。

2. 培训企业开办及经营管理知识

通过创业培训，帮助学员掌握创业创新思维方法和企业开办、经营管理所需要的理论知识，培养学员系统化创业思维能力。

3. 提升创业综合素质和实践能力

通过创业培训，帮助学员系统提升识别商机、确定创业项目，制订创业（企业）计划、改善企业经营管理的能力。

二、创业培训知识和能力要素

本标准根据创业和企业发展的三个不同阶段，将创业培训知识和能力要素按照创业认知、创业准备、企业运营进行界定。不同创业培训项目（或课程）可根据对应阶段，确定培训内容、学习要点和培训学时。鼓励探索与区域特色资源、战略性新兴产业以及行业技能等相结合的创业培训项目（或课程）。

（一）创业认知

1. 培训对象

本阶段创业培训主要适合具有创业意愿，但尚未有具体创业项目构思的潜在创业者。

2. 培训目标

（1）掌握创业认知阶段所需要的基本知识，了解不同创业阶段的发展要素和企业内涵；

（2）认知创业者应该具有的素质和能力，客观评估自己的创业能力和创业资源；

（3）运用发现及筛选创业项目的方法，提高识别商机的能力，并能产生和筛选适合自己的创业项目；

（4）激发学员的创业意识、创业热情，培养学员的创新思维及创业精神。

3. 培训内容与学习要点

（1）创业与创业精神。学习要点包括：创业的本质与创业要素、创业的阶段、企业类型及成功要素、科学的创业观、创新思维、创新创业精神。

（2）识别商机。学习要点包括：创业面临的机遇与挑战、商机的类型与特征、创新的方法与工具、商机识别。

（3）评估创业能力和条件。学习要点包括：评估创业能力（素质、技能、资源）的要素、评估创业能力、创业能力提升方案。

（4）论证创业项目。学习要点包括：创业项目产生的方法、创业项目筛选的工具、创业项目的评估方法、创业项目的风险防范。

4. 培训学时

每学时45分钟，不少于24学时。

（二）创业准备

1. 培训对象

本阶段创业培训主要适合具有创业意愿，且已有具体创业项目构思的潜在创业者。

2. 培训目标

（1）掌握创业准备阶段所需要的基本理论和知识；

（2）了解创业准备的一般步骤，掌握构建商业模式的要素，能够撰写完成，并明确管理新企业的关键工作；

（3）培养学员系统思考的能力、制订计划的能力，提升学员创业素质和创业能力；

（4）帮助学员树立科学的创业观，培养学员诚信、守法、合作、创新等创业品质。

3. 培训内容与学习要点

（1）构建商业模式。学习要点包括：产品（服务）创新性、评估市场、产品市场化分析、制订市场营销计划、组建创业团队、财务规划、风险评估。

（2）撰写创业计划书。学习要点包括：创业计划书的重要性、创业计划书的内容、创业计划书的编写步骤、创业计划书编写的注意事项。

（3）评估创业计划书。学习要点包括：企业愿景与团队创业能力、项目技术创新水平和成熟度、产品市场需求和容量、产品市场定位和竞争力、商业模式可行性和创新性、财务计划与经济社会效益。

（4）筹办企业（企业责任/法律环境/依法经营）。学习要点包括：企业组织形式、企业法律环境与责任、企业风险防范、初创企业管理。

4. 培训学时

每学时45分钟，不少于56学时。

（三）企业运营

1. 培训对象

本阶段创业培训主要适合已经创办企业并实际运营（通常在6个月以上）的企业主。

2. 培训目标

（1）掌握企业经营管理所需要的基本知识，建立以企业可持续发展为目标的基本企业管理体系；

（2）掌握建立企业基本管理体系的方法，提升企业主的自我诊断和企业经营管理能力；

（3）提升管理理念，启迪商业模式创新，培养企业主社会责任感和企业家精神。

3. 培训内容与学习要点

（1）市场营销管理。学习要点包括：市场调研、市场分析、竞争力分析与竞争战略、产品策略、价格策略、渠道策略、促销策略、市场营销控制管理。

（2）生产管理。学习要点包括：流程管理、竞争力和生产率、产品和服务设计质量管理、质量控制。

（3）供应链管理。学习要点包括：采购与存货管理原则、供应商管理、采购步骤、供应链的供给和需求计划、供应链库存的计划和管理、企业资源计划、供应链的定价和收入管理。

（4）人力资源管理。学习要点包括：组织文化、组织结构、岗位职责、员工招聘、员工培训、绩效管理、薪酬管理、员工安全与健康。

（5）财务管理。学习要点包括：成本核算、现金流管理、财务报告（损益表、现金流量表、资产负债表）、融资渠道。

（6）品牌建设。学习要点包括：品牌定位、品牌资产、客户拓展、媒介管理、口碑管理、品牌策略。

（7）战略管理。学习要点包括：企业发展环境分析、企业使命与战略目标、企业战略选择、战略与组织结构、战略控制。

（8）商业模式创新。学习要点包括：创新思维、创新方法、创新工具、创新成果验证。

4. 培训学时

每学时45分钟，不少于56学时。

三、创业培训组织实施要求

创业培训的组织实施是培训参与主体通过适当的培训形式和方法实现培训效果的过程，主要包括培训参与主体、培训形式和方法、培训过程管理和培训效果评估四个方面。

（一）培训参与主体

创业培训参与主体是指直接参与创业培训组织实施的人员和机构，一般包括学员、创业培训的管理者和组织实施者、培训师资。一个培训参与主体可以承担多个角色和职能。

1. 学员

学员应覆盖所有具有创业意愿和培训需求的潜在创业者和创业者。符合条件的学员可以享受相关创业培训补贴政策。各创业培训项目（或课程）应在组织实施规程中对本项目（或课程）所适用的培训学员有具体、明确要求和描述，如针对不同创业阶段或不同创业群体。

2. 创业培训的管理者和组织实施者

创业培训的管理者是具备相关资质，对所开展的创业培训项目（课程）开发、管理、监督评估的机构。培训的管理者应制定所开展项目的组织实施规程，对培训活动进行管理，对培训组织实施和培训效果等进行监督和评估。培训组织实施者是按照项目组织实施规程开展创业培训活动的机构，具体承担制订培训计划、安排师资、组织学员、开班筹备、跟班服务、组织结业、全程监督评估、提供后续指导服务等任务。项目组织实施规程中应对培训实施者有具体明确的选用条件、选用流程和工作规范。

3. 培训师资

创业培训师资应具备相关职业素养和能力，最好具有企业管理经验或创业经历。各创业培训项目应在组织实施规程中对培训师资的产生条件、选用流程、选用标准有明确的规定，并且要有师资的培训和管理办法。创业培训师资应严格按照所参与项目的组织实施规程开展创业培训和指导。

此外，部分创业培训项目（或课程）根据教学内容和技术要求，需要由组织实施者以外的技术支持方提供辅助教学的专业技术支持，需要技术支持方的创业培训项目（或课程）应在本项目的组织实施规程中对技术支持方的选用条件及流程，服务管理及评估有明确要求。

（二）培训形式和方法

根据培训对象、培训目标的实际需求，鼓励采取多种培训形式和教学方法。注重培训形式和教学方法的科学性、有效性和适用性，确保以学员为中心，为教学目标和内容服务。各创业培训项目（或课程）应在组织实施规程中详尽阐述培训形式和方法。

1. 培训形式

（1）课堂教学。鼓励小班制、互动式教学，倡导以能力建设为导向，坚持理论实践相融合的培训理念，让学员在培训中完成真实创业任务训练。明确培训人数、场地布置、设施设备、教材教具等要求。鼓励融入沙盘演练、仿真平台训练、现场观摩等形式，提升培训效果。

（2）在线培训。通过微课、慕课、直播等形式，为学员提供在线学习和交流互动的平台。可针对不同培训对象、创业阶段等特点，提供个性化学习体验。完善在线培训平台建设，实现学习申请、问卷调查、培训管理、考核评估、资源共享、远程竞赛路演等功能。鼓励探索翻转课堂等线上线下培训相融合的培训形式。

（3）创业实训。充分利用创业孵化园、众创空间、创业见习基地等服务载体，开展创业实训或创业见习，帮助学员完成创业实践。鼓励服务载体安排创业培训师资或创业导师，对学员在完成创业实训或创业见习过程中给予相应的跟踪和指导，并对创业实训或创业见习效果进行记录和评估。

2. 培训方法

创业培训应遵循成人教学原理，采用参与式培训方法，包括讲授、示范、练习、分组讨论、案例分析、角色扮演、头脑风暴、工作坊、模拟训练、游戏体验等。鼓励探索更多有效的适用于不同培训形式的培训方法。

（三）培训过程管理

创业培训的过程管理一般包括培训对象选择、培训需求分析、培训教学组织、后续指导服务。各创业培训项目（或课程）的组织实施规程都应对培训过程管理有具体明确的要求，主要包括：

1. 培训对象选择

创业培训组织者通过标准流程和测评工具对潜在培训对象的创业意愿、创业资源条件、创业阶段或企业状态进行客观、有效的分析，最终准确筛选出真正符合所开展的创业培训项目（或课程）条件的学员，提供相应培训课程，从而确保培训质量和效果。

2. 培训需求分析

培训组织者和培训师资在培训实施前根据标准工具或通过信息技术，获取并分析学员创业真实状态和对培训预期效果。培训组织者和培训师资应充分重视培训需求分析，通过分析结果完善教学计划、保障服务和后续指导，从而提高培训满意度。

3. 培训教学组织

培训组织者在筹备和组织创业培训时所开展的具体工作，包括制订培训计划，安排教学场地（或班次）、确定师资、制定预算、准备设备、教材、教具，实施教学，后勤保障服务，培训考核，培训班结业，信息收集整理和报送等。

4. 后续指导服务

后续指导服务是指培训组织者和培训师资在培训结束后，为使培训效果最大化，获得持续、稳定的学员满意度，而开展的各项后续活动。后续指导服务一般以培训课程知识巩固和应用实践指导为主，并对学员的培训后创业或企业经营情况进行定期回访。有条件的培训组织者可以为学员提供开业指导和创业服务资源对接服务。

（四）培训效果评估

培训效果评估是在培训全程收集培训信息数据的基础上，按照培训标准和相应指标，对培训的整体满意度、项目适用性和最终结果进行测评。培训效果评估可以不断促进创业培训项目（或课程）的优化与改进。创业培训效果评估从多方面、多层次进行，可以分为反应评估、学习评估、行为评估、结果评估四个方面。各创业培训项目（或课程）的组织实施规程都应对培训效果评估有明确要求。

1. 反应评估

通过反应评估了解学员对创业培训项目（或课程）的主观感受，包括对培训内容、培训设施（平台）、培训师资、培训方法和保障服务的满意程度。反应评估可以在培训中和培训后通过学员问卷调查或座谈交流进行，也可以通过信息技术收集学员课程反馈信息。

2. 学习评估

通过学习评估了解学员在知识、技能、态度、行为方面的收获。此项可以用认知成果来衡量学员对培训项目（或课程）应知应会内容的熟悉程度。学习评估可利用理论知识测试、实践任务评定、创业计划书评估等方式进行。

3. 行为评估

通过行为评估评测学员在培训中所学到的知识技能的转化程度，即学员培训后的创业或企业经营行为是否得到有效改善，一般包括知识技能在实践过程中应用、创办企业及经营管理能力提升程度等，可以在对学员的后续跟踪指导过程中通过观察、访谈、问卷等方式进行评估。

4. 结果评估

结果评估是对创业培训后学员产品（或服务）创新成果、创业能力是否提升、能否实现创业、企业经营绩效能否改善等方面的评价，一般以培训后企业创办率、企业稳定率及企业改善扩大绩效为主要指标，并通过访谈、问卷调查、统计调查、信息数据比对分析等形式开展。有条件的培训项目（或课程）可以设定创业培训工作成果、学员创业就业素质能力提升等多层次的结果评估指标。

四、附例

本部分主要以人力资源社会保障部开展的马兰花中国创业项目中的"创办你的企业"培训课程为例，从知识和能力要素、培训组织实施要求两个方面对照标准。

"创办你的企业"培训课程前身是国际劳工组织开发的"创办和改善你的企业（Start and Improve Your Business，SIYB）"培训项目系列课程之一。该培训项目针对创办和经营企业的不同阶段开发四个课程模块：

——"产生你的企业想法"（Generate Your Business Idea，GYB）

——"创办你的企业"（Start Your Business，SYB）

——"改善你的企业"（Improve Your Business，IYB）

——"扩大你的企业"（Expand Your Business，EYB）

按照标准要求，"创办和改善你的企业"培训项目在实际推广中应制定本项目的组织实施规程。

（一）创业培训知识和能力要素

"创办你的企业"培训课程对应的是本标准的知识和能力要素中的创业准备阶段。

1. 培训对象

本课程主要适合具有创业意愿，且已形成具体创业项目构思的潜在创业者。

2. 培训目标

通过八步的学习使学员知道如何将自己的企业构思变成一个具有可行性的创业计划书，并了解和掌握创办一家微小型企业所需的基本知识和技能。

3. 培训内容与学习要点

（1）评估你的市场：了解你的顾客、了解你的竞争对手、制订你的市场营销计划、预测你的销售量。

（2）企业的人员组织：企业的人员组成、确定岗位职责、设计组织结构、企业员工招聘。

（3）选择你的企业法律形态：什么是企业法律形态、小微企业常见的法律形态及特点、选择合适的企业法律形态。

（4）了解企业的法律环境和责任：了解企业的法律环境、明确承担的企业责任、选择企业的商业保险。

（5）预测你的启动资金：启动资金的分类、投资预测、流动资金预测。

（6）制订你的利润计划：制定销售价格、预测销售收入、制订销售与成本计划、制订现金流量计划、资金来源。

（7）判断你的企业能否生存：完成你的创业计划书、创办企业的决定、制订开办企业的行动计划。

（8）开办你的企业：了解企业日常活动、建立企业开办和经营管理意识。

4. 培训学时

每学时45分钟，共计56学时。

（二）创业培训组织实施要求

1. 参与培训主体

（1）学员。主要面向有创业意愿，且已有具体创业项目构思的潜在创业者。特别是高校毕业生、农村转移劳动力、复转军人等就业困难群体。

（2）培训管理者和组织实施者。各地人力资源社会保障系统创业培训主管部门为该项目的培训管理者，按照项目组织实施规程要求的条件和流程选择创业培训机构作为组织实施者，并对培训全程监督评估。创业培训机构应按照组织实施规程，具体承担制订培训计划、组织学员、开班筹备、跟班服务、组织结业、全程监督评估、提供后续指导服务等任务。

（3）培训师资。"创办你的企业"培训课程的培训师资是参加由人力资源社会保障部门统一组织的"创办你的企业"培训课程师资培训，并通过考核的人员。培训师资应严格按照该项目组织实施规程开展创业培训和指导。

2. 培训形式和方法

"创办你的企业"培训采取小班课堂教学，每班不超过30人。教学采用全程互动式参与、沙盘演练和讲授、示范、练习，以及分组讨论、案例分析、角色扮演等多种培训方法。

3. 培训过程管理

（1）课程推介。通过线上、线下的各种有效宣传推介方式，向潜在的培训目标群体推介"创办你的企业"培训，从而吸引其关注并产生参加培训的意愿。

（2）选择并确定学员。课程推介后，培训机构利用《学员入学登记表》等专业工具表单，根据选择学员的标准和流程，结合潜在培训对象的培训意愿和创业能力，筛选出能够从"创办你的企业"培训中受益的群体。

"创办你的企业"选择学员标准：

1）有强烈的创业意愿，并有具体创业项目构思，准备创办企业；

2）具备参加培训的条件（如基本的读写计算能力）；

3）全程参与培训的时间保障。

（3）培训需求分析。培训师资通过面试及培训需求调查问卷，分析学员的培训目标和需求，从而更有针对性的设计课程，制订教学计划。同时，培训师资应与培训机构及时沟通，确保培训组织和后勤保障提供相应服务。

（4）培训教学组织。

1）场地设备：便于移动的桌椅呈"U"字形摆放；投影仪、幕布、白板、话筒、笔记本电脑等；

2）教具学材：学员每人一套《创办你的企业》教材［中国劳动社会保障出版社2017年出版的《创办你的企业：创业计划培训册（第二版）》］，每班一套《创业培训（SIYB）实操沙盘》，教具按照标准物料清单准备。

3）师资安排：每班由两名"创办你的企业"认证师资共同授课。

4）培训考核：对于违反考勤要求的学员建议取消考试机会。考核时要求每位学员提交自己项目的《创业计划书》。通过考核的学员可获得"创办你的企业"培训合格证书。

（5）后续指导服务。培训结束后，为使培训效果最大化，并取得持续稳定的学员满意度，培训机构和培训师资将对学员开展后续指导服务，包括：

1）为学员提供企业诊室、改善企业小组、个人咨询等后续支持服务，促进学员理论向实践的转化。

2）组织创业沙龙、创业大讲堂等活动；推荐学员参加适用的其他创业培训课程；为学员对接或提供孵化、融资等各类创业服务。

4. 质量控制及效果评估

为保证培训开展的质量和效果，培训主体需要利用专门的工具表单进行涵盖培训前、培训中和培训后全过程的监督与评估。"创办你的企业"课程培训效果评估包括反应评估、学习评估、行为评估、结果评估四个方面。

（1）反应评估。培训中通过每日意见反馈表、期末评估表等工具表单以及日常的观察、沟通收集学员对培训内容、培训形式、培训保障等方面的理解和反馈。

（2）学习评估。为了解学员在态度、知识、技能、行为方面的收获，通过撰写《创业计划书》和《行动计划》，以及培训结业总结等方式进行学员学习效果的评估。

（3）行为评估。评测学员在培训中所学到的知识技能的转化程度，以及在创业和企业经营实践中的应用两个方面，通过提供电话回访、实地走访、重点学员案例收集等形式，评测学员在培训中所学到的知识技能的转化应用程度，并通过创业培训后续支持服务活动报告的填写来完成行为评估。

（4）结果评估。创业培训班的结果评估是各地人力资源社会保障部门创业培训管理机构采取的最终评估方式，一般在学员培训后一年内通过访谈、问卷、数据调查等形式收集学员创新创业能力提升程度、企业创办率、用工人数、企业稳定率、企业财务状况等相关指标，经分析评估，得出创业培训的实际效果。